华侨大学华商管理研究文库资助

国家社会科学基金资助（11BJY003）

福建社会科学基金资助（2007B132）

福建人事人才软科学基金资助（2010RS03）

海峡西岸经济区产业
发展的人才研究

张向前　等著

中国出版集团

世界图书出版公司

图书在版编目（CIP）数据

海峡西岸经济区产业发展的人才研究／张向前等著.
—广州：世界图书出版广东有限公司，2013.6
　ISBN 978-7-5100-6391-6

　Ⅰ . ①海…　Ⅱ . ①张…　Ⅲ . ①区域经济发展 – 产业发
展 – 人才研究 – 福建省　Ⅳ . ①C964.2

　中国版本图书馆 CIP 数据核字（2013）第 132862 号

海峡西岸经济区产业发展的人才研究

策划编辑： 陈名港
责任编辑： 钟加萍
责任技编： 刘上锦　余坤泽
出版发行： 世界图书出版广东有限公司
　　　　　　（广州市新港西路大江冲 25 号　邮编：510300）
电　　话： 020-34203432
http：//www. gdst. com. cn
编辑邮箱： gzzjp2012@ 126. com
经　　销： 全国各地新华书店
印　　刷： 虎彩印艺股份有限公司
印　　次： 2013 年 8 月第 1 版　2014 年 6 月第 2 次印刷
规　　格： 710mm×1000mm　1/16　19.75 印张　275 千字
书　　号： ISBN 978-7-5100-6391-6/C · 0024
定　　价： 55.00 元

若因印装质量问题影响阅读，请与承印厂联系退换。

内容摘要

随着海峡西岸经济区经济发展步伐的加快，产业与人才之间矛盾愈发凸显，严重阻碍区域经济进一步发展。本研究以《海峡西岸经济区发展规划》、《福建省中长期人才发展规划纲要》等为指导，为海峡西岸经济区产业发展、人才集聚、创新人才培育及相关问题提供宏微观管理、开发及调控提供理论依据及具体的政策建议。主要研究工作如下：（一）对海峡西岸经济区相关社会经济发展统计资料数据进行实证分析，揭示经济发展过程中产业与人才之间互动关系，构建产业结构升级与人才优化协调发展度评价指标体系，系统研究海峡西岸经济区产业发展的人才集聚、创新型人才培育与加快海峡西岸经济区建设协调与控制措施。（二）主要应用政策分析等工具和技术手段构建海峡西岸经济区产业发展的人才集聚和创新型人才培育战略体系，采用定量与定性相结合的方法探讨实施海峡西岸经济区产业发展的人才培育特别是高等教育的评价方法和指标体系。（三）建立海峡西岸经济区产业发展的人才集聚、创新型人才培育与加快海峡西岸经济区发展的预警系统。（四）系统研究新形势下闽台产业发展的人才集聚和创新型人才培育合作，互利双赢，共建台湾海峡经济区，建立基于生态管理理论的闽台创新型人才开发研究基本框架。（五）比较和借鉴美国产业发展的人才集聚和创新型人才培育研究和实施经验。

关键词：海峡西岸经济区　产业发展　人才开发

Abstract

With the economical development of the economic zone on the
west side of the straits, the conflict between industry and talents has
become ever more serious, which has hampered the development of
area. The paper provides theoretical basis of macroscopical, micro-
scopical management, developing, control and the suggestions of
industrial development, talent attraction, cultivating creative per-
sonnel and issues involved guided by the Development programs of
economic zone on the west side of the straits and Development plan
outline for talent in Fujian. The research of this dissertation mainly
includes: First, by analysis and compare systematically for correla-
tive social and economic development data of the economic zone on
the west side of the straits, reveal the relationship between industry
and talents in the course of economic development, construct evalu-
ation index system of industrial structural upgrade and talents coor-
dinated development. Systematically research coordination and con-
trol measures of talent attraction, cultivating creative personnel,
and speeding the construction of the economic zone on the west side

3

of the straits. Second, construct strategy system of talent attraction and cultivating creative personnel in industrial development used by policy analysis and other tools and technological means of the economic zone on the west side of the straits, approach the evaluation method and target system of implementing talents cultivating in industrial development by integration of qualitative analysis and quantitative analysis, especially higher learning. Third, establish warning system of talent attraction, cultivating creative personnel and accelerating the development of the economic zone on the west side of the straits. Forth, systematically analysis talent attraction, cultivating creative personnel, common mutual benefit, constructing the economic zone of Taiwan straits under new situations and circumstances, establish basic research framework of talents development between Fujian and Taiwan based on ecological theory. Fifth, compare and bring in relating experiences and research of talent attraction, cultivating creative personnel from America.

Key words: Economic zone on the west side of the straits; Industrial Development; Talents development

目　录

CONTENTS

7

13

第一章 绪 论

1 研究意义

世界各国实现产业发展的途径大致有三种类型：一是资源型；二是依附型，即主要依靠他国或地区支持来发展；三是创新型，即主要依托人才自主创新，并将科技创新与资本市场相结合。海峡西岸经济区产业发展历史与现状表明，不能选择第一种发展道路，纯粹依靠其他地区来发展也不可能，必须走依靠人才、加强人才集聚及人才培养、实施自主创新的道路，创新型人才则是自主创新的关键。国务院 2006 年 2 月 9 日发布《国家中长期科学和技术发展规划纲要》作出"加快建设国家创新体系"、"建设创新型国家"的重大战略抉择。中共十八大再次确认"实施创新驱动发展战略。科技创新是提高社会生产力和综合国力的战略支撑，必须摆在国家发展全局的核心位置。"创新型人才已在我国载人航天等重大工程与东部现代化等区域开发发挥了重要作用。2003 年中央提出人才强国战略，福建根据自身优势，提出建设海峡西岸经济区战略构想，避免在珠三角和长三角两大区域经济板块的"夹击"下被边缘化，同时提出实施人才强省战略。2009 年 5 月 14 日国务院发布《关于支持福建省加快建设海峡西岸经济区的若干意见》，海西建设正式列为国家发展战略，福建省委、省政府把构建人才支撑体系作为海西建设的十大支撑体系之一。当前，福建人才集聚与创新型人才培育、产业发展具有不少优势，但人才集聚、创新型人才培育与产业发展方法、手段、途径等与珠三角、长三角等及国外发达地区相比仍存在不少差距。福建省想凭借自然资源条件来赶上和超过珠三角、长三角等地区及发达国家和地区等，几乎是不可能，福建要加快经济发展方式转变，实现跨越发展只有大力加强人才集聚与创新型人才培育开发，人才集聚与创新型人才培育是福建产业发展的希望所在。台湾在人才集聚与创新型人才培育及产业转化上有一定的优势，但市场狭小，资源有限，劳动力成本高，岛内目前产业发展面临转型及不少制约因素，闽台之间人缘、地缘、商缘等关系是其他省份无法比拟，与福建加强合作是其摆脱困境的重要出路之一，闽台对加快海峡西岸经济区产业发展也具有重大意义。同时，福建与长三角、珠三角、中部等地区在人才集聚与创新型人才培育、产业发展等方面也有一定的互补性，应加强与这些地区人才集聚与创新型人才培育、科技研究、产业调整等进行全方位合作，全面吸引海内外人才，积极实施人才强省战略，努力把海峡西岸经济区经济社会发展推向新的阶段。总之，福建面对长江三角洲、珠江三角洲等经济区快速发展的势头，非常有必要根据福建自身优势，对建设海峡西岸经济区产业发展的人才集聚和创新型人才培育的成功经验、体制障碍、基本动因、基本条件、基本途径等战略问题进行深入系统研究和实践。因此，本研究项目选题新颖，具有相当的先进性、前瞻性。

本研究预计可产生的经济、社会效益：首先，提出海峡西岸经济区产业发展的人才研究系统建议。从海峡西岸经济区产业发展与人才集聚、创新型人才培养、学科建设、科学研究等领域进行全方位研究，应对国内外竞争加剧的情势及两岸关系变化，分析新形势下海西产业发展与人才集聚、创新型人才培育的成功经验、面临挑战、体制障碍、基本动因、基本条件、基本途径等战略问题，提出系统政策建议，对实现海峡西岸经济区产业结构调整、加快经济发展方式转变、实现经济跨越发展与人才集聚、创新型人才培育大有益处，同时也可为闽台进行相关领域合作寻找新的切入点。其次，研究供同行借鉴参考。项目研究属交叉学科领域的软科学研究，能丰富和发展我国创新型人才培育、人才集聚、自主创新、创新型国家或地区等相关领域理论与方法，成果可供理论研究者借鉴参考。

2 本书研究的国内外现状、发展趋势

2.1 国外研究述评

创新是民族进步的灵魂，是国家和事业兴旺发达的不竭动力，创新的关键在于创新型人才，创新型人才主要通过引进与培养。西方学者研究人才对经济社会发展的贡献历史很长，如 1676 年有古典经济学家威廉·配弟（William Petty），其后有 E. Enger 等学者从事这方面的研究，这个时期主要把人才视为发展的重要外生变量。二战后，产业经济发展表明关键必须依靠是掌握知识和技能的人才，最早从事人才模型研究的是美国雅各布·明塞尔（Jacob Mincer）等。其后有西奥多·W·舒尔茨（Theodore W. Schultz）和加里·贝克尔（Becker, G. S.）从经济学角度揭示了人才对现代产业经济增长的关键性作用，并因此而获得诺贝尔经济学奖。丹尼森（E. F. Danison）等学者都把人才视为产业经济发展最重要的内生变量。对自主创新及创新型人才的研究最早可追溯到内生经济增长理论，阿罗（Arrow 1962）将技术进步的一部分作用内生化。随着信息化、全球化加剧，如：格罗斯曼（Grossman, G. M. 1994）建立了一个基于自主创新的长期产业经济增长模型。Uwe（1995）把内生创新和模仿创新并列提出。罗恩韦尔（Rothwell 1992）提出整合"科学创新政策"和"产业创新政策"为一体的集成创新政策。除了美、欧学者 Cooke P（1996）、迈克尔·波特（Michael Porter 1980，1990）、彼得·德鲁克（Peter F. Drucker 1999）等等外，研究相关问题的还有韩国、日本、印度等国的金麟洙（Linsu Kim 1997）、J. Lee（1988）、纳谢德·福布斯（Naushad Forbes）和戴维·维尔德

（David Wield 2000）、帕万斯卡（Pawan Sikka 1998）等，近几年更多学者关注人才与创新研究。这些学者的研究对于二战后美国、日本、德国、英国、荷兰、芬兰、韩国等国家和地区产生重大的影响。无论二战后对人才还是对自主创新的研究，都以创新型人才为自主创新的关键，是提升国家综合竞争力的根本，促进国家产业经济发展的重要动力。

2.2 国内研究述评

在国内，学者对人才与区域产业发展作了大量的研究，代表性学者如：蔡日方、沈利生、吴江、赵曙明等等。最早使用"自主创新"概念的是浙江大学的陈劲教授（1994）。谢燮正（1995）教授也认为自主创新是相对于技术引进的"他技术创新"。第一个对自主创新进行明确论述的是中国科学院杨德林、陈宝春（1997）。其后有刘国新、许庆瑞、魏江、许晓明、李兴文、许广玉、周寄中、刘凤朝、温瑞珺等学者。台湾经济研究院洪德生等、香港学者 Richard Mark Walker 等、澳门大学魏冰等曾对台、港、澳创新型人才及相关问题进行研究。这些研究在人才集聚特别是创新型人才对国家或地区自主创新及最终发展上看法较为一致。对海峡西岸经济区人才与产业发展、区域发展关系研究，特别是对建设海峡西岸经济区人才支撑体系建设提出建设性意见的代表性学者有郑亨钰、许文兴等。近年来，课题申请人一直以海峡西岸经济区人才战略等作为研究对象，特别突出面对国际竞争加剧，福建省提出在加快经济发展方式转变与跨越发展，应用经济计量、博弈论等方法与工具定量、定性进行了基础性的研究，主持完成相关国家及省部级科研项目 10 项，为本申请课题的研究奠定了坚实基础。其中，主持国家社会科学基金项目 3 项（1 项研究成果被作为具有重要现实意义和应用研究、对策研究成果，由中宣部全国社会科学规划办通知收录《成果要报》呈送中央政治局常委、委员等党和国家领导人内部参阅），分别有成果发表于如《中国软科学》、《科学学研究》等权威期刊上，出版相关专著多部，研究初步表明海峡西岸经济区产业发展与人才相关性强，若能对"海峡西岸经济区产业发展的人才"进一步深入研究，对加快海峡西岸经济区产业发展具有重要意义。

3　主要研究内容及目标

3.1　研究的关键问题

（1）系统研究海峡西岸经济区产业发展的人才现状，海峡西岸经济区产业发展、人才集聚、创新型人才培育之间关系。因应国内外人才与区域产业经济竞争情势，分析海峡西岸经济区产业发展的人才重点与难点，全面吸引和聚集海内外人才，促进创新型人才培育。

（2）以福建省十二五规划、中长期发展规划及福建省中长期人才发展规划纲要为指导，协调福建内外创新型人才流动与区域产业经济发展平衡，加强福建东、中、西产业发展的人才合作，实现人才开发略有超前，避免人才集聚与创新型人才培育与产业经济发展不协调，提出福建省产业发展与人才集聚、创新型人才培育协调持续发展的对策。

（3）海峡西岸经济区产业发展的人才协调发展衡量和激励机制研究。初步建立海峡西岸经济区产业发展的人才发展预警系统。

（4）比较和学习中国台湾省等地区产业发展的人才战略模式、体制、改革进程、发展趋势、创新观念等。提出加强与中国台湾等地创新型人才开发、学科建设、科学研究、产业发展合作的政策建议。

（5）借鉴美国产业发展的人才的实际经验。

4　研究方法与技术路线

4.1　研究开发方案

本研究拟实现的目标，如何因应国内外人才与产业经济竞争的机遇和挑战，针对海峡西岸经济区产业发展的人才集聚和创新型人才培育现状，以福建省十二五规划、中长期发展规划及福建省中长期人才发展规划纲要为指导，构建海峡西岸经济区产业发展的人才集聚和创新型人才培育战略体系及建设对外开放、协调发展、全面繁荣的海峡西岸经济区战略体系，实施相应可定量化、可操作的管理模型，确定相关评价指标体系及其相适应的政策工具矩阵框架，提出挖掘海峡西岸经济区产业发展的人才集聚和创新型人才培育潜力政策建议。本研究将始终以下述主要思想为指导：

首先，重视定量与定性、实证与规范分析，用动态和发展的观点研究海峡西岸经济区产业发展的人才管理现状、成因，及面临的国内外竞争环境，分析加强与台港澳等地区合作实施人才保障战略与产业经济合作存在的机遇、问题、对策及对福建全面建设海峡西岸经济区的贡献。

其次，既要与海峡西岸经济区产业发展的人才战略相一致又要充分考虑时空的有效结合。在评价体系与模型研究上，要坚持以福建省十二五规划、中长期发展规划及福建省中长期人才发展规划纲要为指导，并且在区域人才开发合作、产业经济发展、资金资本、自由贸易、闽台合作关系等因素的协调度量与标准衡量上充分考因素之间动态性、阶段性等特征。

第三，充分重视制度安排和机制设计的作用，要把制度学理论和创新思维方法引入海峡西岸经济区产业发展的人才集聚和创新型人才培育及建设对外开放、协调发展、全面繁荣的海峡西岸经济区的政策研究的机制设计中，以确保其正确性和科学性。

第四，借鉴和比较美国等实施创新型人才战略及经济发展战略的成功与失败经验。同时，为确保本研究的实用性和可操作性，本项目研究中将坚持以借鉴、学习、创新相结合，充分利用多学科的最新理论、技术方法和政策途径来处理本项目研究中涉及的难点和问题。

4.2 用到的相关研究方法

本研究采用政策设计与理论研究,定量分析与定性分析,比较和借鉴,实地调研,系统分析,实证研究与规范研究相结合并突出定量分析的研究方法。其中主要能用到的方法与工具如下:

第一,主要用到的理论方法:新经济增长理论、博弈论、竞争优势理论、协作理论、比较优势理论、创新理论、可持续发展理论、区域经济学理论、发展经济学理论、技术经济学理论、投入产出理论、突变理论、制度经济学理论、控制理论、计量经济学、公共管理等方法。

第二,主要用到的分析工具:政策分析、经济计量分析、系统分析、层次分析等技术。

技术图线图如下:

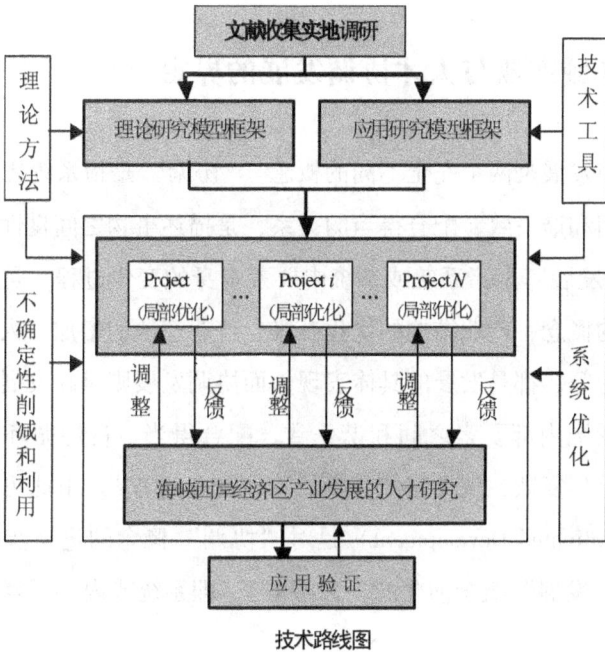

技术路线图

第二章　相关理论基础

为了准确把握海峡西岸经济区产业发展与人才之间相互联系，本章通过对相关文献的梳理、分析，回顾产业发展与人才理论的演变过程，了解其内涵界定与研究现状，更好地为实证研究提供理论支撑。

1　区域产业与人才协调发展的界定

协调与发展是两个完全不同的概念。"协调"是指系统之间或系统内要素之间和谐一致、配合得当的关系，是描述事物之间良性相互关系的概念；"发展"是指系统或系统内要素本身的变化过程，是描述事物运动变化的概念，产业结构的优化升级、产业产值的增加、人才状况的提高与改善等，都是发展的具体表现；而协调发展则是在发展过程中系统之间或系统内部要素之间和谐一致、配合得当、良性循环的基础之上，从简单到复杂，从无序到有序的总体变化过程①。由此可见，协调发展（Coordinated Development）是对"协调"概念的进一步推广和应用，也是"发展"概念演化的一种结果②，即系统或内部要素的自身发

---

① 杨士弘：《广州城市环境与经济协调发展预测及调控研究》，《地理科学》1994 年第 5期，第 136－143 页。

② 王维国：《协调发展的理论与方法研究》，中国财政经济出版社 2000 年版，第 15 页。

展，不以牺牲或损害其他系统或内部要素发展及其利益为代价，而是系统与要素全面、综合的发展。协调发展不是单一的发展，而是一种多元的发展，是一种强调整体性、综合性、内生性的发展聚合①。区域产业发展与人才在多方位、多层面上存在较强的相互联系性，两者可构成一个耦合的复杂系统。因此，本文认为，区域产业发展与人才协调发展是指区域内产业发展与人才和谐一致、搭配得当、相互支持、相互促进、共同发展的动态过程，两者间形成一种互促互进的良性循环。

2　产业结构的理论综述

2.1　国内外产业结构相关概念及理论演变回顾

产业是社会分工的产物。随着社会生产力的不断提高和社会分工的日益深化，产业也随之产生并发展。产业介于宏观经济与微观经济之间，是具有某一同类属性的企业经济活动的集合，每一产业内部生产活动都有其共同特征。而产业结构（Industrial Structure）作为产业经济中的重要概念开始用于 20 世纪 40 年代，最初不单用于解释产业内部之间的关系和各产业之间的关系，还可用以解释产业地区分布与产业内部企业关系。随着产业经济研究的持续深入，产业结构相关概念才逐渐明晰起来。产业结构有狭义和广义之分，狭义产业结构理论从"质"的角度动态揭示各产业部门内起主导作用的产业部门的不断替代的规律及其相应的结构效益，而广义产业结构理论则在狭义产业结构分析基础上结合"量"的角度静态研究一定时期内产业间联系与联系方式的技术经济数量比例关系，即产业间投入与产出量的比例关系②。本文所涉及的产业结构包括狭义产业结构和产业间联结关系，即广义的产业结构。

---

① 隋映辉：《协调发展论》，青岛海洋大学出版社 1990 年版，第 100－102 页。
② 苏东水：《产业经济学》（第二版），高等教育出版社 2005 年版，第 4－5 页。

为了便于分析、研究和管理产业活动，学者们根据产业研究和分析目的不同，对产业进行分类：如关联方式分类法、两大部分分类法、三次产业分类法、生产要素分类法、国际标准分类法等。其中影响最为深远的当属新西兰经济学家费歇尔（Fisher，1935）在其著作《安全与进步的冲突》首次系统提出的三次产业分类法：其中第一次产业包括一切取自于自然界的经济活动，主要有广义的农业和矿业；第二次产业指一切对自然物进行加工的经济活动，主要有广义的工业和建筑业；第三次产业是指除第一、二次产业以外的所有的社会经济活动，提供服务是其主要特性①。英国经济学家克拉克（Colin Clark，1940）在此基础上于《经济进步的条件》（The conditions of economic progress）② 中，通过大量实证分析，总结出三次产业结构变化规律及其对经济发展的作用，即配第 - 克拉克定律。其后美国学者西蒙·库兹涅茨（Simon Smith Kuznets，1966）进一步丰富并发展了配第 - 克拉克定律③。三次产业分类法极具实用性，至今仍是国际理论界研究及许多政府、组织广泛采用的产业分类法。而由于在研究中的突出贡献，费歇尔与克拉克被公认为三次产业分类法的创始人。

在产业结构方面，产业结构理论的思想渊源可以追溯至 17 世纪的古典经济时期。英国古典经济学家威廉·配弟（William Petty）最早通过考察得出产业结构是世界各国国民收入及经济发展差距的关键的结论④。而法国重农学派创始人魁奈（Francois Quesnay）的"纯产品学说"强调了农业的重要性，并提出社会资本在产业间的转移趋势。配弟、魁奈等人对于产业结构的早期研究成为日后产业结构理论发展的重要思想来源。20 世纪 30、40 年代后，现代产业结构理论逐渐成形。从

---

① 梁小民：《经济学大辞典》（第一版），团结出版社 1994 年版，第 265 页。

② Colin Clark. The conditions of economic progress . Macmillan and co. ,limited：1940.

③ Simon Kuznets. Modern Economic Growth：Rate；Structure and Spread . Yale University Press，1980.

④ ［英］威廉·配第：《政治算术》，中国社会科学出版社 2010 年版，第 45 页。

经济学家克拉克基于费歇尔理论成果，进一步发展完善三次产业分类法并在此分类基础上提出三次产业结构变化规律，即配第 – 克拉克定律（Petty – Clark's Law）[1]：即在业化初期，在第一产业产值比重不断下降的同时，其人力资源逐渐向第二产业转移，第二产业产值相对比重上升，而工业化中期，第二产业边际收益开始出现下降趋势同时产值比重下滑，其中大量的人力资源便开始向第三产业转移，并导致第三产业产值比重与人力资本比重的持续上升；美国学者库兹涅茨结合克拉克研究成果，在其 1941 年的著作《国民收入及其构成》（National Income and Its Composition）中通过对各国大量数据及史料的搜集、考察、整理，更精确、全面、深入地总结经济增长过程中产业结构变动趋势；德国经济学家霍夫曼（Waltber Hoffmann） 1931 年在《工业化的阶段和类型》一书中根据 20 多国历史资料数据，概括出有代表性的比值——霍夫曼比例，据此划分工业化的四个阶段，从而开拓性地把工业结构特征与工业化过程的阶段划分联系起来。克拉克、库兹涅茨、霍夫曼及里昂惕夫等人的研究进一步促进了产业结构理论的形成。

20 世纪 50、60 年代以来，随着战后经济开始复苏，世界各国都面临着产业结构合理均衡发展的问题，因此产业结构理论也得到较大程度发展。大批学者就产业结构的分布、演变规律及其对经济增长的作用进行深入研究，涌现大量代表人物及相关理论：刘易斯（Lewis，1954）以二元结构模型解释了发展中国家经济问题；日本学者筱原三代平（1957）概括出规划产业结构两个基本准则，即两基准理论，其中包括收入弹性基准与生产率上升率基准；赫希曼（Albert Otto Hirschman）1958 年在《经济发展战略》（The Strategy of Economic Development）一书中创造不平衡增长理论，主张发展中国家应有选择地优先发展部分产业，并通过外部经济使其他部门得到发展[2]；日本经济学家赤松要于

---

① Clark C. The Conditions of Economic Progress. Macmillan, 3rd edition, 1957.

② Hirschman, A. O. The Strategy of Economic Development. Yale University Press, 1958.

1960 年提出产业发展模式的"雁形态理论",揭示了后进国家遵循"进口—国内生产—出口—成熟—逆进口"的模式参与到国际分工中来以实现产业结构高级化的路径;美国经济学家罗斯托（Walt Whitman Rostow，1998）在《经济成长的过程》和《经济成长的阶段》等著作中提出产业扩散效应理论和主导产业的选择基准,即"罗斯托基准",按照技术标准把经济成长过程分为六阶段,经济阶段的演进以主导产业的交替前进为特征,并由较低级阶段向较高级阶段顺序发展;美国发展经济学家钱纳里（Hollis B. Chenery）对产业结构问题也进行了深入研究,他利用二战后发展中国家历史数据资料建立了多国模型,并以此将产业结构理论规范化,提出标准产业结构。另外,钱纳里还将由不发达经济向成熟工业经济过渡过程划分为三阶段六时期,从任何发展阶段向更高阶段的跃进都是通过产业结构转化来推动[1]。此后,包括中国在内的大量学者围绕产业结构基础理论,继续从不同角度对产业结构理论体系进行完善与发展。

自 20 世纪 80 年代引入西方产业经济学相关理论以来,我国产业经济理论研究已走过 30 多年历程。由于我国在改革开放后面临由计划经济向市场经济过度背景下产生的产业失衡、产业结构变化等诸多问题,因此,产业结构问题在我国尤为受关注,具有中国特色的"产业结构升级"概念也应运而生。吴崇伯（1988）[2] 是国内最早讨论产业结构升级的学者,他对产业结构升级的阐释是产业结构的升级换代。此后围绕这一思路的产业结构升级研究不断发展。王业强（2007）[3]、李小平,卢现（2007）[4] 等学者从不同行业、不同视角归

---

[1] 钱纳里:《工业化和经济增长的比较研究》（中译本）,上海三联书店 1989 年版。

[2] 吴崇伯:《论东盟国家的产业升级》,《亚太经济》1988 年第 1 期,第 26 – 30 页。

[3] 王业强、魏后凯:《产业特征、空间竞争与制造业集中:来自中国的经验证据》,《管理世界》2007 年第 4 期,第 68 – 77 页。

[4] 李小平、卢现祥:《中国制造业的结构变动和生产率增长》,《世界经济》2007 年第 5 期,第 52 – 64 页。

纳了我国产业结构升级的演变情况；谭顺福（2007）[①]、张平
（2007）[②] 等分析总结了现阶段我国产业结构特征；宋锦剑
（2000）[③]、谢曼（2002）[④]、赵卓，孙燕东，增晖（2003）[⑤] 等学者则
致力于区域产业结构升级优化定量化方法研究。目前我国理论界在产
业结构研究方面成果主要集中于以下几方面：第一，产业结构影响因
素与机制研究；第二，主导产业选择基准研究；第三，区域产业结构
定量方法研究。与此同时，我们也注意到，近年来，随着我国产业结
构理论研究的逐步深入，我国产业发展领域内高质量的学术研究呈现
出以下趋势：一是问题设定的动态化，即将研究重点更多地转向如何
实现产业发展的"当前状态"向"理想状态"转变；二是研究方法
方面更加规范化；三是研究群体国际化，越来越多国外学者开始关注
中国产业结构问题以拓展主流经济学视野[⑥]。

2.2　产业结构升级具体内容概述

区域产业结构理论是一门研究社会再生产过程中，一个区域的产业
组成即资源在产业间配置状态，产业发展水平即各产业所占比重，以及

---

① 谭顺福：《中国产业结构的现状及其调整》，《管理世界》2007 年第 6 期，第 156 -
157 页。

② 张平：《论中国三大区域产业结构的差异》，《经济评论》2007 年第 5 期，第53 -
57、99 页。

③ 宋锦剑：《论产业结构优化升级的测度问题》，《当代经济科学》2000 年第 3 期，第
92 - 97 页。

④ 谢曼：《构建重庆市产业结构优化模型——投入产出研究》，《生产力研究》2002 年
第 1 期，第 81 - 83 页。

⑤ 赵卓、孙燕东、曾晖：《GM（1，N）模型在产业结构分析中的应用》，《技术经
济》2003 年第 1 期，第 155 - 156 页。

⑥ 吕铁、贺俊、邓洲：《产业结构问题研究前沿综述》，《社会科学管理与评论》2010
年第 3 期，第 66 - 73 页。

产业间的技术经济联系即产业间相互依存相互作用方式的科学①。产业结构优化升级是当前经济发展的主题之一，而产业结构升级作为产业结构理论的核心内容，是一国经济平稳、快速、持续发展的重要保证。产业结构升级是指产业由低技术水平、低附加价值状态向高新技术、高附加价值状态的演变趋势②，是区域产业结构与需求结构、技术结构及资源供给结构相适应的状态。产业结构优化升级可以从不同角度进行判定，如学者江东（2010）③指出产业结构具有两个层面涵义，可以分别从微观与宏观两个层面切入判定产业结构升级的现象。但通过对产业结构领域相关研究文献的梳理发现，当前我国大多数学者认为，区域产业结构应从产业结构高度化和产业结构合理化两个导向维度展开。换句话说，产业结构优化升级就是推动产业结构高度化和合理化发展的过程，即通过政府相关产业政策调整影响产业结构变化的供给结构和需求结构，实现资源优化配置与再配置，进而推进产业结构的高度化和合理化发展④。产业结构高度化主要指产业结构从较低水平向较高水平状态发展的动态过程⑤。在科学进步与技术创新推动下，产业不断向高附加值化、高技术（知识）化、高加工度化和高集约化方向发展，与此同时，产业结构的演变规律为产业结构优化升级提供了科学、合理的选择路径，使产业结构按照三次产业优势地位依次演进；而产业结构合理化则

---

① 张延平、李明生：《我国区域人才结构与产业结构升级的协调配适度》，《中国软科学》2011 年第 3 期，第 177 - 192 页。

② 刘志彪：《产业升级的发展效应及其动因分析》，《商业研究》2010 年第 5 期，第 97 - 100 页。

③ 江东：《产业升级的再认识：一个分析框架》，《现代商业》2010 年第 5 期，第 196 - 197 页。

④ Simon Kuznets. Modern Economic Growth：Rate；Structure and Spread . Yale University Press，1980.

⑤ 李悦、李平：《产业经济学》，东北财经大学出版社 2002 年版，第 125 页。

指产业与产业之间协调能力的加强和关联水平提高的动态过程①。产业结构合理化包括产业相对地位与作用合理化、产业关联合理化、产业增长速度分布合理化和产业结构发展阶段交替合理化等方面内容。因此，产业结构升级的有效实现需要产业结构高度化与产业结构合理化高度统一。其中，产业结构合理化是产业结构高度化的前提，产业结构高度化则对产业结构合理化提出更高要求，两者相互作用，相互渗透，密不可分。

3　人才、人力资本的理论综述

3.1　国内外人才相关理论回顾及现状

纵观人类文明史，其本质就是一部人类发挥主观能动性，认识世界并改造世界的历史。人潜能的充分发挥是推动人类发展进程的原动力。随着生产力的提高及社会生产活动的深入开展，人更是成为社会生产活动中最积极、最活跃、最富有创造性的因素，成为经济发展的主体，因此，对人的研究也逐渐进入经济学视野。人才理论渊源最早可以追溯至17 世纪，从古典经济学派的威廉·配弟（William Petty）在其代表作《政治算术》（Political Arithmetic，1676）中肯定人的劳动在财富创造中的决定性地位并对人口货币价值进行计量②，到亚当·斯密（Adam Smith）、大卫·李嘉图（David Ricardo）等人将人后天获得的有用能力划为固定资本，再到德国历史学派先驱李斯特（Freidrich Liszt）在其著作《政治经济学的国民体系》（The National System of Political Economy，1841）③ 中提出将资本分为物质资本和精神资本，再到英国经济学家马

---

① Simon Kuznets. Modern Economic Growth：Rate：Structure and Spread . Yale University Press，1980.

② ［英］威廉·配第：《配第经济著作选集》，商务印书馆1981 年版，第98 页。

③ ［德］李斯特：《政治经济学的国民体系》，商务印书馆1961 年版，第126 页。

歇尔（Alfred Marshell，1890）① 阐述的对人本身的投资最有价值这一观点
等，大批经济学家都开始充分发掘人这一生产要素及对人的投资在经济发
展中的作用，把人们通过后天学习获取的知识、技能等作为一种能够从中
获得收益及回报的资本。但由于受时代所限，这些理论在当时并未受到足
够重视，但这些内容丰富的思想萌芽，却成为日后人力资本理论发展的重
要基石。在此之后直至 20 世纪 20 年代，人力资本理论才初见雏形。

20 世纪 50 年代以后，随着战后各国的崛起和复苏，人力资源观念
日渐深入人心，人力资本理论研究也日趋完善。诺贝尔经济学奖获得者
西奥多·W·舒尔茨（Theodore W. Schultz）1960 年于美国经济学年会
上发表的题为《人力资本投资》主题演讲标志着现代人力资本理论的
正式形成，并在其随后主要著作中明确阐述了人力资本概念、性质、作
用、分类及投资途径等方面观点。而与此同时，另外两位诺贝尔经济学
奖获得者美国经济学家库兹涅茨（Simon Smith Kuznets）与加里·贝克
尔（Gary S. Becker）② 分别在实证中证实了社会劳动力贡献率不断提高
的现象及从个人行为与家庭生产角度对人力资本、人力资本投资进行系
统分析，从宏观和微观两个不同层面强化了人力资本理论体系。另一位
美国经济学家丹尼森（Edward F. Denison）则从数量和质量角度对人力
资本要素作用进行计量研究，为前人理论提供有力证据支持。理论研究
与实证分析的结合使人力资本理论体系得到进一步完善。

20 世纪 70 年代，人力资本理论研究趋于平稳，各类研究成果层出
不穷，研究内容主要集中于人力资本投资形式与途径、人力资本投资收
益、人力资本与经济增长关系、人力资本与技术进步关系、人力资本与
劳动生产率关系及人力资本与个人收入分配关系等方面。而进入 20 世
纪 80 年代，随着以知识经济为背景的"新经济增长理论"开始盛行，

---

① ［英］马歇尔：《经济学原理》（上册），商务印书馆 1965 年版，第 125 页。

② Becker Gary S., Murphy, Kevin M. and Tamura, Robert. Human Capital, Fertility, and E-
conomic Growth . Journal of Political Economy 98 No. 5, Part 2, October 1990;12 – 36.

人力资本理论研究迎来第二个高峰，并随之拓展到更广泛、更深层的领域。从宏观层面解释经济增长过程中人力资本作用的理论与模型大量涌现，它们都将人力资本视为经济增长过程中最重要的内生变量，其中最具代表性的当属美国经济学家罗默（Poul M. Romer）与卢卡斯（Robert E. Lucas）。罗默在 1986 年发表的论文《收益递增与经济增长》中建立了两种增长模型。肯定了知识技术对于经济增长的决定性作用，并将其作为生产模型的内生变量。同时他还把人力资本划分为原始劳动（L）与具备专业知识的人力资本（H），但只有后者才能促进经济增长[①]，并于 1990 年建立了三部门增长模型，以克服先前模型缺少微观基础的缺陷。而卢卡斯则充分借鉴贝克尔等人的研究成果，分析整个经济中人力资本形成过程，并将其作为独立因素其结合到经济增长模型当中，提出"两商品模型"（Two Goods Model）与"两时期模型"（Two Periods Model）。其中人力资本投资同时具有内部效应与外部效应，内部效应提升人力资本存量，而外部效应带动经济产出，人力资本存量能够克服劳动和物质资本边际产出递减的限制，成为经济持续增长的根源，而教育则是人力资本形成的最佳途径[②]。另外，还有斯科特（A. D. Scott）、阿罗（Kenneth J. Arrow）等学者也纷纷从各自角度对人力资本理论体系进行补充完善。这些理论将人力资本纳入经济增长模型，使人力资本研究更为量化，弥补原有理论对于人力资本"外部效应"及"外溢效应"关注的不足，强调引导经济增长理论由外生经济增长阶段向内生经济增长阶段过渡，开辟了"新经济"时代[③]。

20 世纪 90 年代以来，伴随知识资本理论的兴起，西方人力资本理

---

① Romer, P. M. Increasing Returns and Long‐run Growth. Journal of Political Economy, 1986：94.

② Lucas, R. E. On the Mechanics of Economic Development. Journal of Monetary Economics, 1988(22).

③ 汤艳玲：《人力资源开发对区域经济增长的影响及对策》，《新财经·上半月》2011年第 2 期，第 34 页。

论研究正悄然发生着改变。知识资本理论强调如今知识正取代土地、物质资本等传统资本，逐渐在生产中占主导地位。知识资本的出现极大发展了人力资本相关理论研究，也给其带来全新视角，学者们开始研究结构性资本与人力资本间相互联系。只有得到相应结构性资本支持，才能促进人力资本积累和价值的实现，换句话说，知识资本理论的出现标志着目前人力资本理论研究又进入到一个新的阶段，因为它加深了对人力资本特性的认识①。与此同时，人力资本理论研究范围也不再仅局限于发达国家，而是扩展到发展中国家经济发展领域。在步入 21 世纪的今天，随着经济全球化、技术革新、知识管理、电子信息化等变革力量的出现，人力资本作用愈发凸显。当前，人力资本理论已经拓展到诸多分支领域，主要包括：人力资本的代际流动、教育和培训投资、健康经济学、人力资本与专业化、人力资本与经济增长等五方面②。另外人力资本理论还表现出了跨文化、跨区域、跨学科融合的新趋势，这些趋势对人力资本理论研究影响不言而喻，它们促使人力资本理论体系不断自我完善并走向成熟。

反观国内，虽然现代人才的相关理论研究起步较晚，但其思想却早已根植于几千年经济思想史中：儒家思想奠基人孔子提出，通过学习，人可以"多识于鸟兽草木之名"；可以使"君子博学于文"；改变人"愚、荡、贼、狡、乱"等弱点③；战国思想家荀子云："水火有气而无生，草木有生而无知，禽兽有知而无义；人有气有生有知亦且有义气，故最为天下贵也。"④ 强调人的重要性；宋代沈括则认为："至于技巧器械，大小尺寸，黄黑花赤，岂能尽出于圣人！百工群有司、市井田野之

---

① 左聪颖、杨建仁：《西方人力资本理论的演变与思考》，《江西社会科学》2010 年第 6 期，第 196 – 199 页。

② 秦永：《人力资本理论前沿综述》，《内蒙古金融研究》2010 年第 10 期，第 12 – 14 页。

③ 魏立萍：《异质性人力资本与经济增长理论及实证研究》，中国财政经济出版社 2005 年版，第 1 页。

④ 杨倞、东方朔、王鹏：《荀子》，上海世纪出版集团 2010 年版，第 35 页。

人，莫不预焉。"① 揭示了人的创造力。而国内学术界对人力资本的正式理论研究始于 20 世纪 80 年代末。由于起步较晚，最初的理论研究工作主要从对国外人力资本理论的翻译、引进、介绍与阐释开始，学者方叶仁（1986）、梁小民（1987）、李欣广（1987）、郝文武（1989）等人对人力资本理论在中国的普及起到了极大的推动作用。到了 20 世纪 90 年代末，研究与介绍国外人力资本理论的相关文章、著作已较为全面，结合中国国情及地区实际的人力资本理论研究也开始飞速发展，众多学者如李民忠（1999）②、莫志宏（2002）③ 等从各自角度对人力资本给出具有中国特色的概念界定与表述。综合各研究成果，本文采用李玲（2003）提出的定义，即人力资本是通过后天投入而凝结于人体之中的、具有经济价值并能带来未来收益和凭以参与收益分享的知识、经验、技术、能力、工作努力程度、协作力、健康及其他因素的总和④。

总体而言，我国人才理论研究主要集中于以下几个方面：第一，人才对社会经济发展作用研究。这是我国学者研究的重点，本文研究就属于这一范畴。这其中主要包含人才在经济增长中的作用机制及经济发展中人力资本的投资与收益问题。如扶涛、张兰芳、张云钢（2010）⑤、宋家乐、李秀敏（2011）⑥、王弟海、龚六堂、李宏毅（2008）⑦、雷鹏

---

① ［宋］沈括：《长兴集》，台湾商务印书馆 1986 年版，第 23 页。

② 李忠民：《人力资本：一个理论框架及其对中国一些问题的解释》，经济科学出版社 2003 年版，第 30 – 31 页。

③ 莫志宏：《人力资本的经济学分析》，经济管理出版社 2004 年版，第 28 页。

④ 李玲：《人力资本运动与中国经济增长》，中国计划出版社 2003 年版，第 19 页。

⑤ 扶涛、张兰芳、张云钢：《我国人力资本投入对经济增长作用的计量分析》，《生产力研究》2010 年第 7 期，第 87 – 90 页。

⑥ 宋家乐、李秀敏：《中国人力资本及其分布同经济增长的关系研究》，《中国软科学》2011 年第 5 期，第 162 – 168 页。

⑦ 王弟海、龚六堂、李宏毅：《健康人力资本、健康投资和经济增长》，《管理世界》2008 年第 3 期，第 27 – 29 页。

(2011)① 等学者分别从人力资本投入、分布、配置效率、健康投资、存量等不同角度探求与经济增长的联系，学者吴建国（2002）②、丁仁船（2005）③ 等对人力资本的经济增长贡献率进行计量分析，而宋斌（2007）④、范晓钟、范华（2010）⑤ 及陆慧（2011）⑥ 等人则从不同投资主体、行业、投资对象出发，对人力资本投资收益状况进行论证。第二，人力资本的产权问题研究。人力资本产权问题反映出我国正由传统计划经济向知识经济转变这一特殊国情，因而格外受到国内研究学者关注。黄乾（2000）⑦ 对人力资本产权概念、结构与特征等做出界定，陈红（2006）⑧、王晓霞、付兴（2009）⑨、向显湖与钟文（2010）⑩ 等学者基于企业视角探讨人力资源在实践中的运用。第三，人才管理研究。人力资本管理特别是微观层面的人力资本管理是近几年新兴的研究热点，研究内容多集中于企业人力资源管理功能、资本、运营等方面。

---

① 雷鹏：《人力资本、资本存量与区域差异——基于东西部地区经济增长的实证研究》，《社会科学》2011 年第 3 期，第 53 页。

② 吴建国：《人力资本对我国经济的增长贡献率》，《人力资源开发》2002 年第 3 期，第 25 – 27 页。

③ 丁仁船：《计量人力资本对经济增长贡献率的新方法》，《统计与决策》2005 年第 10s 期，第 131 – 133 页。

④ 宋斌：《政府部门人力资本的投资——收益博弈分析》，《科技进步与对策》2007 年第 7 期，第 186 – 190 页。

⑤ 范晓钟、范华：《烟草行业人力资本参与企业收益分配研究》2010 年第 3 期，第 147 – 150 页。

⑥ 陆慧：《高等院校教师人力资本投资收益率研究》，《开发研究》2011 年第 2 期，第 154 – 157 页。

⑦ 黄乾：《人力资本产权的概念，结构与特征》，《经济学家》2000 年第 5 期，第 38 – 45 页。

⑧ 陈红：《基于公司治理的经营者人力资本产权研究管理观察》2006 年第 8 期，第 60 – 61 页。

⑨ 王晓霞、付兴：《人力资本产权理论在我国企业管理实践中的应用》，《中国商界》2009 年第 5 期，第 243 – 245 页。

⑩ 向显湖、钟文：《试论企业经营者股权激励与人力资本产权收益》，《会计研究》2010 年第 10 期，第 67 – 75 页。

3.2　区域人才、人力资本理论概述

人力资本作为一门应用型理论，其研究必然不能脱离具体实际而存在。从社会的实践活动角度看，作为区域发展的源泉，人力资本实证研究特别在国内理论界主要集中于区域人力资本领域。区域人力资本（Regional Human Capital）是指人力资本在特定区域上的体现，即该区域内人体所拥有的体力、健康、资历、经验、知识、技能及其他精神存量的总和①。由此可见，区域人力资本是一门涉及人口学、区域经济学、社会学、人文地理学等诸多方面的复杂、系统学科。西方区域人力资本研究源于 20 世纪 80 年代人力资本对经济增长影响的深化研究，它的出现弥补了人力资本与区域经济发展研究互不关联的缺憾，本文已在理论回顾部分作详细阐述，在此不再赘述。而我国幅员辽阔，同时作为世界人口最多的发展中国家，人力资本在现有存量、投资方式、投入数量、利用方式以及产出效益等方面均表现出极大的区域非均衡性，并由此产生许多问题。因此，区域人力资本问题在我国格外受到关注。目前，国内区域人力资本研究主要围绕以下四方面展开：第一，区域人力资本与经济发展相互关系研究；第二，区域人力资本结构与经济发展互动关系研究；第三，区域人力资本流动与迁移研究；第四，区域人力资本合作研究②。先进国家经验说明，丰富的区域人力资本存量、合理的区域人力资本结构、有序的人力资本区域间流动及配置、长期长效的人力资本区域交流合作在一定程度上有助于区域经济可持续发展。与此同时，为了使研究更具针对性、有效性、可操作性，许多学者从区域角度将人力资本按照不同方法与标准划分为多种类型，每一类型都有其独有特征。其中以李玉江等人的分类较为详尽，分别从经济发展水平、居住

---

① 张其春：《福建省人力资本与产业结构调整的互动关系研究》，福州大学管理科学与工程系 2006 年硕士学位论文，第 10 页。

② 赵日晔、闫淑闽：《区域人力资本研究综述及深化研究的建议》，《人才开发》2009 年第 2 期，第 11 – 13 页。

区域、地域尺度、经济单元、自然因素五方面对区域人力资本进行划分，分类汇总结果如表2－1所示。本文以海峡西岸经济区主体福建省为研究目标区域，因此，根据李玉江等人的区域人力资本类型划分标准，2010年福建省国内生产总值达14737.12亿元，在全国31个省市自治区中位列第12，居于中上游水平，按经济发展水平划分，福建省人力资本属于中等发达地区人力资本；福建省内长期存在以城市工业经济和传统农业经济并存为特征的城乡二元结构，传统农业经济依然占有相当大的比重。二元经济结构导致福建省城乡地区在人力资本存量、投入力度、产出效益等方面存在差异，造成城市人力资本与农村人力资本共存的局面；按地域尺度划分，就福建省域范围而言，其人力资本属于介于微观地域和宏观地域人力资本间、起承上启下作用的中观地域人力资本，由若干不同的微观地域人力资本构成；按经济单元划分，福建省域内人力资本同时由企业人力资本及行政事业人力资本等组成；最后，由于福建省内部地理环境差异十分显著，而这种区别最主要来自于沿海和内陆地理位置的相对分布情况，因而按照地理位置相对关系划分，可将福建人力资本分为内陆地区人力资本与沿海地区人力资本。总而言之，福建省区域人力资本是一个复杂的系统，对其人力资本研究应综合以上因素多角度、全方位考察，充分考虑城乡、沿海与内陆间人力资本特征及非均衡状态。

表2－1　区域人力资本类型划分[①]

划分依据	类型	划分目的
经济发展水平	发达地区人力资本、中等发达地区人力资本、欠发达地区人力资本	发现地区差异，分析形成原因，因地制宜，分类指导
居住区域	城市人力资本、农村人力资本	分析城市与农村居民总体差异，家庭微观人力资本的投资与收益

---

① 李玉江等：《区域人力资本研究》，科学出版社2006年版，第30页。

续表 2－1

划分依据	类型	划分目的
地域尺度	宏观地域人力资本、中观地域人力资本、微观地域人力资本	在研究各类型的人力资本基础上，协调好三者关系
经济单元	企业人力资本、行政事业人力资本	分析人力资本投资主体的投资行为和管理方式，提高人力资本效益
自然因素	平原人力资本、某流域人力资本等	分析自然因素对区域人力资本有效影响关系，确定人力资本的合理投资

4　产业发展与人才相互关系相关理论综述

通过上文理论回顾及梳理可知，产业发展与人才两者在各自理论研究领域均取得了一定研究成果。与此同时，随着我国经济增长步伐的不断向前迈进，相关理论研究也更加深入，这使得当前宏观经济研究视角也逐渐从对总量增长的关注，转向对结构优化问题的探讨，而产业结构作为结构问题中最为关键的衡量指标，其与人力资本间的相互关系也引起国内理论界的高度重视，相关研究成果纷纷涌现，国内对于产业发展与人才间相互联系的研究成果主要体现在理论研究与实证研究两方面：其一，在理论研究研究方面，张其春（2006）、李玉江等（2006）、赵光辉（2008）①、周静（2009）② 等人对人力资本与产业结构相互作用机制进行了深刻剖析，他们一致认为两者间的相互作用充分表现为人力资本对产业结构的推动机制和产业结构对人力资本的拉动机制，两者相

---

① 赵光辉：《人才结构与产业结构互动的一般规律研究》，《商业研究》2008 年第 2 期，第 34－39 页。

② 周静：《重庆市人力资本与产业结构调整互动关系研究》，西南大学政治经济学 2009 年硕士学位论文，第 17 页。

互促进，密不可分；张延平，刘军（2003）[1] 与王满四（2008）[2] 等学者着重探讨区域人力资本配置与产业结构优化升级的互动关系；学者张少红（2004）[3] 等从人力资本存量角度出发，解析人力资本与产业结构间联系。此外还有众多学者还以人力资本结构、要素禀赋、科学技术等为出发点，试图从理论层面探寻人力资本及产业结构间关系。其二，在实证研究方面，理论研究为实证研究提供了较为完善的知识体系和分析基础，而实证分析则弥补了纯理论分析在实践说服力方面的弱点。大部分学者如李炯、苏静（2004）[4]、魏下海（2007）[5] 等人均运用错位幅度理论，即通过计算各产业人力资本结构与产业结构差异与偏离程度来判断人力资本与产业结构间关系；何筠、张波（2006）[6]、戴启文、杨建仁（2007）[7] 与徐卓（2011）[8] 等人则分别选取 1～3 个人力资本与产业结构代表性指标，通过对统计数据直观的整理和归纳，利用回归分析和其他数量模型方法揭示人力资本与产业结构间关系及相互作用方式，为需求预测及决策提供相应依据。

---

① 刘军：《人力资本配置与产业结构演进关系》，《改革与战略》2003 年第 1 期，第 6 - 8 页。

② 张延平、刘军：《区域人力资本动态优化配置及适配性评价体系研究》，《生产力研究》2009 年第 8 期，第 112 - 114 页。

③ 张少红：《论区域人力资本与产业结构调整》，《东岳论丛》2004 年第 2 期，第 170 - 173 页。

④ 李炯、苏静：《浙江人力资本扩展推动产业结构升级研究》，《中共宁波市委党校学报》2005 年第 3 期，第 59 - 65 页。

⑤ 魏下海：《中国人力资本流动与产业结构调整互动分析》，《科技和产业》2007 年第 3 期，第 16 - 17、47 页。

⑥ 何筠、张波：《江西产业结构调整与人力资源开发关系实证研究》，《中国人口资源与环境》2006 年第 3 期，第 113 - 118 页。

⑦ 戴启文、杨建仁：《产业结构升级与人力资本水平关系的实证研究》，《江西社会科学》2007 年第 12 期，第 123 - 126 页。

⑧ 徐卓：《广东产业结构升级与人力资本协调发展研究》，暨南大学国民经济学系 2011 年硕士学位论文，第 15 页。

5　本章小结

纵观国内外研究成果可发现，当前国内理论界在研究人才与产业发展相互关系方面积累了丰富的理论研究及实证研究经验。然而在理论界大多数研究中，虽然有学者试图探索两者间相互联系，但为数不多，特别是对于区域产业发展与人才协调发展研究相对较少，大部分停留在定性研究阶段。定量研究往往仅选用 1～3 个指标简单代表产业结构和人才两个复杂系统，容易导致以偏概全。因此，本研究拟在海峡西岸经济区产业结构升级这一新时代背景下，分析其中产业发展与人才现状，定性定量把握海峡西岸经济区人力资源开发与产业升级的深层次协调发展关系等相关内容，对当前海峡西岸经济区产业与人才协调发展提出理论参考与政策建议。

第三章 海峡西岸经济区产业发展与人才现状分析

1 引言

只有将产业发展与人才置于不同发展阶段，并结合不同区域具体发展实际综合考察，才能真正探寻两者变动规律及演进趋势。因此，本章拟在上一章中产业发展与人才理论梳理、分析的基础上，通过对海峡西岸经济区主体——福建省1978~2010年相关社会经济发展数据进行统计整理分析，全面把握区域经济发展过程中产业发展与人才的实际状况，进而更好地解释海峡西岸经济区经济发展中产业发展与人才相互影响关系。

2 海峡西岸经济区产业结构现状

2.1 海峡西岸经济区产业产值及结构变动情况

改革开放三十多年来，随着改革进程的逐步加深以及工业化、城镇化步伐的不断加快，福建省产业不仅在产值总量方面，同时在产值结构上都发生了显著变化，具体表现在以下两方面：首先，国民经济平稳较快增长，产业总产值不断提高。福建省国内生产总值由1978年改革开放之初的66.37亿元以每年13.12%的平均增长速度增加至2010年的

26

14737.12 亿元，后者为前者的 222 倍，与古巴国内生产总值相当[①]；与此同时，三次产业产值结构也得到优化。由表 3 – 1 可见，1980 年福建省三次产业呈现出"二一三"的产业结构格局，比重分别为 36.7%、41.0%、22.3%，这一格局一直持续到 1990 年，1990 年第三产业产值比重已大幅超过第一产业，随后第一产业产值比重不断降低，总共下降18.8 个百分点，两者比重差距也逐渐加大，第二产业产值比重则稳步提高，2010 年福建省三次产业结构比重更是分别达到 9.3%、51.0%、39.7%，至此，"二三一"的产业结构格局基本确定，工业主导地位更加凸显。这些都在一定程度反映出福建省产业高级化趋势。但放眼世界经济发展普遍经验，在工业化中后期过渡到服务经济过程中，第一、第二产业产值比重均开始下降。其中中等收入国家第一产业产值比重一般在 10% 以下，而第二产业则在 35% ~ 38% 间徘徊，第三产业产值比重则出现不断上升态势。另外，根据美国经济学家钱纳里与塞尔昆（Chenery & Syrquin，1988）对约 100 个国家 20 年间研究后得出的标准模式，当人均国内生产总值高 1000 美元时，三次产业最佳比重为12.7%、37.9%、49.4%[②]。当前福建省人均 GDP 为 36508 元，约合5393 美元，又正处于工业化中期阶段。由此可见，按照标准模式，当前福建省产业结构还存在较大偏差，第二产业产值比重偏高，而第三产业产值比重则相对较低且增长缓慢。

表 3 – 1　福建省三次产业产值结构变动趋势表

年份	GDP（亿元）	产值结构（%）		
		第一产业	第二产业	第三产业
1980	87.06	36.7	41.0	22.3
1985	200.48	34.0	36.2	29.8
1990	522.28	28.1	33.4	38.4

---

① 福建统计局：《2011 福建统计年鉴》，中国统计出版社 2012 年版。

② 钱纳里、赛尔昆：《发展的型式 1950 ~ 1970》，经济科学出版社 1988 年版，第 31 – 32 页。

续表 3-1

年份	GDP（亿元）	产值结构（%）		
		第一产业	第二产业	第三产业
1995	2094.90	22.2	42.1	35.7
2000	3764.54	17.0	43.3	39.7
2005	6554.69	12.6	48.5	38.9
2010	14737.12	9.3	51.0	39.7
标准模式	>1000 美元	12.7	37.9	49.4

资料来源：根据《福建统计年鉴2011》整理

2.2　海峡西岸经济区产业协调及运行效率分析

各种生产资源是有限的，如果资源配置不当，就会造成一些部门出现资源闲置，而另一些部门资源不足，从而影响产业的运行效率，如果这种低效状态不能及时扭转，调整产业内外比例关系，那么产业就不可能有效配置资源，最终导致产业结构失衡现象的出现。因此，产业发展不应一味追求量的提高，更应体现速度与效率的统一。透过社会经济发展相关统计数据，可以看出当前海西地区产业协调及运行质量具有以下几方面特征：

第一，三次产业劳动生产率差距扩大。总体而言，福建省全社会劳动生产率持续上升，由1980年的903.4元/人提高到2010年的67560.2元/人，增长了74.8倍，其中三次产业劳动生产率分别从454.6元/人、2732.4元/人及1490.8元/人提高到21423.2元/人、92205.1元/人及80266.4元/人（见表3-2）。特别在1990年后，第二、第三产业劳动生产率出现大幅提升，而第一产业劳动生产率则基本保持小幅度稳定增长，造成第一产业与第二、三产业间劳动生产率日益扩大（见图3-1），说明目前海西地区第一产业仍停留在较为粗放的劳动密集型阶段。

表3-2　福建省三次产业劳动生产率比较（元/人）

年份	全社会劳动生产率	第一产业	第二产业	第三产业
1980	903.4	454.6	2732.4	1490.8
1985	1740.1	960.8	3242.2	2727.8
1990	3873.4	1868.1	6296.5	7062.0
1995	13368.1	5898.1	23780.8	18327.9
2000	22675.4	8250.2	40006.1	31371.7
2005	35080.0	11777.5	54540.0	43711.7
2010	67560.2	21423.2	92205.1	80266.4

资料来源：根据《福建统计年鉴2011》整理

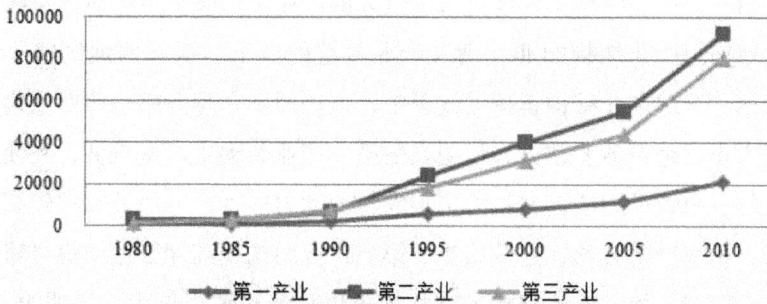

图3-1　福建省三次产业劳动生产率比较图（1980~2010）

表3-3　福建省单位GDP能耗（吨标准煤/万元）

项目	1978	1985	1990	1995	2000	2005	2010
单位GDP能耗	10.37	5.20	2.79	1.09	0.78	0.94	0.67

资料来源：根据《福建统计年鉴2011》整理

　　第二，单位GDP能耗水平偏高。产业结构运行效率还可以通过单位GDP能耗水平来反映。虽然福建省单位GDP能耗水平呈现不断下降的趋势（见表3-3），2007年GDP能耗约合4.4吨标准油/万美元，但

在世界各国中仍属中等国家水平，低于世界同期的 2.94① 吨标准油/万
美元平均水平，差距十分明显。

表 3 - 4　福建省三次产业结构偏离度变动趋势表（%）

项目	1978	1980	1985	1990	1995	2000	2005	2010
第一产业	39.1	36.2	27.5	30.3	28.1	29.8	25	19.9
第二产业	-29.1	-27.4	-16.8	-12.8	-18.4	-18.8	-17.3	-13.6
第三产业	-10.1	-8.8	-10.8	-17.3	-9.7	-11	-7.7	-6.3
绝对值合计	78.3	72.4	55.1	60.4	56.2	59.6	50.0	39.8

资料来源：根据《福建统计年鉴 2011》整理计算

第三，产业结构偏离度过大。过大的产业结构偏离度绝对值意味着
就业结构与产业结构的非均衡及产业效益的低下。就海西地区实际而
言，尽管三次产业结构正持续改善中，但仍旧不合理。第一产业结构偏
离度为正且绝对值非常大，说明当前第一产业劳动生产率较低，致使大
量农村剩余劳动力滞留，束缚更多农村劳动力向生产效率及收益较高的
第二、第三产业转移，这从第二、第三产业结构偏离度数据中也可略知
一二。第二、第三产业结构偏离均为负值且绝对值也偏大，说明第二、
第三产业对人力资本的需求量远不能得到满足（见表 3 - 4）。过大的产
业结构偏离度只会使海西地区面临产业结构性失衡危险。

表 3 - 5　福建省三次产业贡献率及拉动率变动趋势表（%）

年份	三次产业贡献率			三次产业拉动率		
	第一产业	第二产业	第三产业	第一产业	第二产业	第三产业
1980	25.1	43.2	31.7	4.6	8.0	5.8
1985	9.5	51.4	39.1	1.7	9.0	6.9
1990	5.4	48.3	46.3	0.4	3.6	3.5

---

① 项俊波：《结构经济学——从结构视角看中国经济》，中国人民大学出版社 2009 年
版，第 1 页。

续表 3-5

年份	三次产业贡献率			三次产业拉动率		
	第一产业	第二产业	第三产业	第一产业	第二产业	第三产业
1995	13.7	54.4	31.9	2.0	7.9	4.7
2000	4.7	59.6	35.7	0.4	5.6	3.3
2005	3.0	51.3	45.7	0.3	6.0	5.3
2010	2.1	67.9	30.0	0.3	9.4	4.2

资料来源：根据《福建统计年鉴 2011》计算整理

第四，三次产业经济增长贡献率及贡献率分布不均衡。由表 3-5 可见，第二产业贡献率与拉动率由 1980 年的 43.2% 和 8.0%，分别提高到 2010 年的 67.9% 和 9.4%，在三次产业中均居首位，这表明其在国民经济中的主导地位进一步增强。然而另一方面，理应作为经济增长新动力的第三产业贡献率及拉动率却均出现下滑趋势，与其日益提高的产业地位不相匹配。

2.3　海峡西岸经济区产业结构区域差异状况

由于在地理位置、对外开放政策、人力资本分布等方面的不同，海西地区内各区域产业结构也表现出明显的差异性。如图 3-2 显示，虽然总体来说目前福建省所有城市均完成了产值结构由"一二三"到"二一三"的转变，但其内部特别是沿海与内陆地区间却存在一定差距：首先，最发达的沿海经济城市福、厦、泉地区第一产业产值比重分别为 9.1%、1.2% 及 3.7%，均低于全省平均水平，而内陆地区的南平、三明及龙岩第一产业还占有相当比重，产值占各自国内生产总值的 21.9%、17.3% 及 13.0%[①]；其次，虽然全省已步入工业化中期，但沿海地区产业结构调整进程依然走在全省前列，三次产业产值结构仍优于内陆城市，不仅第一产业比重下降，第二产业稳步上升，第三产业更是

---

① 福建统计局：《2011 福建统计年鉴》，中国统计出版社 2012 年版。

蓬勃发展，其中福州及厦门两市已率先向服务型经济转变，在 2010 年初步形成"三二一"的三次产业格局雏形，三次产业结构比分别达到 9.1%、44.9%、46.0% 和 1.2%、49.1%、49.7%，而其他区域，特别是内陆地区离这一目标则还有一段距离；最后，从产业结构的区域分布情况来看（见表 3-6），内陆地区即龙岩、南平、三明三市除了在第一产业占据较大的 33.6% 份额之外，第二、第三产业比重均远远落后于东部沿海地区，分别只有 20.1% 与 15.8%。这说明当前内陆地区产业优势仍主要集中于劳动生产率及生产效益较低的第一产业，第二、第三产业竞争力严重不足。

表 3-6　2010 年福建省产业结构区域分布表（%）

地区	GDP	第一产业	第二产业	第三产业
沿海地区	79.8	67.4	79.9	84.2
内陆地区	18.2	33.6	20.1	15.8

资料来源：根据《福建统计年鉴 2011》计算整理

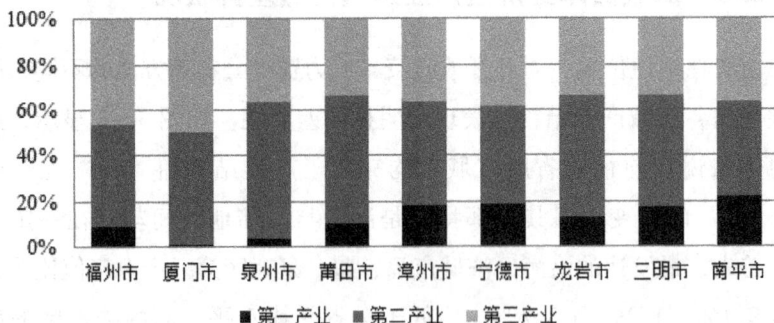

图 3-2　2010 年福建省内各区域三次产业产值结构图（元/人）

3　海峡西岸经济区人才现状

人力资本是通过后天投入而凝结于人体之中的、具有经济价值并能带来未来收益和凭已参与收益分享的知识、经验、技术、能力、健康及其他因素的总和①。由此可见，人力资本具有一定的抽象性，难以对其精确衡量。但从概念中我们还认识到，人作为人力资本的载体与其密不可分，劳动力与人力资源数量与质量状况也与人力资本直接相关。一般来说，劳动力与人力资源的数量与质量与人力资本成正相关，劳动力及人力资源越是丰富，素质越高，利用效率越好，那么就意味着人力资本状况越好。据此本文选取海西地区经济社会发展过程中能够反映人力资本特征及现状的劳动力及人力资源变量加以分析衡量。

3.1　海峡西岸经济区人才存量分析

充足的人力资本存量是人力资本效用充分发挥的基础与关键，对于海西地区同样如此。总体来说，海西地区人力资本存量相对丰富：首先，1962～1973 年期间，随着国民经济的好转，补偿性生育来势凶猛，形成福建人口增长第二个生育高峰期②。该时期出生人口目前正值劳动最佳年龄段，是福建省人力资源最丰富时期，同时也是有效利用其人力资本的黄金时期；其次，人力资本迅速增长。统计表明，虽然福建同全国一样，都出现人口增长减缓趋势，但 2010 年人口自然增长率 6.11%，仍高于同期国内平均水平的 5.05%（见表 3 - 7），特别是经济发达的上海、北京等地。加上原有人口基数较大，因而人力资本绝对数量的增加不容小觑。另外，福建省社会从业人口比重也从 1978 年的 37.8% 猛升到 2010 年的 59.1%（见表 3 - 8）。这些都使人力资本有了数量上的保障；最后，福建省社会负担系数较低并呈下降趋势，低于全国平均水平（见表 3 - 9），处于国际上一般认定的小于 50% 的"人口机会窗口"期，这一时期内社会经济负担较小，人力资本供应充足，

---

① 杨士弘：《广州城市环境与经济协调发展预测及调控研究》，《地理科学》1994 年第 5 期，第 136 - 143 页。

② 何筠、张波：《江西产业结构调整与人力资源开发关系实证研究》，《中国人口资源与环境》2006 年第 3 期，第 113 - 118 页。

能创造较多社会财富,加速经济增长。

表3-7 人口变动情况一览表 (%)

项　目	1982		1990		1995		2000		2010	
	福建	全国	福建	全国	福建	全国	福建	全国	福建	全国
出生率	27.9	22.3	24.4	21.1	15.2	17.1	11.6	14.0	11.3	12.1
自然增长率	21.6	15.7	17.7	14.4	9.3	10.6	5.8	7.6	6.1	5.1

资料来源:根据《福建统计年鉴2011》及《中国统计年鉴2010》整理

表3-8 福建省总人口及社会从业人口情况一览表

项目	1978	1985	1990	1995	2000	2005	2010
总人口(万人)	2446.0	2769.0	3037.0	3227.0	3410.0	3535.0	3693.0
从业人口数(万人)	924.4	1152.1	1348.4	1567.1	1660.2	1868.5	2181.3
从业人口比重(%)	37.8	41.6	44.4	48.6	48.7	52.9	59.1

资料来源:根据《福建统计年鉴2011》整理

表3-9 劳动年龄人口负担系数表 (%)

项目	1982		1990		1995		2000		2010	
	福建	全国	福建	全国	福建	全国	福建	全国	福建	全国
总负担系数	69.2	62.6	57.6	49.8	57.5	48.8	42.2	42.6	30.5	36.9
少年系数	61.8	54.6	49.6	41.5	47.3	39.5	32.7	32.6	20.2	25.3
老年系数	7.4	8.0	8.0	8.3	10.2	9.2	9.5	9.9	10.3	11.6

资料来源:根据《福建统计年鉴2011》及《中国统计年鉴2010》整理

3.2 海峡西岸经济区人才质量分析

改革开放以来,以福建省为主体的海峡西岸经济区抓紧机遇,特别在2009年正式上升至国家战略高度后,依靠自身与台湾一水相隔,北承长江三角洲地区、南接珠江三角洲地区的独特地理区位优势,充分利用国家各项金融、财政等优惠政策的大力支持，加大对人力资本在教育、科研、培训等方面投入，这些投资的成果在人力资本水平上也有所体现：

表 3 - 10　人口受教育情况统计表（6 岁及以上）（%）

项　　目	1982	1990	1995	2000	2005	2010
学龄儿童入学率	——	99.1	99.7	99.86	99.79	100
大专以上	0.6	1.2	1.4	3.2	4.6	8.4
高中（含中专）	5.7	7.0	6.7	11.3	11.3	13.9
初中	12.6	16.9	20.4	35.7	32	37.9
小学	36.3	43.2	43.8	40.2	33.8	29.8
文盲、半文盲	25.2	15.9	14.4	9.6	11.1	3.2
平均受教育年限（年）	4.22	5.22	5.56	7.54	7.06	8.23

注：1982、1990、2000 及 2010 年为人口普查数，1995、2005 年为 1% 人口抽样调查数
资料来源：根据《福建统计年鉴 2011》计算整理

表 3 - 11　2010 年部分地区人口平均受教育年限情况表（6 岁及以上）（%）

项　　目	全国	福建	北京	上海	江苏	广东
大专以上	8.7	8.4	30.1	22.8	10.8	8.2
高中（含中专）	13.7	13.9	22.7	21.8	16.1	17.1
初中	37.9	37.9	30.8	38.1	38.7	43.0
小学	26.2	29.8	13.2	14.1	24.2	23.0
文盲、半文盲	4.8	3.2	3.2	3.2	3.8	2.0
平均受教育年限（年）	8.04	8.23	11.5	10.55	8.61	8.62

资料来源：根据《福建统计年鉴 2011》、《上海统计年鉴 2011》等整理

　　首先，在接受教育程度情况方面，一般利用人均受教育年限反映国家或地区人口受教育的总体水平。人均受教育年限是一个强度指标，指某人口群体人均接受学历教育（包括成人学历教育，不包括各种非学历培训）年数。通常情况下，以现行学制年数为系数对目标区域 6 岁以上人口的人均受教育年限进行计算，系数分别为：大专以上文化程度

16，高中文化程度 12，初中文化程度 9，小学文化程度 6，文盲 0[①]，随后将各文化程度的人口比重乘以相应系数，最后对各个乘积进行加总得出人均受教育年限。经计算，福建人均受教育年限不断提高，由 1982 年的 4.22 年提升至 2010 年的 8.23 年，2010 起年略高于同期全国平均水平的 8.04 年（见表 3-10）。但这仍与北京、上海、江苏等发达地区同期 11.5 年、10.55 年、8.61 年的人均受教育水平相去甚远（见表 3-11）。这一差距主要来源于福建人均受教育程度"中间大，两头小"的分布规律，即相较于接受过小学、初中及高中教育的人口，文盲半文盲及大专以上文化程度人口比重远低于其他发达地区。这也反映出当前福建教育普及度虽高，但人口受教育程度普遍集中于中低水平，而接受高等教育的高层次人才严重缺乏的特征。

表 3-12　企事业单位专业技术人员情况一览表

项　　目	1978	1985	1990	1995	2000	2005	2010
总人口（万人）	2446	2769	3037	3227	3410	3535	3693
专业技术人员数（万人）	8.4	30.9	50.1	51.0	59.3	58.1	59.9
专业技术人员比重（%）	0.34	1.12	1.65	1.58	1.74	1.64	1.62

资料来源：根据《福建统计年鉴 2011》整理

与此同时，福建省在专业技术人才等高素质人力资本方面也收效颇丰。至 2010 年末，全省共有 88 所高等院校，国家级和省级重点实验室 67 个、工程（技术）中心 89 个，省级以上高新技术产业园区 7 个；各企事业单位拥有 59.93 万人，各类专家高级专业人才 13 万人，其中院士 16 人，全国杰出专业技术人才 5 人，入选国家"千人计划"18 人，国家突出贡献专家 79 人，国家自然科学杰出青年 32 人，"长江学者"13 人，省级优秀专家 337 人，"新世纪百千万人才工程"国家级人选

---

①　杨士弘：《广州城市环境与经济协调发展预测及调控研究》，《地理科学》1994 年第 5 期，第 136-143 页。

64人、省级人选888人、享受国务院特殊津贴专家2330人、高技能人才19人；先后引进省外高层次人才1.2万人、海外高层次留学人才2300多人，引进国（境）外人才智力7.5万人次，并依托各类人才交流载体进一步深化人才合作、交流与对接①。但这与国内各经济发达省份还有较大差距，当中潜藏的危机也不可忽视。从表3－12可以看出，虽然各企事业单位专业技术人才呈增长态势，但2010年其在总人口中只占1.62%，在全国30各省市自治区中仅位列第20，并且在过去十年间出现下滑趋势。这可能导致人力资本水平远不能满足海西地区经济发展对其提出的要求，并伴随一些负面影响。

3.3　海峡西岸经济区人才产业分布状况

人口产业结构，指经济活动人口在三次产业部门间分布的数量比例关系②。合理的人口产业结构布局有助于一个国家或地区产业结构的调整转型与优化升级，从而起到推动经济增长的作用。统计结果表明，总体而言，1985～2010年间，福建省人口产业结构取得了长足提升，其中三次产业人口产业比重从1985年的61.55%、19.42%、19.03%转变为2010年的29.20%、37.40%、33.40%，完成了由"一二三"人口产业结构分布到"二三一"格局的转变（见表3－13），但与其他经济发达地区相比还存在差距，具体体现在：一方面，第一产业从业人员比重仍然较高，与第一产业产值比重不相协调，其向第二、第三产业的转移速度并不尽如人意，这说明长期以来忽视对作为国民经济基础的第一产业技术及人力资本投入，致使其长期停留在劳动密集型阶段，劳动生产率低下，阻碍产业中人力资本向其他产业转移，造成第二、第三产业人力资本比重

---

① 何筠、张波：《江西产业结构调整与人力资源开发关系实证研究》，《中国人口资源与环境》2006年第3期，第113－118页。

② 何筠、张波：《江西产业结构调整与人力资源开发关系实证研究》，《中国人口资源与环境》2006年第3期，第113－118页。

增长缓慢，难以满足产业发展需求；另一方面，从文化程度的产业结构分布来看（见表3-14），三次产业从业人口文化程度结构差异巨大。其中第一产业中初中以下文化程度从业人口占该产业总从业人口的79.61%，这说明，当前农业从业人口基本上由低文化层次人口构成，偏低的从业人员文化程度直接导致农业劳动生产率的低下，阻碍农业产业化及现代化进程，这也从一个侧面解释了前一点中提及的第一产业从业人员比重较高的现象产生的原因。另外，第二产业中高中以下文化程度从业人口比重达93.1%，第三产业中高中以下文化程度从业人员也仍占多数。这些都表明目前海西地区人力资本层次较低，且并没有的得到良好的产业配置，必然会对产业结构升级进程构成严重阻碍。

表3-13　福建省三次产业人力资本产业分布表（%）

项目	合计	第一产业	第二产业	第三产业
1985	100	61.55	19.42	19.03
1990	100	58.36	20.55	21.09
1995	100	50.29	23.68	26.03
2000	100	46.77	24.52	28.71
2005	100	37.60	31.20	31.20
2010	100	29.20	37.40	33.40

资料来源：根据《福建统计年鉴2011》整理

表3-14　2008年福建省社会从业人员文化程度按产业分布表（%）

文化程度	合　计	第一产业		第二产业		第三产业	
		数量	比重	数量	比重	数量	比重
初中及以下	4610912	4537	79.6	3889209	61.4	717166	22.4
高中	2686344	769	13.6	1691619	26.7	993956	31.1
大学专科	1311674	327	5.7	510710	8.1	800637	25.0
大学本科	863647	65	1.1	230064	3.6	633518	19.8

续表 3 – 14

文化程度	合　计	第一产业		第二产业		第三产业	
		数量	比重	数量	比重	数量	比重
研究生及以上	70758	1	0.0	15198	0.2	55559	1.7
合　计	9543335	5699	100.0	6336800	100.0	3200836	100.0

资料来源：根据《2008 福建经济普产年鉴》计算整理

3.4　海峡西岸经济区人才区域分布状况

海峡西岸经济区内存在着不平衡。这种不平衡不单体现在优惠政策倾斜度、总体经济发展水平及城乡二元化程度等方面，还体现在人力资本区域分布状况上。总体而言，东部沿海地区人力资本区域分布状况明显优于内陆地区。其一，从人口分布状况看（见表 3 – 15），沿海地区无论从人口数量、人口比重还是人口密度看都远远超过内陆地区：省内79.1%的人口集中于沿海地区，沿海地区人口平均密度771.7 人/平方公里，人力资本存量十分丰富，其中厦门市更达到2073 人/平方公里，而内陆地区平均密度仅115 人/平方公里；其二，在从业人员文化程度方面，由表 3 – 16 中可见，从业人员文化程度区域分布严重失调，东部沿海6 市从业人员在文化程度上特别是在高等教育方面优势明显，省内93.49%、84.18%及81.70%的研究生以上、大学本科及大学专业从业人员位于东部沿海地区。此外从业人员技术职称区域分布从另一个角度对人力资本区域分布状况进行衡量分别有81.82%、76.26%、78.78%的高级技术职称、中级技术职称及初级技术职称从业人员分布在闽东沿海地区。文化程度及技术职称区域分布状况均在一定程度上反映出海西地区失衡的人力资本区域分布结构，高水平人力资本多集中于较为发达的闽东沿海地区，内陆欠发达地区则明显缺乏，长此以往，区域产业升级与人力资本优化必然陷入恶性循环中，无助于经济的可持续发展。

表 3 − 15 2010 年福建省人口按地区分布表

地区	人口数（人）	比重（%）	人口密度（人/km²）
福州市	7115370	19.29	581
厦门市	3531347	9.59	2073
泉州市	8128530	22.03	720
漳州市	4809983	13.04	373
莆田市	2778508	7.53	673
宁德市	2821996	7.65	210
南平市	3645549	9.88	101
龙岩市	2559545	6.94	135
三明市	2503388	6.79	109
合　计	36894216	100	298

资料来源：根据《福建省 2010 年第六次全国人口普查主要数据公报》整理

表 3 − 16 2008 年福建省社会从业人员文化程度及技术职称按地区分布表（%）

地区	从业人数（人）	文化程度					技术职称		
		研究生及以上	大学本科	大学专科	高中	初中及以下	高级技术职称	中级技术职称	初级技术职称
福州	2144823	37.99	30.37	25.90	22.53	19.75	29.34	25.31	25.13
厦门	1717087	29.75	21.08	17.88	16.34	18.23	19.37	14.65	14.85
泉州	2526891	15.93	16.05	18.95	24.56	31.86	15.33	15.29	18.58
漳州	734581	4.78	6.98	8.66	8.32	7.24	7.16	8.90	8.79
莆田	467134	3.10	4.99	4.86	4.89	4.91	5.69	6.03	5.65
宁德	435305	1.93	4.72	5.45	5.28	3.90	4.93	6.08	5.79
南平	466488	2.39	5.25	5.98	5.63	4.12	5.99	7.61	6.27
龙岩	545310	1.94	5.23	6.14	6.19	5.47	6.27	8.00	8.12
三明	505716	2.17	5.35	6.18	6.28	4.52	5.91	8.13	6.83
合计	9543335	100	100	100	100	100	100	100	100

资料来源：根据《2008 福建经济普产年鉴》整理

4 海峡西岸经济区人才与产业结构相互影响关系分析

经由上文对海峡西岸经济区人力资本与产业结构现状及特征的分析，可以发现，当前海西地区人力资本发展取得长足进步，存量相对丰富，素质有所提升，但总体水平仍偏低，高层次人力资本缺乏，人力资本的三次产业及区域内部分布失衡；产业结构也面临内外部结构性失调等问题。因此，本节将着重探讨海西地区产业发展与人才各自特征对对方可能产生的影响。

4.1 海峡西岸经济区人才对产业结构的影响

4.1.1 人才存量及素质对产业结构的影响

由现状分析部分可知，当前海峡西岸经济区人力资本存量及其素质的主要特征是"多而不优"。即人力资本存量相对丰富，供应充足，绝对数量保持稳定增长，但整体文化程度水平低、素质差，最主要体现在接受高等教育的高层次人才与专业技术人才的严重缺乏上。这一特征决定了目前海西地区只能以依靠大量使用劳动力的劳动密集型产业为主导的产业结构现状。虽然劳动密集型产业诸如鞋业、服装制造业、石材业、陶瓷业等行业带动了海西地区对外贸易出口，带来相当可观的经济利益，但大部分仍位于国际分工的中下游环节，附加价值低，长远来看比较优势并不明显。与此同时，随着知识经济时代的到来和产业工业化、现代化进程的加快，也给海西地区产业结构提出全新要求。《福建省国民经济和社会发展第十二个五年规划纲要》中也提出"十二五"期间要以先进技术改造传统产业，提升传统优势产业和特色产业的发展水平，在继续推进电子信息、装备制造、石油化工等主导产业进一步做大做强的同时，明确指出了工业经济转型升级的主抓手——坚持加快培育发展战略性新兴产业与壮大传统优势产业相结合，大力发展新一代信息技术、生物与新医药、新材料、新能源、节能环保、高端装备制造、海洋高新产业等七大战略性新兴产业。而对传统产业的技术升级及新兴产业的发展需要大量具备专业知识及技能的人才，而当前"多而不优"的人力资本现状远不能满足其需求，甚至限制海西地区产业结构转换及升级目标的实现。总而言之，缺少高素质、高技术人力资本的支撑，产业结构升级只能是一纸空谈。

4.1.2　人才产业分布对产业结构的影响

根据科林·克拉克（C. Clark）于 1940 年提出的配第 – 克拉克定律（Petty – Clark's Law），随着产业结构演进过程的逐步推进和生产力的发展，劳动力会依照三次产业顺序顺次发生转移，即在工业化初期，在第一产业产值比重不断下降的同时，其人力资源逐渐向第二产业转移；到了工业化中期，第二产业边际收益开始出现下降趋势时，其中的大量人力资源便开始向第三产业转移，并导致第一产业人力资本比重的不断下降和第三产业人力资本比重的持续上升。这种人力资源在产业间转移的以移出产业内部的分工细化、劳动生产率提高及人力资本水平提升为前提，并且始终与产业结构变化保持着相互关联。但从现状分析部分可知，当前海西地区人力资本的产业配置并不平衡：2010 年三次产业人口产业比重为 29.2%、37.4%、33.4%（见表 3 – 13），而同期三次产业产值比重则分别为 9.3%、51.0%、39.7%，由此得出三次产业结构偏离度依次为 19.9%、– 13.6%、– 6.3%。这表明目前海西地区已步入工业化中期，但人力资本配置状况与三次产值结构却并不匹配。其中第一产业人力资本比重并没有出现如同其产值比重一样的大幅下降趋势，第二产业人力资本比重明显低于其产值比重，第三产业人力资本与产值比重并没有出现预期中双双大幅提升的现象，其产值结构比重甚至曾有所回落；另外，三次产业从业人口文化程度结构则显示，第一及第二产业人力资本层次普遍较低，第三产业中低程度人力资本也仍然占多数。这些都不利于农业为其他产业提供物质基础，并同时向专业化、现代化转变，也降低农业剩余劳动力向其他产业转移速度，使第二、第三产业结构演进由于物质基础、人力资本及专业技术等的匮乏而遭遇障碍，并可能最终导致海峡西岸经济区产业结构失调现象的加剧和升级进程的停滞不前。

4.1.3　人才区域分布对产业结构的影响

在知识经济时代，产业结构的优化升级突出地表现为人力资本存量和结构配置对地区产业结构和产业技术结构的作用和影响[①]。通过现状部分对福建省 9 市在产业发展与人才两者差异的分析可知，目前省内沿海和内陆地区已经在人力资本存量、素质水平、集中度等各方面拉开了相当程度的差距，两者间形成了巨大的鸿沟。2010 年东部沿海 6 市，包括宁德、福州、莆田、泉州、厦门及漳州三次产业产值比重为10.1%、49.9%、40.0%，而其余内陆 3 市即龙岩、南平、三明三次产业产值比重则是 17.4%、48.1%、34.5%，其中福州、厦门三次产业产值比重分别为 9.1%、44.9%、46.1% 与 1.1%、49.1%、49.7%[②]，初步形成"三二一"的三次产业格局雏形，率先迈入工业化后期，而其他城市特别是内陆地区工业化进程仍处于中期阶段。而在人力资本区域分布方面，沿海地区无论从人口数量、人口比重还是人口密度看都远超于内陆地区，另外，东部沿海 6 市还在高层次专业技术人才及从业人员在文化程度上特别是在高等教育方面优势明显。存量与质量水平的不同是造成并加剧沿海及内陆地区间产业结构差距悬殊的重要原因。与此同时，一方面内陆地区现存的低水平人力资源难以被满足第二、第三的发展需求，无法被其吸纳，致使大量农业剩余劳动力滞留，束缚当前产业结构升级进程；而另一方面，内陆地区不仅对外部人才吸引力严重不足，而且现有高素质人力资源还容易被东部沿海地区相对先进、完善的人才优惠政策、待遇条件等所吸引，造成高层次人才流失现象，这将使内陆地区原本严峻的人力资本现状日趋恶化。缺少人力资本的支持，物

---

① 戴启文、杨建仁：《产业结构升级与人力资本水平关系的实证研究》，《江西社会科学》2007 年第 12 期，第 123－126 页。

② 福建统计局：《2011 福建统计年鉴》，中国统计出版社 2012 年版。

质资本不能得到充分利用，先进知识技术也无法运用，产业结构升级动力严重不足，从而给产业及经济现代化发展进程蒙上阴影。

4.2 海峡西岸经济区产业结构对人才的影响

通过现状分布部分可知，经过几十年来的发展和结构调整，海峡西岸经济区三次产业结构已由建国初期的以第一产业为主导的"一二三"型产业结构格局，基本形成目前第二、第三产业为主，第一产业为辅的"二三一"新型产业格局，产业结构高度化及协调化趋势明显，其中农业基础地位加强，工业规模不断扩大，第三产业蓬勃发展。而产业结构的调整与升级进程也必然带动人力资本的变化。产业结构升级促使产业由较为低级的劳动密集型逐渐向更为高级的资本密集型、技术密集型及知识密集型转变，而这一产业高级化过程也不断推动人力资本需求随之向更高层次演化。产业结构升级对人力资本需求的影响主要体现在两方面：其一，产业结构高级化程度决定了三次产业所能提供的劳动就业容量。福建产业结构现状表明目前我省总体基本上处于工业化中期阶段，随着生产力的向前发展和劳动生产率的提高，第一产业产值比重和就业容量将不断缩小，第二、第三产业分工则日益细化，就业吸纳力增强，就业总规模也随之急剧扩大，因而对人力资本存量需求产生变化；其二，产业结构升级还对人力资本质量提出要求。在产业结构发展的不同阶段都要求有与之相适应的人力资本素质。在工业化初期，产业结构总体水平并不高，低能级水平、单一技术结构的人力资本足以满足其发展需求。然而步入工业化中后期，面对竞争日趋激烈的知识经济时代，新技术的应用使产业技术结构发生变化，产业结构专业化、技术化、分工细化程度的加深对人力资本质量提出全新要求。但反观海西地区产业发展与人才发展现状，当前福建省人力资本在存量、质量与产业结构等诸多方面都存在较大错位，人力资本特别是高素质人力资本远不能满足当前产业结构发展需求，其主要原因在于人力资本是经由后天投入获得的，其形成与配置具有一定滞后性，从而影响产业结构升级进程。因此，要把海西地区产业结构新目标及未来发展方向作为人力资本开发的风向标、指示器，才能有针对性地对人力资源进行教育、技术投入，增添人力资本投资的自主性、自治力，有预见性地提高人力资本存量及质量水平，为人力资源效能的充分发挥和产业结构升级打下坚实基础。

5   本章小结

本章通过结合 1978～2010 年福建省相关社会经济发展统计资料数据，全面把握区域经济发展过程中产业与人才的实际状况，发现 30 多年来海西地区分别在产业与人才建设方面取得长足进步，在总量和质量方面均有了明显提升。但当前仍存在着三次产业结构不合理、产业协调及运行效率低下、产业结构区域差异显著、人力资本存量丰富但素质偏低、高水平人力资本缺乏、人力资本产业及地区分布不均等矛盾，并且根据长期发展统计趋势判断，这些问题还可能在不同程度上对对方造成负面影响。

第四章 海西地区产业发展与人才协调性实证研究

1 引言

上述各章节分别对产业发展与人才进行理论梳理,同时结合海峡西岸经济区产业发展与人才优化现状及相互影响做出相应分析。本章则在此基础上对海西地区产业发展与人才优化作定性统计分析和实证模型检验,试图验证两者间关系并判断其协调程度。大多数文献中协整程度的判定往往单以两系统综合发展水平或两系统增长速度接近程度为主要依据。这虽然在某种程度上有助于定量衡量产业发展与人才优化协调程度,但这种直接将协调度等同于两系统发展水平接近度、近似度的做法难免有失偏颇。协调是任何一方的发展均不以另一方的停滞或衰退为代价,是相互促进、相互支持、和谐一致、搭配得当、共同发展①。所以两系统相似的增长发展水平并不一定意味着两者就协调发展,若两系统间不存在相互促进的联系,那么单纯由接近度确定的协调性可能产生于系统外的其他变量,使协调度结果出现误差。因而本文认为,产业发展与人才优化协调度的判断应建立在两系统存在相互联系基础上。对此,

---

① 吴先华:《山东省城市经济发展与科技进步的协调性评价》,《山东经济》2011 年第 3 期,第 153 – 159 页。

本章拟利用定量检验方法评判海西地区产业发展与人才优化间协调性：首先，通过格兰杰因果检验结果对两者关系作定性判定，如果存在相互联系，则构建协调度评价指标体系来定量确定具体协调程度。

2　海峡西岸经济区产业发展与人才优化协调性定性分析

2.1　变量选取及数据来源

变量分别从产业发展与人才两个角度选取。一方面，产业结构升级变量分为高度化与合理化两个维度：第三产业产值占 GDP 比重（IS）、高新技术产业产值比重（HTR）、单位 GDP 能耗（PEN）、产业转换系数（NS）表示产业结构高度化水平，第一产业比较劳动生产率（CLP）、工业增加值占 GDP 比重（IAV）和第三产业经济增长贡献率（IC）说明产业结构合理化状况；另一方面，人力资本优化变量则从投入、生成、产出三环节入手：其中教育支出占 GDP 比重（ED）、R&D 经费投入占 GDP 比重（RD）代表其投入，每万人拥有科技活动人员数（PS）、平均受教育年限（NH）表示其生成，而每百万人口专利授权量（PA）、全社会劳动生产率（OLP）则衡量其产出。变量具体确立原则与思路将在下一部分协调性定量分析部分详细阐述。随后，参照上述指标变量寻找相应数据。指标时间序列的样本区间选择为 1990～2010 年，共 20 个样本值，并以福建省作为海峡西岸经济区主体进行统计分析。通过查阅《中国人口统计年鉴》、《中国高技术统计年鉴》、《福建年鉴》、《福建统计年鉴》及《福建省高新技术产业发展情况统计公报》等相关统计文件，计算、整理获得检验所需样本数据。另外，由于相关统计数据的缺失，故本文采用内插法对 1990～1999 年期间部分年份高新技术产业增加值、教育经费投入、平均受教育年限三个指标值进行估计，以保证变量数据连贯性，增长率根据 1990～2010 年复合增长率计算得出。

2.2 产业发展与人才优化关系检验

产业发展与人才优化关系检验过程主要分为三个步骤，皆运用计量经济学软件 Eviews 5 进行计算、整理与分析。首先，分别对产业发展与人才两者数据进行平稳性检验分析，以判断检验数据是否具有平稳性，这是协整检验的前提；其次，在平稳性分析基础上作协整检验分析，以验证变量间是否存在稳定的均衡关系；最后，针对上述步骤得出的各变量间平稳性与协整检验分析结果对数据进行格兰杰因果关系检验，更深入探析产业发展与人才之间长期稳定关系以及其相互作用原理，为下一步的定量分析提供依据。

2.2.1 变量的平稳性检验

经典计量经济学理论建立在时间序列平稳的基础之上，即假设变量间相关系数服从正态分布。然而，一般情况下，大部分经济变量是非平稳的，若直接用来回归分析，将导致实际不相关的两个非平稳变量被检验出具有相关关系，出现伪回归现象。伪回归不但不能准确反映变量间经济关系，还可能导致降低检验功效的降低。同时，平稳性也是协整检验的前提，因此，对非平稳变量间进行协整分析，首先应该考虑和检验变量的平稳性。本文采用 ADF（Augmented Dickey - Fuller，1979）检验法判断各序列平稳性，若 ADF 检验的 t 值大于等于临界值，说明接受零假设，即变量非平稳且至少有一个单位根，应继续进行差分变换；若 ADF 检验的 t 值小于临界值，那么便拒绝零假设，即变量是平稳的。另外，为了消除数列异方差，因此在平稳检验前对变量进行对数变换，变换后的第三产业产值占 GDP 比重、高新技术产业产值比重、单位 GDP 能耗等变量用 LIS、LHTR、LPEN 等表示。研究表明，如果对变量作一阶或二阶差分变换，所得到的时间序列则大多表现出平稳性，如果一个序列是非平稳的，但其经过 d 次差分后才能平稳，则此序列为 d 阶单整序列，记为 I（d）①。据此，各变量平稳性检验结果见表 4 - 1，由表可见，检验 t 值均小于 5% 临界值，说明数据基本平稳，且均通过平稳性检验，满足协整检验条件，可进行下一步协整检验。

表 4 - 1　海峡西岸经济区产业发展与人才优化各变量单位根检验结果

变量	检验形式	DW 值	ADF 值	1% 临界值	5% 临界值	10% 临界值	结论
LIS	(0, 0, 2)	1.9752	-2.3022	-2.7081	-1.9628	-1.6061	I (1)
LHTR	(0, 0, 1)	1.9939	-4.2502	-2.7081	-1.9628	-1.6061	I (2)
LPEN	(C, 0, 2)	2.0889	-3.3513	-3.8574	-3.0404	-2.6606	I (0)
LNS	(0, 0, 1)	1.8225	-3.6402	-2.6924	-1.9602	-1.6071	I (0)
LCLP	(0, 0, 3)	1.9867	-2.8443	-2.7283	-1.9663	-1.6050	I (2)
LIAV	(0, 0, 4)	1.7835	-2.4168	-2.6998	-1.9614	-1.6066	I (1)
LIC	(0, 0, 2)	1.9718	-3.1240	-2.7081	-1.9628	-1.6061	I (1)
LED	(0, 0, 1)	2.0592	-3.4604	-2.7081	-1.9628	-1.6061	I (2)
LRD	(C, T, 2)	2.2966	-3.8658	-4.5716	-3.6908	-3.2869	I (1)
LPS	(C, 0, 1)	1.9468	-4.0683	-3.8574	-3.0404	-2.6606	I (1)
LNH	(0, 0, 1)	2.0140	-9.2733	-2.7081	-1.9628	-1.6061	I (2)
LPA	(0, 0, 4)	1.8388	-2.2392	-2.7406	-1.9684	-1.6044	I (2)
LOLP	(C, T, 1)	2.1291	-4.9907	-4.5326	-3.6736	-3.2774	I (0)

注：（1）检验形式中三项分别表示 ADF 检验式是否包含常数、时间趋势项及滞后期数；（2）结论表示变量 d 次差分后在 5% 显著水平上通过 ADF 平稳性检验。

2.2.2　变量的协整关系检验

如果某些时间序列，虽然它们自身非平稳，但其某种线性组合却平稳，则这个线性组合反映了变量之间长期稳定的比例关系，这一关系就

---

① 许晓春：《福建省物流发展与经济增长关系的实证研究》，《中国市场》2011 年第 28 期，第 12 - 14 页。

是协整关系（cointegration）[①]。依据协整理论，对于两个时间序列 x_t 与 y_t，只有在两者为同阶单整，即为 I（d）时，才可能存在协整关系。因此，本文采用 Engle 和 Granger 于 1987 年提出的 EG 两步检验法对平稳性检验中同为 d 阶单整的序列 x_t 与 y_t 进行协整检验。首先，对变量进行普通最小二乘回归（OLS），本文以变量 LHTR 与 LED 为例，分别代表产业结构升级及人力资本优化状况，结果如下：

$$LHTR = 1.129999 + 1.533294 \times LED$$
$$(10.68189) \qquad (8.556792)$$
$$LED = -0.470816 + 0.517818 * LHTR$$
$$(-3.868924) \qquad (8.556792)$$

两个方程的 t 统计值均非常显著，$R^2 = 0.86$，统计结果较为理想。第二步则对所得估计回归残差序列进行单位根检验，进而得到协整结果（见表 4 - 2）。表 4 - 2 显示，各 ADF 检验统计量均小于 5% 临界值，原假设被拒绝，验证了海峡西岸经济区产业发展与人才间存在着一定长期稳定的关系。另外从检验方程结果说明，长期来看，海峡西岸经济区高新技术产业产值比重与教育支出占 GDP 比重呈正相关变化，教育支出占 GDP 比重每提升 1%，能使高新技术产业产值比重提高 1.5%，而高新技术产业产值比重每提高 1%，教育支出占 GDP 比重仅能提高 0.5%。由此可见增加教育支出更能较强推动高新技术产业发展，其余变量以此类推。但这一关系并不意味着它们之间必然存在因果联系，还有待对变量作进一步格兰杰因果检验。

表 4 - 2　海峡西岸经济区产业发展与人才优化各变量协整检验结果

协整检验	ADF 值	1% 临界值	5% 临界值	10% 临界值	DW 值
LIS 与 LPS	- 3.3337	- 2.7081	- 1.9628	- 1.6061	1.9896
LIAV 与 LPS	- 2.8592	- 2.6924	- 1.9602	- 1.6071	1.9939

---

① 易丹辉：《数据分析与 Eviews 应用》，中国人民大学出版社 2011 年版，第 168 页。

续表 4 – 2

协整检验	ADF 值	1% 临界值	5% 临界值	10% 临界值	DW 值
LIC 与 LPS	– 2.5941	– 2.7081	– 1.9628	– 1.6061	1.9540
LHTR 与 LNH	– 3.7712	– 4.6162	– 3.7105	– 3.2978	2.1789
LHTR 与 LED	– 2.4174	– 2.7081	– 1.9628	– 1.6061	1.9691
LHTR 与 LPA	– 2.5795	– 2.7175	– 1.9644	– 1.6056	1.9676
LCLP 与 LNH	– 2.0607	– 2.7081	– 1.9628	– 1.6061	2.0333
LCLP 与 LED	– 2.5727	– 2.7283	– 1.9663	– 1.6050	1.9557
LCLP 与 LPA	– 2.8320	– 2.7081	– 1.9628	– 1.6061	1.9312
LPEN 与 LRD	– 3.5876	– 3.8868	– 3.0522	– 2.6666	2.0106
LPEN 与 LOLP	– 5.1396	– 2.7081	– 1.9628	– 1.6061	2.0258
LNS 与 LRD	– 4.5125	– 2.6924	– 1.9602	– 1.6071	2.1389
LNS 与 LOLP	– 2.9032	– 2.7283	– 1.9663	– 1.6050	2.1430

2.2.3　变量的格兰杰因果关系检验

上文中的协整检验结果说明，海峡西岸经济区产业发展与人才优化间存在长期稳定的均衡关系，为了验证这一均衡关系是否构成因果联系，还须对变量进行格兰杰因果检验。格兰杰因果关系检验（Grange Causality Test）由美国经济学家格兰杰（C. W. Granger）于1969年提出，后经由理查德（Richard）与亨德利（Hendry）进一步完善发展而成。该理论认为，如果存在两个经济变量 x 与 y，在包含过去信息条件下对 y 的预测效果要好于仅仅单独由 y 的过去信息对 y 的预测，即变量 x 有助于变量 y 的预测精度的改善，那么就可以认为 x 是 y 的格兰杰原因[①]。即验证一个变量的前期内容会影响到另一个变量的当期内容。格兰杰因果关系检验中最重要的步骤就是滞后期数的确定，如随机确定可能造成错误的检验结果。因此，本文按照赤池（Akaike）信息准则

---

① 李子奈、潘文卿：《计量经济学》（第二版），高等教育出版社2005年版，第12页。

（AIC）和施瓦茨（Schwart）准则（SC），以 AIC 与 SC 得极小值时的滞后期数为最优，并据此进行因果检验，因果检验结果详见表 4 - 3。其中结论"拒绝"意味着在 10% 显著水平下拒绝原假设（其中 LPA 对于 LHTR 的检验概率接近 10%，近似于拒绝原假设，因此结论为"拒绝"），一个变量即为另一个变量为格兰杰原因。因而检验结果表明，在 10% 的显著水平下，海峡西岸经济区产业发展与人才优化间在一定程度上存在一定互为因果的联系。

2.3 产业发展与人才优化定性关系检验结果评析

2.3.1 海西地区产业发展与人才优化间存在长期稳定的均衡关系

首先，产业发展与人才序列的平稳性检验结果说明，海西地区产业发展与人才水平一直在稳步发展。序列中绝大部分变量均能在一阶差分后稳定，反映出海西地区产业发展与人才优化的总体稳定性，产业发展与人才发展没有剧烈的波动并且处于持续稳定的改善之中，这也一定程度上展现了改革开放以来，海峡西岸经济区健康、良好、稳定的经济可持续发展态势；另一方面，协整检验结果也表明海西地区产业发展与人才间存在长期稳定的均衡关系。检验中普通最小二乘回归（OLS）得出的回归弹性呈现出较大程度的正相关性，说明两者在长期发展中相互促进，产业结构升级带动人力资本优化的同时，人力资本优化对于产业结构提升也具有积极意义。这揭示了产业发展与人才优化长期变化趋势，为海西地区调整产业结构及提升人力资本提供决策依据。应该注意的是，由于产业发展与人才之间存在协整关系，因此对于提高产业发展与人才水平的一些短期性调整政策，虽然短时间内可能发挥作用，但上一期的功效将在下一期中得到修正，不会影响产业结构和人力资本的长期均衡关系，造成一些短期的产业及人才政策的提高作用受限，甚至可能无效，因而实践中必须更加重视长期规划措施的制定及持续实施，以保证其能够真正发挥实效。

表4-3 海峡西岸经济区产业发展与人才优化各变量格兰杰因果检验结果

格兰杰因果检验	滞后期	F 统计量	相伴概率	结论（10%）
LIS 不是 LPS 的格兰杰成因	1	1.24592	0.27986	接受
LPS 不是 LIS 的格兰杰成因	1	1.93423	0.18223	接受
LIAV 不是 LPS 的格兰杰成因	1	0.92874	0.34870	接受
LPS 不是 LIAV 的格兰杰成因	1	1.79411	0.19806	接受
LIC 不是 LPS 的格兰杰成因	1	0.13315	0.71968	接受
LPS 不是 LIC 的格兰杰成因	1	3.44632	0.08081	拒绝
LHTR 不是 LNH 的格兰杰成因	1	0.19485	0.66447	接受
LNH 不是 LHTR 的格兰杰成因	1	16.63120	0.00078	拒绝
LHTR 不是 LED 的格兰杰成因	5	6.39211	0.03141	拒绝
LED 不是 LHTR 的格兰杰成因	5	1.31497	0.38558	接受
LHTR 不是 LPA 的格兰杰成因	5	4.14972	0.07222	拒绝
LPA 不是 LHTR 的格兰杰成因	5	3.37971	0.10374	拒绝
LCLP 不是 LNH 的格兰杰成因	3	0.83072	0.50433	接受
LNH 不是 LCLP 的格兰杰成因	3	11.92460	0.00088	拒绝
LCLP 不是 LED 的格兰杰成因	5	2.12466	0.21388	接受
LED 不是 LCLP 的格兰杰成因	5	6.09499	0.03457	拒绝
LCLP 不是 LPA 的格兰杰成因	4	2.98014	0.08827	接受
LPA 不是 LCLP 的格兰杰成因	4	5.05128	0.02502	拒绝
LPEN 不是 LRD 的格兰杰成因	1	0.00436	0.94811	接受
LRD 不是 LPEN 的格兰杰成因	1	1.07559	0.31421	接受
LPEN 不是 LOLP 的格兰杰成因	5	3.78333	0.08526	拒绝
LOLP 不是 LPEN 的格兰杰成因	5	1.88383	0.25190	接受
LNS 不是 LRD 的格兰杰成因	5	3.34226	0.10573	接受
LRD 不是 LNS 的格兰杰成因	5	16.33870	0.00407	拒绝
LNS 不是 LOLP 的格兰杰成因	5	2.72836	0.14739	接受
LOLP 不是 LNS 的格兰杰成因	5	1.92147	0.24538	接受

2.3.2 海西地区产业发展与人才优化存在一定互为因果的联系

格兰杰因果检验结果表明，海西地区产业发展与人才优化存在一定互为因果的联系，两者对于双方都有较强的预测能力。从人力资本优化对产业结构升级影响方面看，教育支出、R&D 经费投入、平均教育年限、每万人拥有科技活动人员数及每百万人专利授权数等人力资本指标从投入、存量、产出三个环节都推进产业结构向高度化、特别是合理化方向发展；而与此同时，产业结构高度化、合理化的同时也有力地促进人力资本投入及产出环节不断优化。其中，第一产业比较劳动生产率与产业结构优化间存在十分显著的双向关系，由此可见第一产业在产业发展与人才优化过程中的地位与作用，但这也从侧面反映当前海西地区第二、第三产业等拥有更高效生产要素的产业对人力资本拉动效应不明显，仅局限于较低层次上。这点从工业、第三产业与产业结构因果检验结果中也有所体现：第三产业与产业结构相关指标呈单向因果关系，即人力资本存量能促使第三产业经济增长贡献率情况的改变，但第三产业经济增长贡献率却不能带动人力资本进一步优化，而第二产业与产业结构升级则不呈现任何因果关系。

2.3.3 海西地区产业发展与人才优化均衡发展与失调共存

虽然总体而言，海西地区产业发展与人才优化长期均衡协调，互相促进共同发展，并且存在一定互为因果的联系，然而这种总体的协调却无法掩饰潜藏其中的非协调因素。这种不协调体现在以下几方面：第一，相互影响程度不协调。长期协整检验结果中，通过比较转换系数可以发现，虽然产业发展与人才总体呈正相关，然而超过半数的产业结构对人力资本的促进作用相较于人力资本对产业结构的促进作用而言更大。以第三产业产值占 GDP 比重与每万人拥有科技活动人员数这两个指标为例，两者呈正相关变化，其中第三产业产值占 GDP 比重每提升 1%，能使高新技术产业产值比重提高 11.46%，而高新技术产业产值比重每增加 1%，第三产业产值占 GDP 比重仅能提高 0.05%。结合现状分析部分可知，较低的人力资本发展程度可能是造成人力资本对产业结构拉动作用较小的重要原因；第二，因果关系不协调。从格兰杰因果检验结果来看，人力资本更多前期内容会更影响产业结构的当期变量。但协整检验结果却显示，产业结构影响程度更大。究其原因，影响程度虽大，但产业结构可能仅仅是众多影响人力资本的因素之一，其影响远不及诸如人口政策、户籍政策等对于人力资本的深远。受篇幅所限，本文不再对这些重要因素作深入探究。

3　海峡西岸经济区产业发展与人才优化协调度定量分析

以上关系检验结果表明，海峡西岸经济区产业发展与人才优化之间存在一定长期稳定协调且互为因果的联系。在此基础之上，本部分将通过构建产业发展与人才优化协调度评价体系，利用定量评价分析方法对海峡西岸经济区产业发展与人才优化的协调发展程度作进一步判断。

3.1　协调度评价指标体系构建原则

指标体系构建作为产业发展与人才优化协调度评价的关键内容，并不是各类指标的简单罗列汇总，而是在相关理论与实践共同指导下，建立起能够反映复杂现象本质的综合性统计指标群。其是否科学、合理，直接关系着评价结果能否准确有效。为此，在评价指标体系构建过程中，应严格遵循以下主要原则：第一，科学性原则。这是指标体系构建的前提，测度结果的可靠性及准确性有赖于科学方法、科学工具的使用及对内涵、概念、逻辑结构的科学界定；第二，系统性原则。由于指标间相互依存，相互制约，因此指标体系构建必须统筹兼顾，既要保持指标间的内在联系，又要注重体系整体的功能及目标；第三，代表性原则。排除时效性差、相关性弱的指标，选取能够反映海西地区实际产业发展与人才状况本质的核心指标或基础指标；第四，可比性原则。这一原则要求测度指标来源、范围、口径保持一定的时间及主体横纵向可比性，以提高测度结果的决策参考价值；第五，可操作性原则。即指标获取应具有实现性，数据易于获取，连续性强，采集渠道真实可靠，指标体系繁简适中，计算评价方法简便易行，便于操作执行。

3.2 协调度评价指标体系的构建及评价标准的确立

在遵循上述原则的前提下，评价指标选取便成为产业发展与人才优化协调度评价指标体系构建的首要任务。全面观察一个系统的发展状况，必须从尽可能多的方面来进行，而其发展状况就需要有一个由多个相互联系、相互制约的指标所组成的指标体系来反映[①]。因此，区域产业结构升级与区域人力资本优化协调发展应分别从两个层面衡量，其一在某静止时间点上，其二则是在某时间段内，因此，协调度的评价指标设置也由这两个导向维度对接并展开。一方面，从某一静止时间点上看，由理论基础部分对文献的梳理可知，产业结构升级主要包括结构高度化与结构合理化两方面内容。前者主要通过创新，提高产业运行效率，加速产业结构的高度化演进，而后者则主要依据产业关联技术经济的客观比例，来调整不协调的产业结构，促进各产业间的协调发展[②]。另一方面，从时序连接角度入手，将区域人力资本优化指标分为人力资本投入、生成及产出三个环环相扣、封闭循环的环节。其中人力资本投入是为了增加或提高区域内部人力资源智能和体能而进行的一系列投入活动，如科研投入、教育投入等，其收益最终反映在人力资本生成阶段所形成的人才数量、质量及人力资本产出阶段实际

[①] 刘长新、王维国：《人口、社会、经济协调发展的定量研究》，《管理世界》1994年第2期，第188－191页。

[②] 杨士弘：《广州城市环境与经济协调发展预测及调控研究》，《地理科学》1994年第5期，第136－143页。

发挥的功能性效果等后发方面。产业结构高度化、合理化与人力资本三个时序环节的这一对接，既体现了区域产业结构的静态比例关系与分布，又反映出区域人力资本动态关联的发展，清晰直观地反映海西地区产业发展与人才优化相互作用的方面及环节，更好地考察两者相互作用机制。接下来，在这一分类基础上参考相关文献①等，同时结合海西地区实际特点，对评价备选指标进行进一步评估、筛选，摒弃不具代表性和可比性、不可获取的指标，抓住主要矛盾，尽可能用较少指标反映较多信息。最终确立由"系统层—目标层—主题层—指标层"4个层次、12个指标构成的产业发展与人才优化协调度评价指标体系（见表4-4）。

表4-4 海峡西岸经济区产业结构升级与人才结构优化协调度评价指标体系

系统层	目标层	主题层	指标层
产业结构升级与人才结构优化协调发展	产业结构升级（x）	产业结构高度化	x_1第三产业产值占 GDP 比重（%）
			x_2高新技术产业产值比重（%）
			x_3单位 GDP 能耗（吨标准煤/万元）
		产业结构合理化	x_4第一产业比较劳动生产率（%）
			x_5工业增加值占 GDP 比重（%）
			x_6第三产业经济增长贡献率（%）
产业结构升级与人才结构优化协调发展	人才结构优化（y）	人力资本投入	y_1教育支出占 GDP 比重（%）
			y_2R&D 经费投入占 GDP 比重（%）
		人力资本生成	y_3每万人科技活动人员数（%）
			y_4平均受教育年限（年/人）
		人力资本产出	y_5每百万人口专利授权量（件）
			y_6全社会劳动生产率（元/人）

协调度评价指标体系初步确立后的下一步便是确定各指标评价目标

---

① 吴先华：《山东省城市经济发展与科技进步的协调性评价》，《山东经济》2011年第3期，第153-159页。

值。它是度量区域产业结构升级与人力资本发展状况的相对尺度，据此以合理判断目标区域被评价指标与某种理想状况的实际差距，其确定是决定评价指标体系科学性的重要因素。一般来说，指标目标值确定必须通过经济理论和实践经验双重判断，即从相关基础理论出发，充分考虑国际经验、通行规定及测度目标地经济运行实际情况。因此，本文借鉴较为权威的文献①中部分资料，并结合指标特点及海西地区具体实际进行调整，同时参考《中国教育改革和发展纲要》、《福建省"十二五"建设海峡西岸先进制造业基地专项规划》、《福建省"十二五"规划纲要》、《福建"十二五"人口和计划生育发展专项规划》等能够反映我国及海西地区中长期规划目标或体现目前世界平均水平、先进水平的相关文件及法律法规。据此，协调度各评价指标计算方式与目标值设置如表4－5所示。

表4－5　海峡西岸经济区产业发展与人才优化评价标准

	产业发展与人才优化指标项	计算方式说明	目标值
x_1	第三产业产值占 GDP 比重（％）	第三产业增加值/GDP	≥50
x_2	高新技术产业产值比重（％）	高新技术产业增加值/GDP	≥15
x_3	单位 GDP 能耗（吨标准煤/万元）	能源消费总量/GDP	≤0.657
x_4	第一产业比较劳动生产率	第一产业比重/就业人员比重	≥0.5
x_5	工业增加值占 GDP 比重（％）	工业增加值/GDP	≥47
x_6	第三产业经济增长贡献率（％）	第三产业增加值/GDP 增加值	≥50
y_1	教育支出占 GDP 比重（％）	教育投入经费/GDP	≥4.1
y_2	R&D 经费投入占 GDP 比重（％）	R&D 投入经费/GDP	≥2.2
y_3	每万人拥有科技活动人员数（人）	科技人员数量/人口总数	≥110.6
y_4	平均受教育年限（年/人）	人口受教育年限和/人口总数	≥0.5
y_5	每百万人口专利授权量（件）	专利授权数量/人口总数	≥600
y_6	全社会劳动生产率（元/人）	GDP/社会从业人员数	≥10 万

① 吴先华：《山东省城市经济发展与科技进步的协调性评价》，《山东经济》2011 年第 3 期，第 153－159 页。

3.3 协调度评价计算方法及结果

评价指标体系初步确立后，虽然体系内各指标拥有衡量产业结构升级或人力资本优化状况的共同属性，但由于它们在度量单位、内涵属性、反映形式等方面存在差异，因而无法直接对其进行评价计算。为了排除这种差异造成的影响，有必要对数据进行无量纲化，在产业结构升级或人力资本优化指标数据与指标评分值间建立起拟合关系，即在评价指标体系基础上，根据某一标准分别将各指标数据转化为相应评价分值，并最终形成综合协调发展指数。对此，为保证评价结果的可比性与适用性，如式（4.1）所示，本文采用极值标准化法对原始数据进行无量纲化处理。其中，x_i 为第 i 个指标的原始数值，λ_{max}、λ_{min} 为相对应指标 x_i 的目标值，当 x_i 为负向指标，即取值为越小越好时，目标值为 λ_{min}，而当 x_i 为正向指标，即取值为越大越好时，目标值为 λ_{max}。而 x_i' 则表示经过无量纲化处理的第 i 个指标值。y_i' 的取值依此类推。

$$x_i' = \begin{cases} x_i/\lambda_{max} & \text{当 } x_i \text{ 为正向指标，越大越好时} \\ \lambda_{min}/x_i & \text{当 } x_i \text{ 为负向指标，越小越好时} \end{cases} \quad (4.1)$$

由文献综述可知，协调描述了系统内部各要素良好的搭配关系[1]，是系统内多个要素保持健康发展的保证，而协调度则定量描述了度量系统或要素间协调状况好坏程度，本文中用于度量海西地区在不同时期产业发展与人才优化的协调状况。依照对其概念及定义的分析，本文采用离差系数法对产业结构升级或人力资本优化协调度进行评价，即综合产业结构评价函数与人力资本评价函数的离差越小，说明系统的整体协调性愈好。产业发展与人才优化协调度评价式（4.2）如下所示。它反映在产业发展与人才发展水平一定的条件下，为使复合产业结构人力资本效益最大化的组合协调的数量程度。

---

[1] 隋映辉：《协调发展论》，青岛海洋大学出版社 1990 年版，第 20 - 21 页。

$$C = \left\{ \frac{f(x) \cdot g(y)}{\left[\frac{f(x) + g(y)}{2} \right]^2} \right\}^k \qquad (4.2)$$

公式中 C 表示产业结构升级或人力资本优化协调度。协调度是度量系统之间或系统内要素之间协调状况好坏程度的定量指标[1]，本文中用于度量海西地区在不同发展阶段产业发展与人才协调状况。其中 $0 \le C \le 1$，C 越大协调度越高，当 C = 1 时达到最佳协调状态；K 为调节系数，$K \ge 2$，考虑到产业发展与人才优化同等重要，因而两者权重相等，故式（4.2）中 K = 2；f (x) 及 g (y) 则分别为综合产业结构评价函数与人力资本评价函数，计算方法如式（4.3）所示。当中值得注意的是，由于体系中各分类要素指标间相互影响制约，关系复杂，难以判断对产业发展与人才状况影响程度孰高孰低，加上为避免不同属性评价水平的补偿性影响，因此本文并未对指标赋予权重，而简单采用等权几何平均模型对产业发展与人才优化两个子系统发展水平进行评价。

$$f(x) = \sqrt[n]{\prod_{i=1}^{n} x_i'} \ 与 \ g(y) = \sqrt[m]{\prod_{i=1}^{m} y_j'} \qquad (4.3)$$

协调度作为衡量产业发展与人才优化间相互协调状况的重要指标，对于调整两者发展行为，促进其健康良性发展具有重大意义。然而，协调度虽能体现产业发展与人才优化间协调状况，但却忽视两者由低级向高级、从无序到有序的动态发展过程及状态，使得在某些情况下难以反映两者综合效益大小。因此，协调发展度作为"协调"与"发展"概念的交集，不仅能考察系统内要素间良性的相互关联，更能充分考量两系统整体综合发展状况。协调发展度计算方法如式（4.4）与式（4.5）所示。

$$D = \sqrt{C \cdot T} \qquad (4.4)$$

$$T = \alpha f(x) + \beta g(y) \qquad (4.5)$$

---

[1] 杨士弘：《广州城市环境与经济协调发展预测及调控研究》，《地理科学》1994 年第 5 期，第 136 - 143 页。

公式中 D 表示系统协调发展度，0≤D≤1，D 越接近 1 表示系统或要素协调发展程度越高；C 为协调度；T 则为产业发展与人才优化效益（或者发展水平）的综合评价指数，它反映出产业发展与人才优化的整体效益或水平；α，β 为权重系数，考虑到产业发展与人才优化同等重要，因而两者权重相等，故 α = β = 0.5。协调发展度模型不但体现了产业发展与人才优化的协调状况，更考虑到两者所处的发展层次，因此与协调度模型相比，具有更高的稳定性、更强的可操作性及更广的适用范围。

依据上述综合评价函数、协调度及协调发展度计算公式，并结合历年《福建统计年鉴》、《福建年鉴》、《福建省高新技术产业发展情况统计公报》、《福建省（含厦门）财政基金预算收支决算总表》等相关文件、公报中的统计数据资料，最终得出 1990～2010 年海峡西岸经济区产业结构升级与人才结构优化协调发展度指数，具体计算结果如表4－6所示。此外，根据与正常协调范围的偏离程度，本文由 0 到 1 依次将产业发展与人才优化协调发展度划分为由严重失调到优质协调的七个等级（如表4－7所示）。

表4－6　海峡西岸经济区产业结构升级与人才结构优化协调发展指数

	产业结构指数 f（x）	人力资本指数 g（y）	综合评价指数 （T）	协调度 （C）	协调发展度 （D）
1990	0.61	0.11	0.362	0.274	0.315
1991	0.58	0.12	0.352	0.320	0.336
1992	0.61	0.13	0.370	0.330	0.349
1993	0.60	0.15	0.372	0.395	0.383
1994	0.59	0.14	0.367	0.397	0.382
1995	0.63	0.15	0.391	0.389	0.390
1996	0.64	0.17	0.404	0.439	0.421
1997	0.63	0.19	0.409	0.500	0.452
1998	0.64	0.21	0.426	0.542	0.480
1999	0.66	0.23	0.446	0.591	0.514
2000	0.69	0.28	0.484	0.665	0.567

续表 4 - 6

	产业结构指数 f（x）	人力资本指数 g（y）	综合评价指数 （T）	协调度 （C）	协调发展度 （D）
2001	0.73	0.28	0.505	0.650	0.573
2002	0.70	0.29	0.496	0.692	0.586
2003	0.72	0.34	0.528	0.761	0.634
2004	0.75	0.34	0.544	0.740	0.634
2005	0.77	0.35	0.560	0.747	0.647
2006	0.78	0.40	0.588	0.804	0.688
2007	0.77	0.43	0.602	0.843	0.712
2008	0.80	0.46	0.630	0.867	0.739
2009	0.80	0.54	0.672	0.926	0.789
2010	0.73	0.56	0.645	0.966	0.789

表4-7　海峡西岸经济区产业结构升级与人才结构优化协调发展度等级划分

严重失调	中度失调	一般失调	基本协调	中等协调	良好协调	优质协调
≤0.1	0.1-0.19	0.2-0.49	0.5-0.59	0.6-0.79	0.8-0.89	≥0.9

3.4　产业发展与人才优化协调度评价结果评析

对海峡西岸经济区产业发展与人才综合评价函数进行计算后，可得该地区产业结构升级与人才结构优化协调发展度指数表（表4-6）及海峡西岸经济区人才结构优化协调发展度指数图（图4-1）。由协调发展度结果可知，协调发展度由20世纪90年代初的0.329提高至2010年的0.789，总体而言，海峡西岸经济区产业结构升级与人才结构优化协调发展状况经历了从失调向协调转变的过程，并呈现出良好的发展势头。这归功于改革开放以来政府及相关参与主体对于中长期产业与人才发展规划纲要的落实、产业结构发展方式转变的强力推进以及对人才高地的着力打造。但与此同时，我们也必须注意到，目前海西地区产业结构升级与人才结构优化协调发展程度仍处于中等协调阶段。另外，全局

62

的协调也无法掩饰其局部组成要素发展的失调和滞后，部分数据呈现出的不良趋势也说明当前仍然存在一些制约产业发展与人才协调发展的因素。如不及时消除，势必对海西地区未来产业发展与人才优化的协调发展构成潜在威胁，进而可能引发新一轮产业发展与人才优化发展失衡。

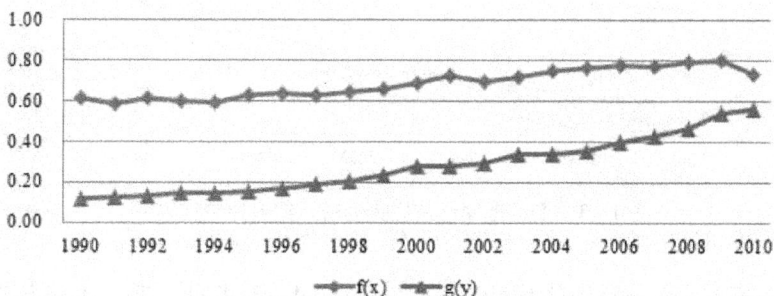

图 4-1　海峡西岸经济区人才结构优化协调发展度指数图

第一，产业结构升级步伐放缓。产业结构升级中超过半数指标值在近几年均出现不同程度下降趋势，这一趋势特别集中于产业结构合理化方面，具体体现为产业结构内部分配不协调，总体效率水平偏低等。由图 4-2 可知，作为基础产业的第一产业劳动生产率从 20 世纪 90 年代初起就不断下降，偏低的比较劳动生产率造成大量劳动力滞留于这一较低层次产业，束缚更多劳动力向劳动生产率和收益较高的第二及第三产业转移，致使作为支柱的第三产业产值比重及经济增长贡献率起伏不

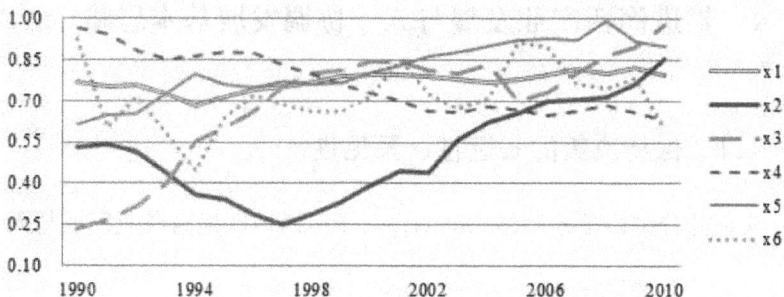

图 4-2　海峡西岸经济区产业结构综合评价结果图

前，甚至在近几年出现大幅倒退的趋势，这都使得产业结构发展水平有所降低，速度有所放缓，2010 年更急速跌落至 2004 年前水平。

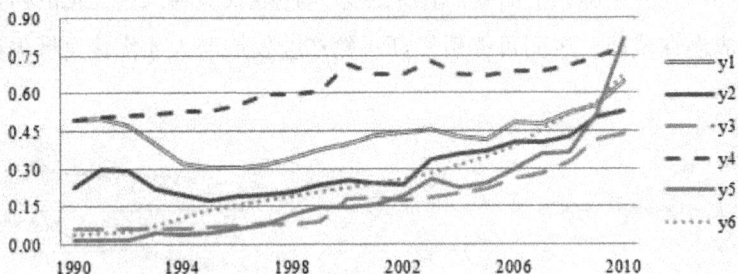

图 4 - 3　海峡西岸经济区人力资本综合评价结果图

　　第二，人力资本优化相对滞后。由图 4 - 3 可见，近二十多年来，虽然在投入、生成及产出三个环节均有了极为显著的提高，但与产业结构升级相比，海峡西岸经济区人力资本综合评价函数值却普遍偏低，使产业发展与人才优化协调发展呈现中等协调发展类人力资本优化滞后型。其中财政性教育投入长期远低于发展中国家 4.1% 的平均水平，科技人员数量一直维持在较低数量等突出问题，这不仅影响人力资本优化进程，更使产业发展与人才优化协调发展受到制约。因为真正意义上的协调发展不仅在于产业发展与人才两个子系统间相互协调，更需要二者均具有较高的发展水平①。

4　推进海西产业发展与人才协调发展基本思路

4.1　保持决策的长远性、预见性

　　实证部分中协整检验结果证明，对于海西地区提高产业发展与人才

---

　　① 王晓芳、宗刚：《基于环境经济协调度模型的草场生态系统协调性评价研究》，《安徽农业科学》2010 年第 9 期，第 4486 - 4488 页。

水平的一些短期性调整政策，虽然短时间内可能发挥作用，但上一期的功效将在下一期中得到修正，并不会影响产业结构和人力资本的长期均衡关系，造成一些短期产业及人才政策的提高作用受限，甚至可能无效。因此，为了实现海西地区产业发展与人才协调发展，实践中短期目标固然重要，但必须更加重视长期规划措施的制定及持续实施。因为产业发展与人才优化并非权宜之计，而是需要长期坚持的政策方向并在此基础上建立长效机制；彻底摆脱传统经济发展观念束缚，认识到产业发展与人才优化相互作用而形成的复杂关系，将两者看作牵一发而动全身的整体，统筹兼顾，不好大喜功，按计划、分阶段实施；同时，必须化被动为主动，在对当前国内外经济发展趋势及特点等信息收集、管理的基础之上，构建决策预测及支持系统，有预见性地把握产业发展与人才变化状况，根据产业结构变化预测人力资本需求量等，以加强决策长远性，真正抢占先机，掌握结构调整和人力资本发展的主动权；直面发现的问题，不能视而不见，统筹兼顾，分类有序，防治结合，在削弱甚至消除负向因素的同时，保持原有正向因素，更有效、有针对性地推进海西地区产业发展与人才协调发展。

4.2 坚持产业发展与人才优化并重

海西地区经济发展实践过程中对于产业发展与人才优化往往只重视其一，忽视其二。协调性实证检验结果也证明，当前海西地区产业结构升级与人才结构优化协调发展程度仅属于中等协调程度，其中产业结构升级步伐虽然有所放缓，但其发展程度较高，而人力资本优化进程则相对滞后，如不及时调整，可能对海西地区未来产业发展与人才优化的协调发展构成潜在威胁，势必对经济发展成果造成严重破坏。因而要保持海西地区经济持续、稳定、健康发展，产业发展与人才优化必须充分统一，缺一不可。这就要求彻底摆脱原有孤立的发展观，树立产业发展与人才优化平衡产业发展与人才发展观念，这一发展模式的理想状态是产业增量保持在适度区间，平稳增长，结构持续升级的同时，人力资本也随之优化提高，保持产业结构升级且人力资本优化的状态。然而就目前而言，达到这一理想状态并非一蹴而就，在它们之间存在着不同的过渡路径，路径的选择也极其重要。海西地区不能过度强调产业结构升级，忽视人力资本优化，应发挥产业结构调整升级发挥导向作用，使人力资本沿着其升级路径优化，而运用人力资本优化产生的助推力推动产业结构向更高层次演化，实现两者双向协调。只有这样，才能不断巩固海西地区产业结构升级与人才结构优化间关系，才能在协调中发展。

4.3　有效协调区域内部发展

当前海峡西岸经济区产业及人力资本发展状况在区域内也存在一定程度差异，为了避免重蹈台湾覆辙，海西地区必须树立全局发展意识。首先，政府应完备区域内产业及人力资本信息及管理系统，及时收集并掌握区域产业及人力资本动态，运用先进技术手段及统计方法作出科学、精准的判断，为有效决策提供依据；消除现有户籍制度、公共医疗卫生、社会保障、就业政策等方面对产业转移及人才有效流动造成的阻碍，提供平等的外部发展环境，促进产业及人才跨区域、跨行业、跨所有制配置；加快区域一体化进程，建立统一标准及激励约束机制，打破地理界限和地域限制，在各项优惠政策上积极向内陆地区倾斜，并设立相关法规及制度提供保障，建立健全人才引进机制，以鼓励先进产业与人才向内陆地区转移；加强交通运输、产业园区、邮电通信等基础设施建设，为产业及人力资本转移提供客观可能性；在区域内部建立统一的人力资源市场，鼓励合理竞争，充分运用市场基础配置作用的同时，强化政府监督指导，促进区域内部人力资源流动，活跃人力资本要素市场，以改变以往"强势单向"的人力资本流动局面；注重城乡统筹，以农村促进城市，以城市反哺农村；各地还必须将未来产业发展与人才发展方向与自身产业及人力资本优势相结合，发展各地优势产业，而不盲目追赶发展高度与速度；另一方面，企业及个人等微观主体也应该重新审视自身在产业结构升级及人力资本优化中扮演的角色，以海西地区经济发展的总体大局为重，将自身发展融入其中，积极响应政府号召，投身内陆市场、新兴产业、绿色环保产业以及传统制造业升级，向需要他们的内陆落后地区流动，为协调区域内部发展添砖加瓦。

4.4　充分发挥产业发展与人才优化协调互动机制

协调性定量分析结果显示，海西地区产业发展与人才优化间存在长期稳定的均衡关系，并在一定程度上互为因果。人力资本投入、存量、质量的变动推动产业结构不断向高度化、协调化演进的同时，产业结构升级也要求人力资本随之调整变动。虽然相互影响方向与程度大小不一，但两者对于对方都有较强的预测能力。因此，为了实现海西地区产业发展与人才优化协调发展，还应利用产业发展与人才优化间协调互动机制，充分发挥对对方发展的乘数推进效应：第一，随着工业化进程的逐步深入，海西地区已跨入工业化中后期阶段，区域产业结构正由目前的劳动密集型与资本密集型产业向技术及知识密集型产业转变，这也将带动人力资本随之变化。加之人力资本形成具有滞后性，因此，海西地区应构建起人力资本预测体系，在产业结构指标数据与人力资本数量、能力、配置等需求间建立联系，并对后者进行科学、有效的预测，根据预测结果从战略高度引导人力资本投资方向，加速其优胜劣汰，从而调整人力资本培养结构，使人力资本更符合产业结构升级需求；此外，还应加快产业结构调整升级进程，促使人力资本不断向合理化发展。第二，在通过上节阐述的通过增加医疗、教育等投入提高人力资本存量及质量以推动产业结构升级的同时，还必须优化人力资本产业分布，以改变当前产业结构的不合理布局。其中特别是第一产业劳动力比重大，素质低下，是制约产业结构升级的关键因素，因此应有针对性地对农业从业人员进行职业技术教育，利用优惠政策鼓励高校毕业生到农村去，以提升农业从业人员素质，培养农业实用人才，提高农业生产效率，进一步促使农业剩余劳动力向第二、第三产业转移；同时，第二产业应努力保证人力资源拥有量，更好地为海西地区当前第二产业如制造、石化、建材等为主导的产业结构提供支撑，以带动经济快速发展；另外，对于第三产业人力资本，应将其引导至金融、法律、商贸等服务性行业，并为其创造"人尽其才"的发展环境，满足产业结构调整对其提出的要求。

5 本章小结

本章运用定量分析方法，进一步确定海西地区产业发展与人才优化间存在的互动关系，并通过产业发展与人才优化间协调发展度评价体系的建立，对两者具体协调发展程度进行定量衡量，结合区域实际提出应运用因势利导调整产业发展政策，积极推动产业技术升级进程，继续推进两岸产业合作对接，努力创造产业升级基础环境，推进产业结构升级进程；利用不断完善社会医疗保障建设，持续加强教育培训投资力度，深入推行人力资本引导策略来推动人力资本优化；最后通过提高决策的长远性及预见性、产业结构与人力资本发展平衡性、区域内部协调性，充分发挥产业发展与人才优化协调互动机制，以实现海西地区产业发展与人才优化良性协调发展。

第五章　海峡西岸经济区民营企业劳动力价格与价值分析

——以泉州为例

1　引言

丰富和廉价的劳动力是中国民营企业持续快速发展的重要支撑。而近年来劳动力价格的快速上涨不断侵蚀着民营企业劳动成本的优势，危及许多民营企业竞争力的基础。福建泉州是中国民营经济最发达的地区之一，改革开放以来，泉州民营经济得到迅猛发展，创造出"泉州模式"、"晋江奇迹"等，2011 年全市实现地区生产总值（GDP）4270 亿元，同比增长 13.5%，经济总量连续 13 年居福建省首位。有统计表明，泉州民营企业不管是企业数量、工业产值还是就业人数，均占全市90%以上[①]，形成"十分天下有其九"的格局。至 2011 年，泉州民营企业已超过 29235 家，职工 250 多万，主要集中于第二、第三产业，以劳动密集型行业为主，逐步形成晋江鞋帽、纺织，惠安石雕，德化陶瓷，南安建材，安溪茶叶等特色产业集群。然而，泉州民营企业在蓬勃发展的同时也面临劳动力的瓶颈问题，因此以泉州为例分析民营企业劳

---

① 韩凌芬：《泉州民营经济发展的现状及对策——兼与温州比较》，《集美大学学报：哲学社会科学版》2008 年第 7 期，第 43 - 46 页。

动力价格与价值不仅具有典型性，而且还有普遍借鉴意义。

国外对劳动力价格与价值的研究由来已久，国内比较盛行的主要是劳动力价值理论、边际产品理论、人力资本理论等。本文将在前人理论研究的基础上，浅析泉州民营企业的劳动力价格与价值，这有利于民营企业更好地把握劳动力价格与价值的关系。

2　劳动力价格与价值分析的理论依据

劳动力价值理论。马克思认为，劳动力是人创造使用价值时所运用的体力与智力的总和。劳动力的价值由"生产从而再生产这种特殊物品所必需的劳动时间所决定"①，是维持劳动力所有者及其家庭成员所需要的生活资料的价值。按照马克思劳动力价值及其构成理论，劳动力的价值由"纯生理的要素"和"历史或社会的要素"构成，其中，首先要包括维持劳动者本人生存所必要（或者说是"最低量"）的生活资料的费用，还包括维持劳动者再生产即赡养劳动者家属所必需的生活资料的费用；劳动者及其子女接受教育培训，学习文化知识和生产技能的费用；劳动者用于发展被称为人类"第二天性的历史上发展起来的社会需要"② 的费用；维持劳动者及其家属身体健康所必需的医疗卫生费用；劳动者为从事劳动和正常生活所花费的交通和通讯费用③。在揭示工资的本质时，他认为工资是劳动力价值（准确地说，是交换价值）而不是劳动价值，是劳动力价格的货币表现。因此，工资可视作劳动力价值实现的表现，工资的大小反映的是劳动力价值的实现程度。

---

① 马克思：《马克思恩格斯全集》（第 2、23、25 卷），人民出版社 1972 年版。

② 马克思：《马克思恩格斯全集》（第 2、23、25 卷），人民出版社 1972 年版。

③ 陈少克、袁溥：《对个人所得税费用扣除的理论思考——基于劳动力价值构成及时实现的视角》，《云南财经大学学报》2011 年第 2 期，第 30 - 37 页。

边际产品理论。萨缪尔森和诺德豪斯[1]在确定劳动力价值时引入了边际收益的概念，认为劳动力价值是生产边际产品的市场价值。投入劳动力的边际收益产品是指，在其他投资不变的条件下，每增加一个劳动力所增加的收益。根据收益递减规律，劳动力的价值是指在其他条件不变时，随着收益递减而投入增加的最后一名劳动力所产生的边际收益产品。而其价值就是劳动力的价格，即劳动力的工资。

人力资本理论。以贝克尔、舒尔茨、罗默等为代表的人力资本学派突破传统劳动力的概念，提出人力资本的概念。人力资本的内核和自然基础是劳动力，但人力资本作为特殊形式的劳动力，从一般意义的劳动力中分离出来，其形成经过教育、培训、医疗保健、迁移等投资形成，并以知识、技术、技能、信息等复杂性形式存在，因此其属于高级劳动力，是投资的产物，属于一种特殊形式的知识商品[2]。人力资本价值由自身价值和价值增值构成，其价值增值大于传统劳动力的价值。人力资本价值包括显性价值和隐性价值。显性价值是指人力资本在形成过程中的成本和费用构成，具体包括教育的直接支出成本、接受教育的机会成本和再教育成本三部分；隐性价值是指人力资本在不同阶段、不同环境和激励制度下价值发挥的实际程度，影响其实现的变量主要有受教育年限、工作时间、接受在教育和培训的次数和程度。

上述三种理论都从劳动力的产出角度进行研究，承认工资是劳动力价格，是劳动力价值的表现，与劳动力价值密不可分。本文将以上述理论为基础来分析泉州民营企业劳动力价值与价格，希望对民营企业有所借鉴。

---

① 保罗·萨缪尔森、威廉·诺德豪斯著，萧琛译：《经济学》（第18版），人民邮电出版社2008年版。

② 张少杰、徐颖、顾惠珊：《基于特殊知识商品的人力资本定价问题研究》，《工业技术经济》2005年第6期，第84-88页。

3　面临的机遇与挑战分析

3.1　有利条件

　　泉州民营企业的进一步发展具备很多有利条件。一是政府高度重视泉州市民营企业的改革和发展。2012 年省政府专门出台《进一步促进泉州市民营经济发展十条措施》支持泉州市开展民营经济综合配套改革试验。泉州市委市政府近日出台四份政策文件《关于推进民营企业"二次创业"的若干意见》、《关于服务民营企业"二次创业"的意见》、《关于推进产业转移的若干意见》以及《泉州市民营企业转型升级专项扶持行动计划》,引导扶持民营企业"二次创业",继续支持制造业转型升级,设立民营企业转型升级专项资金,引导产业有序转移和承接。二是重视民营企业劳动力问题。泉州市一方面充分挖掘本地居民的就业潜力,鼓励企业更多使用本地劳动力。积极引导本市外出务工人员返乡就业、创业。加强校企合作,引导和鼓励更多的大中专毕业生返回或留在泉州就业。另一方面,认真贯彻落实市政府关于加强企业用工服务的"17 个确保"公开承诺事项,切实保障外来务工人员与本市居民在就业、社保、权益维护、户口迁入、子女教育、住房保障、文化卫生、法律援助等公共服务方面按规定享有同等待遇,优化用工环境。三是重视社会保障体系对民营企业的覆盖,突出抓好"五险"扩面、待遇提高、制度建设和基础管理。

3.2　困难和挑战

　　泉州民营企业的发展同样面临一系列的困难和挑战。一是就业结构性矛盾短期内难以缓解,企业缺工与社会就业不充分并存。泉州市民营企业以劳动密集型居多,过多依赖一线劳动力的状况未得到根本转变。随着西部大开发和中部崛起,外地劳动力输入逐步减少,全市缺工量常态下仍保持在 5 万人左右。此外，外来务工人员流动性大，既不利于自身价值的提高，也不利于产品质量的提高。二是工资分配关系不够合理，工资集体协商制度有待进一步落实。部分民营企业未建立起适应市场经济要求的企业工资决定机制，职工工资水平没有明显竞争力。另外，企业用工管理不规范，劳动合同和集体合同制度落实不到位，劳动条件差，超时加班、拖欠克扣工资等侵害劳动者合法权益的现象时有发生。三是职业培训工作还较薄弱。民营企业高技能人才仍然偏少，劳动力价值总体不高，与实施人才强市战略的要求还不相适应。市场化、社会化职业培训体系不够完善，公共实训基地建设滞后。四是完善社会保障体系任务艰巨。社会保险制度仍有缺失、城乡统筹不够且存在碎片化，保障水平与日益增长的参保需求仍有较大差距。企业特别是非公有制企业职工社保参保率低。金保工程建设滞后。社会保险参保人数及工作量成倍增长，而经办力量却没有相应跟上。

4 泉州民营企业劳动力价值与价格的现状

劳动力价值的大小依赖于劳动能力，而劳动能力取决于劳动力的素质。对企业而言，素质越高，劳动力价值越大。影响劳动力素质的因素主要有受教育程度、工作时间、接受再教育和培训的程度，通俗说来就是学历、工龄和技能水平。从学历结构上看，泉州民营企业劳动力主要集中于大专学历，占 51.7%，本科及以上学历的占 18.5%，其中硕士、博士数量所占比例非常小，而中专学历占 16.1%，高中及以下占 13.7%；从年龄结构上看，民营企业劳动力工龄不长，整体呈年轻化，其中 35 岁以下占 52.5%，36～45 岁占 34.7%；从技能水平上看，技师以上的占 66.3%，正高及副高职称占 6.9%[①]。这些直接反映出泉州民

[①] 泉州市人事局课题组：《加快建设人才资源强市若干问题的研究》[EB/OL]，(2009-03-25)[2009-11-16]. http://www. Fjrs. gov. cn/html/4/2098/30497_200947923_1. html.

营企业劳动力价值总体偏低的现状。

泉州民营企业高素质劳动力（以下简称为"人才"）的短缺，影响到企业的劳动力价值。从泉州民营企业从业人数占93.14%以及对经济的贡献情况看，民营经济的人才总量明显不足。泉州民营企业经营管理人才只占从业人数的9.5%①，而上海市非公领域中经营管理人才占总从业人数的14.7%②，相对比例偏小。民营企业专业技术人才数量占全市总数的50.96%，而高技能人才只有4.2万人，占全市总数不足66.3%③。从学历和技术职称看，本科及以上仅占18.5%，正高及副高职称只占6.9%，民营经济领域缺乏高技能劳动力。虽然近几年泉州市加强了人才引进工作，但是人才直接服务于民营经济的较少，导致民营企业劳动力价值普遍不高。

泉州民营企业劳动力价格偏离劳动力价值，人才对目前薪酬水平普遍不满。通过对华侨大学2011级和2012级部分就职于泉州民营企业的MBA硕士的问卷调查（共发放61份，有效问卷45份），如图5-1所示，从工作性质上看主要集中于管理工作（占44.44%），从工作年限上看主要集中在5~10年（占37.78%），可见被调查硕士主要是工作年限较长的企业管理人才，然而平均年收入只集中在4~6万的水平（占35.56%）。同时矩阵量表题（1表示很不满意；2表示不满意；3表示一般；4表示满意；5表示很满意）显示对本地区薪酬、对同行业类似岗位薪酬和对企业总体薪酬激励的得分分别为2.6、2.73和2.93分，即介于不满意和一般之间。泉州民营企业对高素质人才的激励明显不足，劳动力价格难以直接反映劳动力价值。

---

① 宋梦溪、许侨欣、刘燕芳：《泉州非公企业人才吸纳和凝聚力不强》，《福建工商时报》2006年第5期。

② 潘厉、胡亮：《2006-2010年宁波非公有制经济领域人才需求预测》，《宁波大学学报》（理工版）2007年第1期，第114-117页。

③ 泉州市人事局课题组：《加快建设人才资源强市若干问题的研究》[EB/OL]，(2009-03-25)[2009-11-16]．http://www.Fjrs.gov.cn/html/4/2098/30497_200947923_1.html.

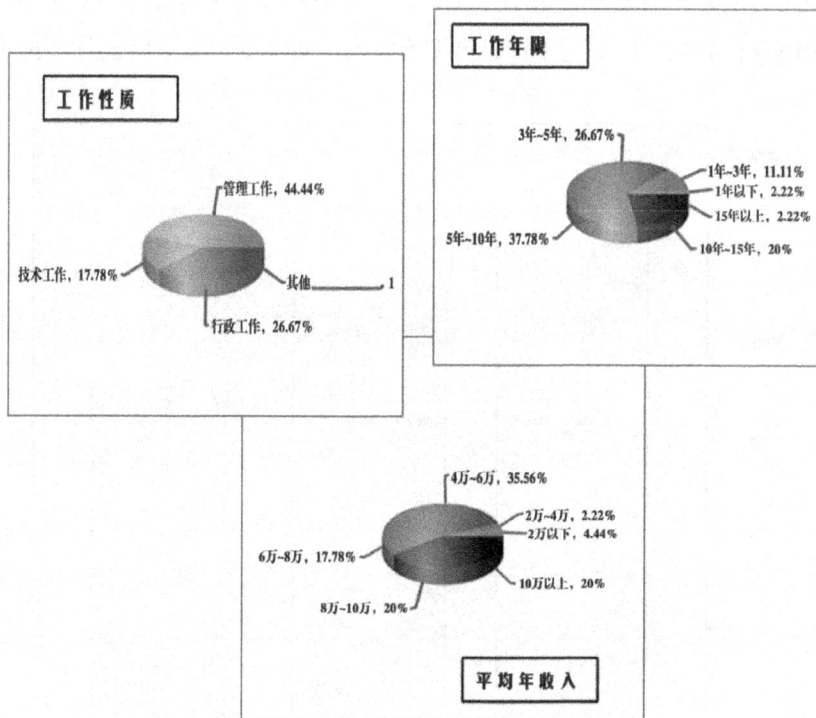

图 5 - 1　华侨大学 MBA 硕士问卷调查分析饼图

　　泉州民营企业不重视对员工的人力资本投资，进一步阻碍了劳动力价值的提高。人力资本是可以在培训或再教育的过程中积累有效价值，实现自身价值增值的。然而通过走访调查发现，泉州中小民营企业对人力资本投资的认识模糊，意识淡薄，忽视对员工开展培训和再教育。甚至一些较大的企业，如安踏、恒安虽然已经建立起规范化、规模化的培训体系，但在对员工特殊培训方面的投资仍有待提高。

　　泉州民营企业劳动力价值总体偏低，直接导致劳动力价格的整体水平不高。据泉州市人力资源和社会保障局的预测，2010 年泉州市企业工资指导线的基准线为 10%，上线为 16%，下线为 3%，且企业支付职工工资不得低于我市的最低工资标准（2012 年的标准是 1050 元/人/月）。然而据泉州统计局 2010 年公布的数据显示，2009 年泉州市全部在岗职工的平均工资为 25273 元，其中企业职工平均工资为 22937 元，而民营企业职工的平均工资只有 17588 元（如图 5 - 2），假设每个员工

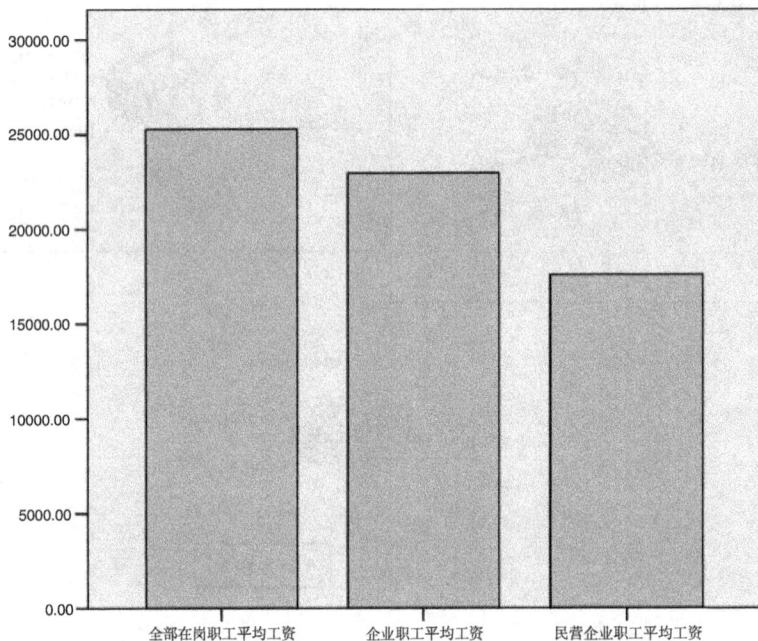

图 5 - 2 2009 年泉州市职工平均工资水平（元/年）

（根据泉州统计局 2010 年公布的数据绘制）

一年工作 300 天，一天工作 8 小时，则其平均工资率约为 7.33 元/小时（17588÷300÷8 =7.33）。而依据泉州市劳动力市场供求状况分析，泉州民营企业人员的市场出清的工资应为 8.23 元/小时①。可见，民营企业劳动力价格整体不高，最低工资低于全市全部在岗职工平均工资，甚至出现实际工资水平低于市场出清的工资水平。调查显示，56.4% 的人

---

① 黄骏达：《泉州民营企业实行绩效工资的必要性分析》，《市场周刊·理论研究》2011 年第 1 期，第 29 - 30 页。

认为收入低是造成泉州市人才流失的首要原因①。泉州民营企业员工流
动率为 15% ~ 30% 的占 50%，为 30% ~ 50% 的占 35%，远高于福州、
厦门等地区②，过高的员工流动率不利于企业的发展。

5　出现上述现状的原因分析

劳动力市场供需矛盾突出。近年来，随着泉州民营经济的快速发
展，劳动力供给量和需求量也大大增加，从总体上看，泉州劳动力市场
上供给量的增长率大于需求量的增长率，但高素质劳动力却处于供不应
求的状况。根据《泉州市劳动力供求状况分析报告》整理的数据，
2008 年泉州市高层管理人才、专业技术人才、高级技能人才的需求量
分别为 5953、17850、9173，而供给量只有 4570、10163、3056，缺口
巨大。这一方面源于泉州民营企业产业造成的劳动力结构性矛盾，一方
面源于中西地区经济快速发展对人才的吸引。按理来说，人才供不应
求，其价格应该上升。然而泉州民营企业仍以劳动力市场的总体供需水
平来决定劳动力的价格，忽视人才供不应求的现状，对劳动力，尤其是
人才的激励保障不足，不仅平均工资水平总体偏低，而且社会保障也不
足。如表 5 - 1 所示，"十一五"期末，泉州市职工基本养老、医疗、
失业、工伤、生育保险占全省的比重只有 11.80%、5.68%、11.20%、
13.03%、13.74%，与总人口占全省比重 22% 极不相称，特别是泉州
民营企业职工的各项社会保险覆盖率则更低。劳动力价格低严重影响泉
州民营企业对高素质劳动力的集聚能力，人才的短缺进而加剧人力资源
价值的下降，如此往复陷入恶性循环。

---

① 泉州市人事局课题组：《加快建设人才资源强市若干问题的研究》［EB/OL］，(2009 -
03 - 25)［2009 - 11 - 16］. http://www. Fjrs. gov. cn/html/4/2098/30497_200947923_1. html.
② 陈泉忠：《泉州民营企业人员流动率过高的原因及应对》，《科技成果纵览》2006 年
第 6 期，第 49 - 50 页。

表5-1 泉州市与福建省"五险"参保人数比较（单位：万）

	养老保险	医疗保险	事业保险	工伤保险	生育保险	总人口
泉州市	82.39	71.16	47.98	63.97	61.05	812.58
福建省	698.44	1252.18	428.55	490.84	444.20	3693
比重	11.80%	5.68%	11.20%	13.03%	13.74%	22%

资料来源：根据福建省人力资源和社会保障厅《2012年第一季度人力资源和社会保障情况条件简报》和《泉州市人力资源和社会保障事业发展"十二五"专项规划》、《福建省统计年鉴2011》数据整理

　　人才存量不足，培养滞后。目前，泉州市拥有高等院校17所，其中本科高校4所，独立学院1所，高职高专12所，中等职业学校72所（含技工学校）。在高等教育方面，特别是在硕士、博士培养上，泉州市与厦门市、福州市相比，培养的人数较少（如表5-2）。这反映出泉州市在高等教育方面投入不足，高层次人才培养数量少，没有形成以泉州经济发展和产业结构调整为导向的劳动力开发体系，加之泉州民营企业往往从当前经济效益的需求出发，很少从企业战略角度考虑对劳动力的培训，导致人才存量不足。这不但难以满足泉州民营经济结构转型升级对人才的需要，而且也影响到企业劳动力价值的提升。

表5-2 2010年泉州与福州、厦门教育状况比较

地区	博士（学术型、专业型）		硕士（学术型、专业型）		普通本专科		成人本专科		网络本专科
	2010年在校生数	2010年预计毕业生数	2010年在校生数	2010年预计毕业生数	2010年在校生数	2010年预计毕业生数	2010年在校生数	2010年预计毕业生数	2010年在校生数
福州	1681	791	13742	4069	563360	77274	63218	20815	27341
厦门	2567	1281	10211	3267	114660	30694	16616	5690	9469
泉州	176	92	2172	645	113727	31442	9126	2965	0
合计	4424	2164	26125	7981	791747	139410	88960	29470	36810

资料来源：根据《闽教发2011143号附件3》数据整理

　　民营企业对劳动力的吸引力不足。一方面，据对泉州民营企业人才

的调查资料显示，在调查吸引人才的最主要因素时，35.6%的人认为是工资待遇高，32.7%的人认为是拥有更好的激励约束机制，另有22.8%的人认为是个人更有发展潜力①。边际产品理论认为，劳动力的边际产品是企业增加最后一个劳动力所增加的产出，即劳动力的平均工资水平。劳动力的边际产品取决于劳动投入的质量、生产要素的数量和质量、技术和知识的利用。而泉州民营企业难以将高素质劳动力、先进技术和资本的累积相结合，导致劳动生产率普遍不高，进而影响到平均工资水平的提高。泉州民营企业的平均工资水平普遍较低，同时家族式经营和家长式作风文化下的管理模式和激励机制也对吸纳高素质劳动力产生负面影响。另一方面，泉州民营企业虽然经过30多年发展形成一定规模，出现了恒安、七匹狼等知名企业，但绝大多数中小企业以劳动密集型为主，其生产方式相对落后，技术力量薄弱，这在一定程度上削弱了对人才的吸引力。

6　政策建议

第一，淡化所有制观念，重视民营企业的劳动力队伍建设。民营经济是泉州经济的主要成分，其发展状况对泉州社会经济发展有着决定性的影响。因此，政府部门应高度重视民营经济的人才工作，淡化所有制观念，把民营企业的劳动力队伍建设作为泉州市人才强市战略的重要组成部分。不但在劳动力引进、劳动力技术交流合作、职称评定、博士后科研工作站设立、专家评选表彰、培养培训、科技项目立项等方面，使民营企业与国有单位适用同等政策，还应该从战略的高度，构建适应泉州社会经济发展战略的人才支撑体系，优化人才聚集环境，促进民营经济发展。应根据泉州的环境特征、产业政策、教育状况以及民营经济发

---

① 泉州市人事局课题组：《加快建设人才资源强市若干问题的研究》[EB/OL]，(2009 - 03 - 25)[2009 - 11 - 16]. http://www.Fjrs.gov.cn/html/4/2098/30497_200947923_1.html.

展的人才需求特点和人才管理水平等情况，对人才战略模式进行定位。应借鉴世界范围内一些国家或地区在经济发展中实施的人才战略模式，对各种成功模式的特征、采取的政策和实施的条件进行分析。

第二，建立健全劳动力引进交流机制。（1）形成民营经济的劳动力需求预测制度。改善目前统计部门对劳动力统计只针对机关、国有企事业单位的状况，做好民营企业的劳动力统计工作，建立民营企业的人才信息库。修改完善包括民营经济单位的《紧缺急需人才引进指导目录》编制和发布制度，组织相关职能部门定期对民营经济发展的劳动力需求进行预测，为引进人才提供依据。（2）构筑完善的劳动力市场体系。劳动力市场是人力资源的市场化配置方式，是民营企业劳动力引进交流的主要途径。完善的劳动力市场体系是人才社会化的关键，是企业引进人才的基础。目前政府主办的劳动力中介机构在劳动力市场上占据了主导地位，在一般层次劳动力的流动方面发挥了相当大的作用，但是，在中高层次人才的流动方面作用有限。因此，应鼓励社会力量设立服务民营经济的人才服务机构，提供劳务派遣、猎头服务等新兴的人才服务，并适时在发达国家和地区设立海外人才服务机构，与国外人才中介机构开展交流合作，提供海外人才猎头服务和科技咨询服务。（3）改革户籍和人事管理制度促进人才流动。全面放开对高级人才、紧缺人才和企业经营管理人才的户口限制，修改完善户籍制度，制定有利于民营企业人才引进的落户优惠政策，实行"先落户后就业"，并加大力度宣传和统一执行。改革国有单位的人事管理制度，鼓励人才到民营企业工作。（4）实施人才引进工程。加强面向民营经济的博士后工作站平台、留学人才创业园区等人才载体建设，鼓励民营企业采用多种方式引进人才。把招商引资和招才引智结合起来，重点引进产业发展所急需的高层次经营管理人才、急需的专业技术人才和高级技能人才。实施"海外人才和留学人员带项目来泉创业服务计划"，加大对高层次留学人才回国的资助力度，建立留学人才项目风险投资补偿机制。在承接台湾产业转移的过程中，用活用足人事部对福建省的特殊政策，加快台湾

80

产业人才的引进工作。

第三，加强高技能人才队伍建设，构建民营企业劳动力培育成长机制，提升劳动力价值。（1）坚持提升能力、以用为本、高端引领、整体推动，以产业发展需求为导向，以提高职业技能和创新能力为核心，采取政府主导推动、社会广泛参与的模式，组织实施"567高技能人才培养工程"，培养造就一支基本满足产业发展需求、门类齐全、梯次合理、技艺精湛的高技能人才队伍。重点开展紧缺行业（领域）技能类、管理类高技能人才培训，努力打造人力资源强市。（2）坚持职业培训社会化和市场化的发展方向，进一步完善"市场引导培训，培训促进就业"机制。职业培训机构要面向初高中毕业生、城镇失业人员、农村转移劳动力，开展各种形式的职业技能培训和创业培训，提高他们的就业能力、工作能力、职业转换能力以及创业能力。强化民营企业对劳动者的岗位培训责任，认真落实国家关于"一般企业按照职工工资总额的1.5%足额提取教育培训经费，从业人员技术要求高、培训任务重、经济效益较好的企业，可按2.5%提取"的规定，足额提取教育培训经费，主要用于企业职工特别是一线职工的教育和培训。（3）调整优化教育结构。根据劳动力价值定位，从调整优化教育结构方面着手，把职业技术教育和在职继续培训作为重点工作来抓，加大职业教育投入，引导泉州辖区内各类高校开设与泉州民营经济发展相适应的学科与专业，对各类不同劳动力队伍实行分类指导，采取不同的培养方法，不断提高各类人才的专业素质和业务水平。（4）建立完善的在职继续教育网络。出台优惠政策，鼓励社会举办各种职业继续教育机构。加大对在职继续教育投入，充分利用泉州市现有的高校、干校、培训学校等各种国有或民营的教育培训资源，建立和完善在职继续教育网络，搭建劳动力培养服务平台。建立健全继续教育统计、登记、评估和奖励制度，促使各类人劳动力自觉接受继续教育。采取多层次、多形式的全员培训和岗位培训，开辟继续教育培训的新途径，逐步形成终身化、网络化、开放化和自主化的在职继续教育体系。（5）实施劳动力培养成长工程。

采用各种奖励制度鼓励民营企业增加劳动力培养投入。根据民营企业发展需要，采取"请进来、走出去"的办法，组织举办各种教育培训项目。通过开设总裁研修班、素质提高班等方式，每年有计划地组织一批民营企业经营管理人才参加进修培训，同时邀请国内外知名专家学者到泉州市开设各种讲座。此外，定期遴选一批民营企业的经营管理人才、专业技术人才和高技能人才作为培养对象，与民营企业合作，采用奖励、税收优惠等方式进行跟踪扶持。

第四，加强激励保障工作，逐步提高劳动力价格水平。（1）规范民营企业在劳动力合同、薪酬保障等方面的行为，保障民营企业各类人才的合法权益。定期做好公布企业工资指导线工作，鼓励和引导民营企业建立与现代企业制度相适应的劳动力薪酬制度。（2）建立面向社会包括民营企业的人才奖励体系。制定奖励优惠政策。设立市、县、镇等各级人才奖励基金，对劳动力进行分层分类，设立各种奖励项目并进行统筹管理。同时，鼓励民营企业、民间社团设立多种人才奖励项目。（3）督促民营企业依据工资指导线，积极通过工资集体协商，合理确定职工工资增长水平。尚未建立工资集体协商制度的，也应将工资指导线作为确定本年度职工工资水平增长的重要参考依据，并创造条件尽快实行工资集体协商。企业在生产发展、经济效益提高的同时，应相应合理提高企业职工，尤其是一线职工和农民工的工资收入水平。（4）完善养老、医疗、失业等社会保障制度。将民营企业尽快纳入社会保障体系，使养老保险，失业保险和医疗保险等覆盖所有民营企业。（5）针对民营企业人才流动频繁，保障措施不太健全的特点，及时受理人事争议案件和纠纷，切实维护企业和人才的合法权益。

第五，积极创造各种吸引人才的条件，灵活多样引进人才。引进人才是解决人才短缺特别是高层次人才不足的有效途径，具体应做好以下几个方面的工作。（1）创造各种吸引人才的条件。泉州民营企业大多存在着规模小、薪酬水平不高和缺乏良好的企业文化等不利于引进人才的问题，因此，应该改变管理方式，善于发挥自己的优势，以薪资、福利、股权激励、职业发展前景等方式努力创造各种吸引人才的条件。
（2）采取多种方式灵活多样引进人才。企业应该根据人才战略规划，
采用各种方式引进人才。可以采取咨询、短期聘用、技术承包、技术入
股、技贸结合、人才租赁、在国内外人才密集地设立研发机构等方式灵
活引进国内外人才，并确立"不求所有、但求所用"的柔性引进思路；
同时以外国专家、海外留学人员和台湾专业技术人员为重点，大力引进
企业发展急需的人才。

第六，加大人力资本投资，开发现有人才，提升民营企业劳动力价
值。（1）改变泉州民营企业在员工培训投入不足的现状，加大人力资
本投资力度，建立和完善员工培训体系；对培训需求进行调查和分析，
合理编制培训计划；采用多种形式培养人才，通过传帮带、轮岗、学
习、参观考察、担任助理等形式，注重培训效果的评估与反馈，不断提
高人才素质。（2）改变家族企业"任人唯亲"的弊端，建立人才选拔
任用和晋升激励机制；努力创造一个公开、平等、竞争、择优的人才使
用环境，最大限度地调动和发挥人才的积极性和创造力，使得员工人尽
其才，不断成长。（3）完善内部管理制度，营造良好的留人环境，企
业要留住人才，不但要营造一个优良的工作环境和生活环境，更重要的
是需要完善内部管理制度，构建有效的激励机制和塑造以人为本的企业
文化。因此，泉州民营企业可以根据自身的优势，完善企业内部管理制
度，把物质激励与精神激励相结合，通过职业生涯管理，帮助员工进行
职业生涯规划，为人才提供施展才华的机会；同时建设以人为本的企业
文化。总之，应该从事业、情感、待遇和企业文化建设等方面营造良好
的留人环境。

7　本章小结

劳动力价格与价值的平衡与否关系到民营企业的长远发展。本文在
梳理相关劳动力价格与价值理论的基础上，以泉州民营企业为例，指出

了当前面临的机遇与挑战，通过分析泉州民营企业劳动力价格与价值的现状及其现状出现的原因，提出的对策建议有：第一，淡化所有制观念，重视民营企业的劳动力队伍建设；第二，建立健全劳动力引进交流机制。第三，加强高技能人才队伍建设，构建民营企业劳动力培育成长机制，提升劳动力价值；第四，加强激励保障工作，逐步提高劳动力价格水平；第五，积极创造各种吸引人才的条件，灵活多样引进人才；第六，加大人力资本投资，开发现有人才，提升民营企业劳动力价值。

第六章 海峡西岸经济区先进制造业基地人才支撑体系研究

1 引言

改革开放 30 年以来，福建制造业为福建省经济和发展做出了不可磨灭的贡献，但是 2008 年美国次贷危机引发全球金融危机下，福建传统制造业出现大面积亏损和倒闭，企业融资受限，面临更多的贸易保护壁垒等。暴露了福建省传统制造业产业链低端化，外向型程度高，但是生产效率不高，科技创新能力不足，环境资源保护能力弱等弊端。进入后金融危机时代，福建省制造业应该抓住全球制造业新一轮洗牌的机会，通过制造业与信息化等相结合、产业链升级、开展海外投资和并购等渠道实现产业的进一步升级①。人力资本存量、知识结构和人力资本的空间分布影响产业升级、产业创新、产业转移和扩散，进而影响产业整体结构的调整升级②。人才支撑体系是人才工作的运作载体，是多元性、层次性、动态性和整体性的社会系统。强化人才支撑体系是使人才工作更好地适应产业优化发展的重要保障③。2009 年 5 月 6 日，国务院

---

① 闵晓莹：《后金融危机时代的中国制造业升级》，《商业经济》2010 年第 10 期，第 5 - 6 页。

② 袁红谱：《论人力资本对武汉产业结构调整升级的协同关系》，《新疆石油教育学院学报》2009 年第 6 期，第 196 - 197 页。

③ 秦建明：《实现产业升级与人才集聚互动发展》，《现代领导》2009 年第 10 期，第 35 - 38 页。

表示为贯彻落实党的十七大精神、国民经济和社会发展"十一五"规划纲要的部署，支持和推动福建省加快建设海峡西岸经济区，促进该地区又好又快发展，发布国务院关于支持福建省加快建设海峡西岸经济区的若干意见①。在这样的形式背景下，研究海西先进制造业基地的人才支撑体系，无疑具有十分重要的理论和现实意义。

2 国内外产业升级与人才资源整合研究综述

2.1 国外人才资源整合研究和优秀政策、实践

在理论研究方面，德鲁克（1986）《管理的前沿》提出成功的收购整合的 4 项原则，认为公司收购中人力资源整合成功才是一种成功的收购②。Pablof 认为"整合"是指并购组织在文化、结构和体制、功能性活动安排上所作的变革，目的是促进并购组织成为一个功能性整体③。美国学者帕蒂·汉森（2004）提出了企业并购人力资源整合方案——企业并购中人力资源整合的十步过程理论学说，包括编制人员整合项目计划、制定人员留用政策等④。美国的查尔斯·甘瑟尔、艾琳·罗杰斯、马克·雷诺（2004）从文化整合的角度提出了人力资源整合和意义和方法⑤。

在实践方面，新加坡经济发展经历了由独立初期的劳动密集型工业，逐步过渡到具有高附加价值的资本、技术密集型工业和高科技产

---

① 《国务院关于支持福建省加快建设海峡西岸经济区的若干意见》［EB］, http://www.gov.cn/zwgk/2009 - 05/14/content_1314194.htm

② Peter F. Drucker. The Practice of Management ［M］. New York Harper& Row, 1954.

③ Pablo A. L. Determ Inants of Acquisition Integration Level a Decision Making Perspective［J］. Academy of Management Journal 1994. 37(4): 803 - 836.

④ 帕蒂·汉森：《并购指南：人员整合》，中信出版社 2004 年版。

⑤ 查尔斯·甘瑟尔：《并购中的企业文化整合》，中国人民大学出版社 2004 年版。

业，进而发展到目前的信息产业等知识密集型经济，并已发展成为东南亚地区重要的金融运输中心和国际贸易中转站，世界电子产品重要制造中心和第三大炼油中心。这些成绩要归功于新加坡政府前瞻性的眼光和锐意创新的态度，为应对产业调整和升级所采取的积极的人力资源整合政策[1]。以美国信息产业发展和人才集聚为例。1993 年 2 月，克林顿把实施信息高速公路作为他施政的首要目标之一，加大了对信息产业的投资。到 1996 年，美国用于计算机等信息技术和产业的投资已达 2060 亿美元，比 1995 年增加 125%。在政策、资本的双重刺激下，信息产业对于技术人才的需求量越来越大。美国政府根据情况及时调整了移民法案，使得美国信息产业实现内部、外部的技术人才集聚[2]。

2.2 国内人才资源整合研究和优秀政策、实践

在理论研究方面，陶克涛、苏迎春（2003）对联盟中的人力资源整合路径进行了研究，即通过联盟高级管理层、联盟员工、沟通渠道及联盟文化的整合来使联盟战略中的人力资源整体效率最佳化[3]。朋震（2004）认为，必须控制人力资源变异造成的成本，形成并购后的人力资源的协同效应。[4] 董敬富、牛毅（2006）认为，应正确认识不同并购阶段中的人力资源问题，有针对性地采取各种措施以进行人力资源整合[5]。李黎、胡蓓（2008）提出胜任力模型以阐述如何塑造管理者与员工之间

---

① 田新朝：《基于产业升级视角的新加坡人力资源政策体系与启示》，《公共行政与人力资源》2008 年第 6 期，第 16 – 18 页。

② 张彬：《美国信息产业发展与人才集聚过程分析》，《商场现代化》2006 年第 9 期，第 168 – 168 页。

③ 陶克涛、苏迎春：《企业战略联盟中的人力资源整合路径》，《科学管理研究》2003 年第 1 期，第 108 – 110 页。

④ 朋震：《企业并购中人力资源整合的贡献》，《中国人力资源开发》2004 年第 4 期，第 26 – 28 页。

⑤ 董敬富、牛毅：《不同并购阶段的人力资源整合问题研究》，《商场现代化》2006 年第 2 期，第 231 – 234 页。

的新型关系，充分调动员工积极性①。李英禹、苏晋、李英（2008）认为，企业跨国并购中的人力资源整合是对人力资源队伍进行的总体搭配，强调人力资源团队精神的构建②。

在实践方面，广东省面对当前工业化加速发展后期，经济结构调整、技术进与资本有机构成提高、经济体制转轨和劳动力供第三次高峰到来等众多因素综合交织期和实现产结构优化升级与解决城乡就业问题双重压力人口，在以往经验基础上，广东省陆续出台了《关于推进产业转移和劳动力转移的决定》等重大政策措施，大力推进产业和劳动力"双转移"③。以台湾为例，台湾的产业升级对台湾的经济发展有着巨大的推动作用，台湾为提高整体科技实力和发展高科技产业制定和实施了一系列适宜的科技产业发展策略，其中其对于人才外流、高级科技人才培育和引进的政策发挥了重要作用，如《加强运用高级科技人才方案》、《振兴经济方案》将"加强人力的规划运用"列项④。

3 海西先进制造业基地建设的人才需求分析

3.1 企业经营管理人才

建设海西先进制造业基地首先需要的就是大量的企业经营管理人才。先进制造业基地首先要求的就是在管理水平方面必须是先进的。因为，在落后的管理之下，无法发展先进的产业和先进的技术。福建省制

---

① 李黎、胡蓓：《胜任力模型与人力资源整合研究》，《自然辩证法研究》2008 年第 9 期，第 108 – 110 页。

② 李英禹、苏晋、李英：《企业跨国并购中的人力资源整合研究》，《商业研究》2008 年第 6 期，第 50 – 52 页。

③ 谌新民、方瑜婷：《关于发展先进制造业的思考》，《广州大学学报》（社会科学版）2010 年第 2 期，第 45 – 50 页。

④ 王建彬：《台湾产业研究发展》，《科技管理研究》2010 年第 A01 期，第 45 – 50 页。

造业经济创造能力为福建省制造业乃至整个海西经济的发展提供物质支撑。因此持续稳定增长的制造业经济创造能力是海西制造业新型化的、打造海西先进制造业基地的重要保障。由表6-1可以看出，从经济创造能力总体状况来看，福建在全国各地区制造业中是属于比较强的，但是与江苏、浙江、广东、上海等其他沿海地区相比较，仍存在较大的差距。从对就业人口吸纳的角度来分析，福建省制造业就业人口吸纳能力强，制造业对福建省贡献能力强。从生产效率及外向型程度的角度来分析，福建外向型程度高，但是生产效率不高。为了提高海西制造业生产效率、保持稳定增长的制造业经济创造能力，就更加需要一大批优秀的企业经营管理人才。

表6-1 2007年沿海各地区制造业经济创造能力综合评价

地区	F1①	F2②	F3③	F4④	综合	排名
福建	2.00837	0.87126	-2.48847	0.36059	0.557113	6
上海	-0.4968	1.82524	2.3455	-0.07535	0.570914	5
江苏	1.87343	0.73718	1.68216	0.05054	1.19105	1
浙江	1.3761	0.24564	0.20019	-0.28239	0.573763	4
广东	1.52655	2.36823	0.16095	0.03193	1.083754	2

数据来源：根据2009年中国制造业发展研究报告整理

3.2 专业技术人才

建设海西先进制造业基地，专业技术人才是不可或缺的。专业技术人才是指具有高专业技术知识，掌握先进技术的人才。改革开放三十多

---

① 主要代表制造业增加值占地方 GDP 比重、制造业就业人数占地方就业人数比重、制造业增加值

② 主要代表制造业对外贸易依附度

③ 主要代表制造业全员劳动生产率

④ 主要代表制造业效益指数

年以来，福建传统制造业依靠廉价劳动力及资源优势不断扩张，但是这样的浪费资源、效率低下的传统模式必将被时代所淘汰。先进制造业强调的先进性之一就是技术的先进性。只有夕阳技术，没有夕阳产业。先进制造业基地不一定只能是高新技术产业，传统制造业若能通过创造、使用先进技术，在制造技术和研发方面保持先进水平，就能够打造先进制造业基地①。由表 6 - 2 可以看出，全国来看，以浙江、广东、上海为代表的东部沿海地区投入产出呈现出高水平，福建省科研投入一般，产出一般，但是与其他沿海地区相比较，差距进一步加大。由表 6 - 3可以看出，福建省制造业总体环境资源保护能力一般，单位产值能源消耗较小，单位产值三废排放强度一般。上海总体环境资源保护能力仍然排在前列，这得益于当地积极保护环境的政策。建设海西先进制造业基地就需要大量的具有创新能力的专业技术人才，以提高海西制造业科技创新能力，研发、运用先进的制造业技术来武装海西制造业，实现海西制造业跨越式发展。

表 6 - 2　2007 年沿海各地区制造业科技创新能力综合评价

地区	F1②	F2③	F3④	F4⑤	综合	排名
福建	0.01092	- 0.34561	0.67571	- 0.03637	0.016774	10
上海	0.88716	0.1278	0.60207	0.46443	0.545858	5
江苏	3.76992	- 0.63573	- 0.13775	- 0.09524	1.186095	2
浙江	1.20297	0.26263	- 0.59491	01.05635	0.428785	6
广东	0.44427	5.10171	- 0.09405	- 0.4644	1.490613	1

数据来源：根据 2009 年中国制造业发展研究报告整理

---

① 厉无畏、王晓娟：《第三产业对经济发展实证分析》，《决策与信息》2009 年第 12期，第 1 - 4 页。

② 主要代表制造业大中型企业科研经费、人力投入以及科技运用于制造业消化吸收情况

③ 主要代表制造业人均专利申请情况，制造业经费、人力投入

④ 主要代表制造业吸收国外技术指数

⑤ 主要代表制造业新产品产值率

表6－3　2007年沿海各地区制造业环境资源保护能力综合评价

地区	F1①	F2②	F3③	F4④	综合	排名
福建	0.80193	0.3002	－0.0627	－0.48825	0.344647	9
上海	0.88257	0.35421	0.31733	0.86956	0.602584	3
江苏	1.18445	0.28814	－0.98343	0.10847	0.391321	7
浙江	1.01158	0.30048	－1.09223	0.09952	0.299171	11
广东	1.22802	0.16154	－1.24477	0.05689	0.326954	10

数据来源：根据2009年中国制造业发展研究报告整理

3.3　高技能人才

高技能人才的短缺是制约福建省传统制造业产业升级的重要因素之一。根据国家职业大典，高技能人才可以描述为：在生产、运输和服务等领域岗位一线，熟练掌握专门知识和技术，具备精湛的操作技能，并在工作实践中能够解决关键技术和工艺的操作性难题的人员。随着海西经济的发展、建设先进海西制造业基地，也就伴随着海西制造业产业结构的升级换代。在这个过程中，高新技术不断运用到制造业的生产过程，海西先进制造业基地就需要大量熟练掌握专门知识和技术，具备精湛操作技能，在生产实践过程中能解决问题的一线高技能人才。目前，我国制造业从业人员有1.4亿人，其中技术性工人约占50%。但在这7000万技术工人中，初级工占60%以上，中级工占35%，高级技术人才仅占4%；而日本、德国等发达国家高级技术人才所占比例达到了

---

① 主要代表制造业单位产值能源消耗指数、废气排放指数、固体废弃物排放指数
② 主要代表制造业固体废弃物排放排放总量与单位排放量以及制造业废气单位排放量
③ 主要代表制造业废气、废水排放量
④ 主要代表制造业废气、废水排放单位指标与总量指标

40%。中国高技能人才总量供不应求，结构不尽合理，培养机制不成熟[1]。在这样的背景下，建设海西先进制造业基地需要更加注重高技能人才的开发和引进。

3.4 复合型人才

当今社会的重大特征是学科交叉，知识融合，技术集成。复合型人才应该是在各个方面都有一定能力，在某一个具体的方面要能出类拔萃的人。专家指出，复合型人才应不仅在专业技能方面有突出的经验，还具备较高的相关技能。复合型人才就是多功能人才，其特点是多才多艺，能够在很多领域大显身手。复合型人才包括知识复合、能力复合、思维复合等多方面[2]。

随着海西制造业的升级，建设先进制造业就需要不断吸收电子信息、计算机、机械、材料以及现代管理技术等方面的高新技术成果，并将这些先进制造技术综合应用于制造业产品的研发设计、生产制造、在线检测、营销服务和管理的全过程，想要完成这个过程需要大量优秀的各种经营管理人才、专业技术人才、高技能人才，除此之外，若欲提高制造业升级效率和效果，就需要复合型人才，以实现海西制造业优质、高效、低耗、清洁、灵活生产，即实现信息化、自动化、智能化、柔性化、生态化生产，取得很好经济社会和市场效果[3]。

---

① 李廉水：《中国制造业发展研究报告 2009》，科学出版社 2009 年版。

② 潘春燕：《复合型人才及其培养模式的构建思考》，《学理论》2010 年第 7 期，第 146 - 147 页。

③ 谌新民、方瑜婷：《关于发展先进制造业的思考》，《广州大学学报》（社会科学版）2010 年第 2 期，第 45 - 50 页。

4　当前海西先进制造业人才资源整合面临的突出障碍

4.1　缺乏人才资源整合的背景——良好的人才环境

表 6 – 4　2007、2008 年福建省生产总值构成（单位：亿元）

年份	地区生产总值	第一产业	第二产业	工业	建筑业	第三产业	人均 GDP(元)
2007	9249.13	1002.11	4549.42	4018.42	531.00	3697.60	25908
2008	10823.11	1157.75	5415.77	4755.45	660.32	4249.59	30123

数据来源：根据 2009 年福建省统计年鉴整理

人才资源整合是以人才资源开发和引进为前提的，开发和引进工作做得越好，人才资源存量越大，人才资源整合就越容易，整合后更能发挥集聚效应，体现出总体优势。区域、行业人才资源整合需要良好人才环境[①]。表 6 – 4 显示，福建省经济发展良好，但是福建的经济发展依赖于第二产业的发展，特别是第二产业的工业第三产业有待进一步的发展。而 2009 中国人才报告显示，第三产业的发展有利于区域人才引进[②]。这样的产业格局使得福建省相比较于上海、江苏、浙江、广东，福建人才开发、引进环境缺乏吸引力，特别对于是高层次的人才。表 6 – 5 显示，福建省在 2006、2007、2008 年 3 年间，城镇单位从业人员变动整体来看，调入明显大于调出，且有进一扩大的趋势。2006、2007、2008 年间增加的从业人员大多数从农村招收。这些表明福建省城镇单位对于人才的引进吸引力不够，特别是对于高层次的人才吸引力不够。

---

①　李黎、胡蓓：《胜任力模型与人力资源整合研究》，《自然辩证法研究》2008 年第 9 期，第 108 – 110 页。

②　王建彬：《台湾产业研究发展》，《科技管理研究》2010 年第 A01 期，第 45 – 50 页。

表 6-5　2006、2007、2008 年福建省城镇单位从业人员变动情况（单位：人）

	调入	调出	净调入	从农村招收	从城镇招收	录用大中专技校毕业生
2006	36834	39533	-2699	664758	158587	121472
2007	39429	41737	-2308	726147	163409	129316
2008	38539	42518	-3979	600809	143223	138014

数据来源：根据 2009 年福建省统计年鉴整理

4.2　人才资源整合的基础——人才存量不足，人才资源素质有待提高

区域、行业人才资源整合的基础就是所需的各类人才资源。福建省整体教育水平不高，特别是高等教育，与其他发达国家和地区相比较，存在较大差距。在校大学生是未来高素质人才的生力军，从在校大学生人数来看，福建省高素质人才存量不够，这将会一定程度的阻碍海西人才资源整合、海西制造业产业升级。从前文对海西先进制造业基地建设的人才需求的分析来看，建设海西先进制造业基地的需要大量优秀的企业经营管理人才、专业技术人才、高级技能人才、复合型人才。只有先引进和开发这些建设海西先进制造业基地所需的人才，待满足基本所需后，方能有效进行海西先进制造业基地人才资源整合。

表 6-6　2006~2008 福建省基本教育情况表

项目	在校学生数				每万人拥有大学生在校学生数
	普通高等	普通中等	（普通中学）	小学	
2006	46.13	300.26	243.07	269.22	172.9
2007	50.95	291.76	233.71	258.29	186.6
2008	56.26	284.82	226.18	247.15	201.6

数据来源：根据中国人才发展报告 2009 整理

4.3　人才资源整合的核心——人才资源使用效率，有待提高

人才资源整合的核心就在于实现人才资源重新配置，提高人才资源使用效率。在人才使用方面，福建省人才资源使用效益与其他沿海省市有差距。由表6-7可看出，福建省人才资源使用的经济效益总体比较好，但是和上海、江苏、浙江、广东等其他沿海省市相比较，还是有一定的差距。若欲实现海西制造业升级，成功整合行业人才资源，以建设海西先进制造业基地，就急需提高人才资源使用效率。

表6-7　2000~2007年全国沿海各省市专业技术人才资源使用总体效益表

省份	2000 年		2005 年		2007 年	
	G-M①	G/M②	G-M	G/M	G-M	G/M
福建	0.74	1.76	0.60	1.70	0.62	1.77
上海	2.83	2.36	2.83	2.77	2.59	2.52
江苏	0.65	1.59	1.13	2.38	1.14	2.52
浙江	0.66	1.69	1.07	2.58	0.99	2.60
广东	0.68	1.60	1.17	2.46	1.09	2.51

数据来源：根据中国人才发展报告2009整理

4.4　人才资源整合的关键——复合型人才开发和培养，缺乏机制

长期以来，高等教育的职能主要是培养高级专门人才，是高层次的

---

① 绝对离散指数（G-M）= Gj/Gq - Mj/Mq，Gj——局域从业人均国内生产总值；Gq——全域从业人均国内生产总值；Mj——局域从业人员人才密度；Mq——全域从业人员人才密度。评价结果判别规则：若（G-M）>0，则表明该区域人才资源使用的经济效益比较好；若（G-M）≈0，则表明该局域人才资源使用的经济效益一般；若（G-M）<0，则表明该局域人才资源使用的经济效益比较差。

② 相对离散指数（G/M）=（Gj/Gq）/（Mj/Mq），评价结果判别规则：若（G/M）>1，则表明该局域人才资源使用的经济效益比较好；若（G/M）≈1，则表明该局域人才资源使用的经济效益一般；若（G/M）<1，则表明该局域人才资源使用的经济效益比较差。

专业化教育。因此，根据社会经济发展中各行各业对专门人才需要的预测决定各专业类别的招生数量，学校按照各专业方向对学生进行专业化教育。改革开放三十多年以来，这种高教模式已为我们培养了一千多万各种专业人才，对中国特色社会主义经济的发展作出了不可磨灭的贡献①。

但随着海西制造业的升级，建设先进制造业就需要不断吸收电子信息、计算机、机械、材料以及现代管理技术等方面的高新技术成果，并将这些先进制造技术综合应用于制造业产品的研发设计、生产制造、在线检测、营销服务和管理的全过程，就需要具有电子信息、计算机、机械、材料以及现代管理技术等方面中，多种知识和技能的复合型人才。而且，复合型人才和其他类别人才的不同点在于，各个行业所需的复合型人才不一样，在人才市场上很难或无法直接获得，需要在行业内部成长中培养。现在的福建省缺乏制造业复合型人才开发和培养的机制，这也制约着产业人才资源整合、产业升级。

5　海西先进制造业基地人才支撑体系建设政策建议

5.1　优化人才生态环境

优化人才生态环境对于人才开发、保持和吸引区域外人才有着相当的作用②。优化人才生态环境，首先，要做的就是政府相关人才政策和法规的建立与完善，并与企业合作，在人才优惠政策上争取在全国略有超前，以吸引海内外高层次人才和保持区域内优秀人才。特别注意的是，需要让高科技人才分享到应该分享的经济成果。其次，政府和企业

① 潘春燕：《复合型人才及其培养模式的构建思考》，《学理论》2010 年第 7 期，第 146 – 147 页。

② 黄梅、吴国蔚：《生态学视角下的创新人才开发路径研究》，《科技进步与对策》2008 年第 12 期，第 222 – 226 页。

共同打造良好的发展环境和氛围，比如制定合理的、有吸引力的政策法规，营造创新的文化氛围，包括鼓励创新型人才的开发、引进、培育，在科研、高校发展、企业活动中都鼓励创新，宣传学习型组织，并从政府部门为首起带头作用。第三，应用海峡西岸经济区打造区域品牌，通过研讨会等各种方式将海峡西岸经济区先进制造业基地建设进程、未来发展、人才所需在各种媒体上予以曝光。

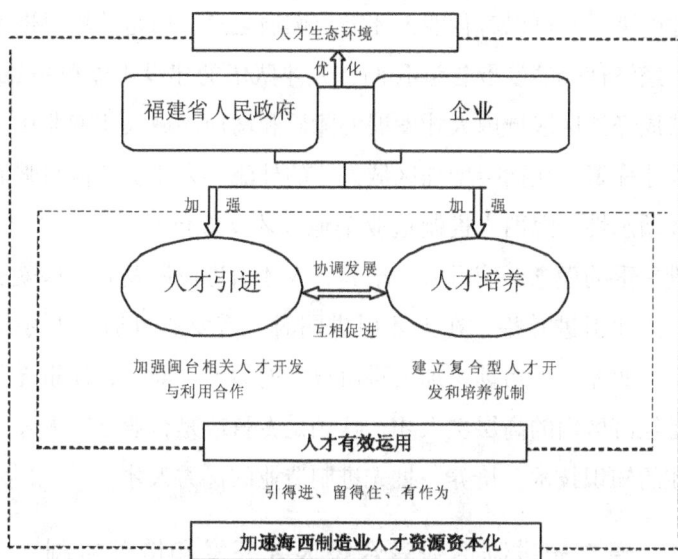

图 6-1 海西先进制造业基地人才支撑体系建设政策建议图

5.2 加大对于建设海西先进制造业基地所需人才的引进

对于建设海西先进制造业基地所需但欠缺的人才采用引进政策，如企业经营管理人才、专业技术人才、高级技能人才。因为人才的培养需要时间，人才引进较快速的满足行业所需，解产业升级人才所需的燃眉之急，并且，行业人才引进可以在行业发展的同时，也大力推动行业所需人才培养。需注意的是，对于制造业优秀的高层次人才，需努力创建自由、宽松的政策环境，专业技术人才可以采用以项目为载体的引进，对于其参与项目一定程度上给予更有力的支持。但是不要采取项目捆绑式，即不要紧拘泥于引进时高层次人才所参与的项目，给予高层次人才更好的发展规划。打造合理有效的海归创业园区。这样做也有利于高层次人才参与其他相关项目，实现高层次人才资源的有效利用。

5.3　加大对于建设海西先进制造业基地所需人才的培养

人才引进虽然可以解行业人才需求燃眉之急，但是单靠引进不是长久之计。经济社会的发展告诉我们，人才队伍的建设不能单单靠引进，这样会造成经济区区域内人才发展的障碍和增加区域人才就业压力，影响区域人才配置，从而会增加区域人才的外流。人才支撑体系强调的是多元性和动态性，海西先进制造业基地人才支撑体系需树立人才培养、人才引进并重的理念，使得人才培养、人才引进协调发展。这就需要人才开发、人才引进并举，在人才引进同时，需要通过加大人才培养力度，如增加职业技能培训，加大科研投入的力度。同时，注重充分利用引进或是经济区内的高层次人才，特别是专科或是行业领军人才。利用领军人才的知识技术，培养一批先进制造业的优秀人才。

5.4　建立先进制造业复合型人才开发和培养机制

由于复合型人才的特点，海西先进制造业所需的复合型人才需要在行业内部成长中培养。首先，福建省政府根据海西制造业的规划和人才需求，引导福建省高校相应学科和专业的发展。具体可支持某高校学科、专业为福建省重点学科，给予资金、政策上的支持；设立专项，为专项注入资金和进行扶持，以培养海西先进制造业基地建设所需的复合型人才。再次，福建省政府可以牵引福建高校与省内龙头、新型制造企业的合作，使得海西高校与制造业在实践上进行合作，在实践中培养海西先进制造业所需的复合型人才。第三，加大职业教育和培训力度。关注海西先进制造业业内所需的专业知识和技能，以资金和政策支持的形式，支持制造企业展开有针对的职业培训来培养海西先进制造业所需的复合型人才，因为只有企业本身才是最了解企业实际所需的。对于海西先进制造业所需的拥有高技能的复合型人才，可以通过职业教育来培养。可学习新加坡政府人才资源整合的经验，新加坡的职业教育方案一般是由国家机构根据需求意向直接向学校提出，然后由学校组织人员到企业进行对口调研，确定人员需要具备的能力或专项技能及其层次，论证之后提出教学和设备投入计划，经政府同意后，学校才开始招生教学。

5.5 加强闽台相关人才开发与利用合作

据商务部统计，2009 年 1 - 12 月，对华投资前十位国家/地区（以实际投入外资金额计）依次为：香港（539.93 亿美元）、台湾地区（65.63 亿美元）、日本（41.17 亿美元）、新加坡（38.86 亿美元）、美国（35.76 亿美元）、韩国（27.03 亿美元）、英国（14.69 亿美元）、德国（12.27 亿美元）、澳门（10 亿美元）和加拿大（9.59 亿美元），前十位国家/地区实际投入外资金额占全国实际使用外资金额的88.3%[1]。台商在大陆第三波以电子为代表的技术密集型产业的投资，不仅带动大陆相关地区经济发展，也促进了台湾产业结构升级和制造业转型。近年来，台湾高科技产业与海西经济区的合作逐渐增多，尤其是高科技产业，就是岛内高科技产业西移[2]。在这样的背景下，利用海峡两岸制造业存在的互惠空间，以共同研发、共享市场为基础，实现海峡两岸先进制造业优秀人才资源共享，加强闽台海西先进制造业基地相关人才开发与利用合作，共同发展海西先进制造业。围绕先进制造业中先进技术和优秀人才，积极吸引台湾龙头企业和产业链中上游企业来闽投资。共建先进制造业研发机构和实验室或人才高地，以促进海峡两岸制

---

① 数据来源于中华人民共和国商务部信息公开利用外资统计数据。

② 王建彬：《台湾产业研究发展》，《科技管理研究》2010 年第 A01 期，第 45 - 50 页。

造业新技术的研发、复合型人才的培养等。促进海峡两岸高校合作，例如人才交换培养或者人才培训计划，并对于培训目标、培训效果等进行交流，以促进培训对于海峡两岸人才培养的效果和政府、高校的长期、友好合作。

5.6 加速海西制造业人才资源资本化

加速海西制造业人才资源资本化即加速海西制造业人才资源转化为人才资本，实现人才价值，进而创造新价值的过程。通过优化海西制造业基地人才生态环境，加大海西制造业基地人才引进与培养，特别是建立先进制造业复合型人才开发和培养机制，加强闽台相关人才开发与利用合作，使得海西制造业人才资源有序高效地流动和配置，与国际先进科学技术、国家、福建省政府、其他投资机构和个人对于海西先进制造业投入的资本相结合以逐步形成海西制造业人才资本。海西制造业人才资本在使用过程中，若能与制造业资本有效结合，将能实现成果的创造性，并且，有利于海西先进制造业人才的长期发展和提供给海西先进制造业基地人才有力支撑，实现人才的有效使用，实现引得进、留得住、有作为，实现海西先进制造业人才上的柔性流动。

6 本章小结

本文通过分析海西先进制造业基地建设的人才需求和当前人才资源整合的突出障碍，对当前国内外人才资源整合研优秀政策和实践进行梳理，对海西先进制造业基地人才资源整合提出若干对策：优化人才生态环境，加大对于建设海西先进制造业基地所需人才的引进与开发，建立先进制造业复合型人才开发和培养机制，加强闽台相关人才开发与利用合作，共同建设海西先进制造业基地，实现海西制造业人才资源资本化。

第七章　人才流动与海峡西岸经济区经济发展研究

1　引言

　　人才是企业发展的关键，是区域经济发展的不竭动力，人才的流动对区域经济发展会产生重要影响。海峡西岸经济区是指台湾海峡西岸，以福建为主体包括周边地区，南北与珠三角、长三角两个经济区衔接，东与台湾岛、西与江西的广大内陆腹地贯通，具有对台工作、统一祖国，并进一步带动全国经济走向世界的特点和独特优势的地域经济综合体①。加快海峡西岸经济区建设有利于促进全国区域经济布局的完善，有利于构建促进祖国统一大业的前沿平台。近年来海峡西岸经济区人才流动频繁，对海峡西岸经济区经济发展影响深远。当前不少学者关注人才流动和区域经济发展研究，如翁清雄等（2008）②、张秀艳等（2003）③ 研究了人才流动的成长效应，提出化解人才流动风险的现实

---

　　① 中国福建—福建省人民政府门户网站：《什么是海峡西岸经济区》，2010 年 6 月 15 日。

　　② 翁清雄、胡蓓：《人才流动的成长效应——一个探索分析框架》，《经济管理》2008 年第 5 期，第 54 – 57 页。

　　③ 张秀艳、徐立本：《人才流动的经济学分析》，《吉林大学社会科学学报》2003 年第 5 期，第 118 – 123 页。

措施；南旭光（2009）① 讨论了人才流动和知识溢出之间的关系，构建了一个区域间人才流动的动态知识连接模型；刘洪（2007）②、张玉梅等（2008）③ 分析了人才流动的原因以及人才过频的流动对企业持续发展产生的不利影响，提出解决问题的关键是建立一套人才合理流动的机制这一措施；李宗植（2009）④ 强调促进区域经济发展要实行科学发展观；石海峰（2008）⑤ 研究了金融工具与区域经济发展的关系；熊治泉等（2009）⑥ 利用计量经济学理论与方法，研究南充市人力资源状况与区域经济发展的关系，提出加强人力资源开发的政策建议；马海阳、王月华（2009）⑦ 探求了唐山市区域经济对大力发展职业教育的需求，并提出了一系列发展职业教育的参考性建议；赵小芳等（2009）⑧ 研究了海峡西岸经济区经济发展现状及存在的主要问题，并针对这些问题提出了一些措施等。这些研究为人才更合理地流动和区域经济更好地发展提供了借鉴，本文将具体阐述人才流动与海峡西岸经济区经济发展的关系，分析海峡西岸经济人才流动的现状及存在的主要问题，进而提出可行性措施来引导人才向有利于区域经济发展的方向流动。

---

① 南旭光：《人才流动、知识溢出和区域发展：一个动态知识连接模型》，《科技与经济》2009 年第 3 期，第 24 - 27 页。

② 刘洪：《从人才流动看世界经济体的发展》，《当代世界》2007 年第 11 期，第 49 - 51 页。

③ 张玉梅、金学军：《对人才流动的探讨》，《科技资讯》2008 年第 17 期，第 208 页。

④ 李宗植：《关于区域经济发展新路径的探索》，《经济经纬》2009 年第 1 期，第 54 - 57 页。

⑤ 石海峰：《区域金融政策与区域经济发展研究》，《河南金融管理干部学院学报》2008 年第 2 期，第 99 - 102 页。

⑥ 熊治泉、陈军华、谷金阳：《人力资源与区域经济发展关系的研究》，《管理观察》2009 年第 5 期，第 224 - 225 页。

⑦ 马海阳、王月华：《唐山市职业教育与区域经济发展研究》，《河北能源职业技术学院学报》2009 年第 1 期，第 12 - 16 页。

⑧ 赵小芳、耿建忠、宋金平：《海峡西岸经济区经济发展现状及对策》，《沈阳农业大学学报》（社会科学版）2009 年第 1 期，第 21 - 24 页。

2　人才流动与区域经济发展的关系

人才是具有创造力的，能为区域经济发展做贡献，是推动区域经济不断向前发展的关键因素，人才的流动会影响区域经济的发展。无论是人才的流入或是流出都会给区域经济发展带来积极与消极的影响。合理的人才流动有利于人才资源得到优化配置，能够提高员工的能力，能够推动组织实现其目标，进而推动经济不断向前发展，不合理的人才流动会给企业带来损失，给社会带来不安，从而制约经济的发展。

2.1　人才流入对区域经济发展的影响

当一个区域有大量人才流入时，就会增加该地区的知识总量和创造力，增加该地区的人才储备，提高该地区的经济发展能力。首先，人才流入的同时会带来他们的丰富经验、知识和创造力，丰富了该区域的文化内涵，提高了该区域的知识水平和创造力；其次，增加了当地的人才供应，有利于当地政府部门、企业、事业单位等找到所需的人才，提高了该区域的经济发展能力；再次，人才流入会出现"马太效应"，一个地区的人才越多，说明该地区的就业环境好，就会吸引越多的人才流向该区域，就会有越多的人才为此地的经济发展做贡献。

事情总是具有两面性，人才流入对区域经济发展有好有坏。如果大量人才涌入同一个地区，会使该地区的人口增加，造成地方住房和基础设施等的不足，人口数量的增加如果超过该区域环境的承受能力，就会破坏正常的生态循环，也会给经济发展带来麻烦，而且人才的数量增加，人才的就业压力就增大，人才竞争剧烈，可能导致地方不稳定，不利于当地经济发展。

2.2　人才流出对区域经济发展的影响

一般的，人才大量流出会制约当地经济的快速发展。当一个地方的人才大量流出时，该区域的知识总量和创造力会显著下降，就会使该区域的经济发展能力受到冲击；由于人才流出，该区域的企业或政府部门要另寻新人才来代替离去的人才，就需要花费更多的成本，如果新人没办法创造更多的收益，导致成本大于收益，那么，经济将止步不前，甚至出现倒退；大量的人才流出也会出现"马太效应"，使得有潜力的人才跟随前人往外跑，造成这个地区人才恐慌、人心浮动，出现地方不稳定，不利于经济持续平稳发展。当然，一个地方出现人才流出时，也不一定是坏事，它在某些情况下也会对区域经济发展有推动作用。比如，一个地区如果经济比较落后，工作岗位已经饱和，人才流向他方就业，就会使该地区社会稳定，经济平稳发展，而且出外工作的人才如果发展得比较好，可能增加对该地区的投资，从而促进该地区的经济发展。

2.3 区域经济发展状况对人才流动的影响

人才流动会影响区域经济发展状况，同样的，区域经济发展现状也会影响人才的流向。一般的，区域经济水平比较高、发展比较快的地方，工作环境会比较好，工作岗位会比较多，薪资待遇也会比较好，人才就会流向该地区；相反，区域经济比较落后、发展速度比较慢的地方，工作条件相对会比较差，工作岗位也会比较少，薪资待遇达不到人才的要求，人才就会从该地区流出，前往区域经济比较好的地区。

3 海峡西岸经济区人才流动现状

海峡西岸经济区以福建为主体，涵盖浙江、广东、江西3省的部分地区，主要包括福建福州、厦门、泉州、漳州、龙岩、莆田、南平、三名、宁德以及浙江温州、衢州、丽水，江西上饶、鹰潭、赣州、抚州，广东潮州、梅州、汕头、揭阳，共计20市。近几年来，海西的人才流动非常频繁，给区域经济带来了不少影响。

3.1　海峡西岸经济区人才流入现状

海峡西岸经济区是国家重点支持加快发展的地区，有国家政策的鼓励和地方制定的发展战略的引导，这里的经济飞速发展，产业结构不断趋向合理，各行各业齐发展，吸引了很多人才来此发展。2007 年有关毕业生地域流向的调查报告显示，广东最受欢迎，其毕业生净流入率是 185.2%，浙江、福建的人才净流入率分别为 117% 和 15.9%。很多大学毕业生或中专技术学校、高职专科毕业生都会向往到经济比较发达的地区去就业，广东、浙江的经济发展速度一直很快，也一直是大学生毕业后的主要流向，特别是属于海西经济区的这几个市，经济发达，文化氛围好，工资待遇高，外资合资企业多，吸引很多人才流向该地，从而也促进了该地区经济的发展。福建的厦门、泉州、福州、莆田、漳州等近几年的经济飞速发展，而且高等院校很多，吸引很多人才前来就读，毕业后他们很多也就留在这些地方工作，为这里的经济发展做出了重大贡献。海峡西岸经济区地处台湾海峡西岸，南北衔接珠三角和长三角两个经济区，吸引了很多港、澳、台商和外资到此投资，很多华人也看到了海西的发展前景，纷纷到此投资办厂，从而吸引了很多其他经济区、内陆地区的人才来这里发展，人才的到来使得这里的发展如虎添翼，非常迅猛。

3.2　海峡西岸经济区人才流出现状

有人才流入的地方当然也会有人才流出，海峡西岸经济区是开放的区域，而且这里的人们奉行爱拼才会赢的理念，会寻找各种机会到外面去发展。这里有很多老前辈以前就是下南洋发展，就是我们现在熟悉的华侨，有了这个先例，加上敢打敢拼，很多初中毕业生或是高中毕业生就会跟着父母到外面做生意，或是到其他不是很发达的地方创办企业，开始自己的创业历程；很多高校毕业生向往北京、上海等大城市的生活，也想要到外面去开阔视野，就往北方或是长三角的地方流动，去找寻适合自己的天地。无论是怎样的情况，很多人虽然出去了还是心系着这片热土，他们一般事业有成了就会回到家乡进行投资活动，修建基础设施，办厂办企业等，努力为当地经济发展做贡献。

3.3 海峡西岸经济区内部人才流动现状

除了人才的流入与流出，海峡西岸经济区内部的人才流动也相当频繁。由于海峡西岸经济区内部的 20 个市发展水平不一样，经常会有人才从经济相对不发达的市流向经济较发达的市，如从南平或龙岩流向厦门、泉州或广东的汕头、浙江的温州等，有些沿海城市的毕业生是从比较不发达的市县出来的，他们毕业后还是回到家乡去发展当地经济，服务家乡。企业之间的人才流动是海西经济区人才流动的重要组成部分，海西经济区的企业人才流动频繁，主要是基层员工不满原企业的工作环境和薪酬体系，经常跳槽到工作环境好的企业，主要是国企、事业单位或规模庞大、历史悠久的民营企业，或是从不适合他们的岗位转向适合他们职业生涯的岗位，给这些企事业团体带来了知识、经验和创造力，使这些单位获得良好的发展，从而也促进了该地区的经济发展。

4 海峡西岸经济区人才流动存在的主要问题

虽然海西经济区的人才流动很大程度上促进了区域经济的发展，但是人才流动的一些不合理现象也会阻碍区域经济的持续平稳发展，海西人才流动存在的主要问题有以下几点。

4.1 缺乏促进人才合理流动的优良环境

工作环境是人才流动的其中一大影响因素，而地区的经济发展水平将影响人才的工作环境，从而严重影响了人才的流向。虽然海西近年来发展很快，但是地区经济发展不平衡，各地能提供给人才的工作环境也就不一样，福建福州、厦门、泉州，浙江温州、衢州，广东广州、汕头等经济发展水平高，工作环境好，吸引了很多人才来此就业，而其他经济相对较不发达的市人才供应不足，满足不了企业的发展需求。人才是经济发展的不竭动力，人才流动存在地域倾向导致某些地方的人才供应不足，经济得不到很好的发展，从而会阻碍整个经济区经济的快速发展，导致区域经济发展不平衡。

4.2　人才流动不规范，私营企业人才流失严重

海西经济区的外资、合资企业非常多，这些企业能给员工提供很好的工作环境和福利薪酬保障，为员工设计培训课程和职业生涯规划等，相比较，私营企业大多工作环境差，工资少，福利水平低，不能满足员工职位晋升的要求等，从而很多国内企业的员工就跳槽到外资、合资企业，导致私营企业人才流失严重。而且，很多人才向往政府部门和国企这样的铁饭碗，纷纷报考公务员和事业单位，很多高层次人才都进入到这些机关团体，私营企业人才需求得不到满足。从表7-1我们可以知道，虽然港、澳、台商投资企业和外商投资企业以及国有企业的企业法人数量较少，但是从业人员却相对较多，而私营企业有4.49万个，从业人员才193.58万人，很多人才都聚集到外资企业和国有单位去了，私营企业人才需求得不到满足。

表7-1　2008年按登记注册类型分组的工业企业法人单位和从业人员

	企业法人（万个）	从业人员（万人）
合计	6.54	486.83
内资企业	5.64	274.41
国有企业	0.07	9.74
集体企业	0.32	9.16
股份合作企业	0.11	6.96
联营企业	0.02	1.22
国有联营企业	…	0.56
集体联营企业	0.01	0.21

续表 7 - 1

	企业法人（万个）	从业人员（万人）
国有与集体联营企业	…	0.17
其他联营企业	0.01	0.28
有限责任公司	0.45	40.86
国有独资公司	0.01	3.35
其他有限责任公司	0.44	37.5
股份有限公司	0.08	10.44
私营企业	4.49	193.58
其他企业	0.11	2.44
港、澳、台商投资企业	0.57	130.97
外商投资企业	0.33	81.45

资料来源：福建省统计局福建省第二次全国经济普查主要数据公报（第二号）

4.3 缺乏健全的人才流动机制

健全的人才流动机制是人才合理流动的保障。海西的企业很多任人唯亲，关系户、人情网屡见不鲜，大部分私营企业的高管是自己的亲属，人才进到企业后没有发展空间，跳槽的颇多，而且如果企业的岗位已经满了，就不会再招人，关系户、人情网排挤了很多高层次人才。户籍、学历、专业问题也让很多人才不知所措，有的企业只招有当地户籍的人才，有的要求要985或211学校毕业的人才，很多比较冷门的专业毕业的人才也是无法找到心仪的岗位，这样导致人才不能合理流动。保障制度不健全、信息不对称等也导致很多人才闲置在家，而企业又招不到所需要的人才，人才供需出现矛盾。

4.4 低学历创业人才开始大量流向中西部

随着海峡西岸经济区的快速发展，对创业人才的要求提高了，或说是这里的创业门槛高了。虽然现在国家出台了很多政策鼓励大学生创业，但是，低学历的人才不能享受此待遇，相对大学生他们的门槛就高了；另外，经济发展水平提高了，就要求创业者要有更多的资本和创新能力，如果是进军传统产业是没有竞争优势的，而较低学历的人才缺乏这些，只能前往中西部比较不发达的地区发展。海西这一区域的人们经常不甘屈居人下，虽然在外面的创业之路艰难险阻，最后也不一定成功，但是他们宁愿去尝试也不愿一直窝在这里，对低学历的人才来说，在这里他们是没有前途的。政治的原因、经济的原因、社会的原因等交织在一起，导致很多低学历人才流向中西部去寻找自己的创业之路，导致本区域的技术人才供不应求，不利于此地经济的发展。

4.5 人才的价值观有待纠正

俗话说"人往高处走水往低处流"，寻求好的工作环境、高的薪资待遇情有可原，很多人才也是这种观念，所以，海西的很多人才都会流向经济发达的地区、收入高的行业，或是国外，但是这些地方不一定能满足他们的职业生涯规划，不一定符合他们的性格要求。经常，人才的自我评价也是过高的，自以为才华出众，眼高手低，不愿去稍差一点的企业就业，总是妄想进入国企或是大型外资企业，希望落空后又自暴自弃，结果浪费了很多宝贵的时间和精力。

5 海峡西岸经济区人才流动面临的机遇与挑战

5.1 海峡西岸经济区建设已经上升为国家战略

海峡西岸经济区已经成为国家重点关注和支持的区域，为了加快建设海峡西岸经济区，国家和地方政府出台了很多政策和发展战略，能很好地促进海西经济的发展和人才的流动，2010 年 1 月 30 日福建省十一届人大三次会议通过了《关于福建省建设海峡西岸经济区纲要（修编）的决议》，这一纲要增设了"构建高素质的人才资源支撑体系"专章，能很好地支持海西人才培养工程，引导海西人才合理流动；国务院、财政部、国家发改委等纷纷出台相应政策支持海峡西岸经济区的建设，中国民航局、国电集团等也与福建合作，大力支持海西建设，这对海西引进人才起着助推作用。

5.2　闽台经济与人才合作步伐进一步加快

随着闽台经济与人才合作的进一步深入，我省部分事业单位已经开始聘用台湾专才来担任高等学校、科研院所和台湾农民创业园等机构的管理职务，这给海西进一步引进台湾人才提供了契机，也有利于引进其他国家的先进人才来发展海西经济。现在，对台的海、空航班、航线、航点都在不断增加，闽台两地海、空交流往来日益密切，海峡西岸经济区已日益成为两岸人民交流往来的重要通道，闽台经济与人才合作步伐加快，推动了台湾海峡东西两岸的经济发展和人才的合理流动。

5.3　海峡西岸经济区人才与经济面临外部更激烈的竞争

机遇总是与挑战并存的，海西人才流动在面临机遇的同时也遇到了很大的挑战，人才盲目流动，趋市、趋利、趋洋现象严重，人才流动机制不健全等导致人才流动不合理，加上此时正是建设海峡西岸经济区的关键时期，很多矛盾都会在此时爆发，给区域经济发展带来了很大挑战。海峡西岸经济区的企业非常缺乏高技术人才，但是此地的职业教育不是很受关注，地方政府没有在这方面多加投入，导致职业学校出来的人才不被重视，不利于高技术人才的培养。其他经济区如长三角、珠三角、京津唐的经济基础雄厚，工业企业众多，经济发展水平相对较高，对人才的吸引力更强，是海西争取人才的强大竞争对手。国家现在也很重视中西部的开发，出台了很多政策鼓励和引导人才到中西部发展，这给海峡西岸经济区能否留住现有人才出了一大难题。除了国内其他区域在于海西争人才，其他国家也是，西方发达国家以及东方的日本、韩国等的经济发展水平高、发展速度快，吸引了很多人才前去就业，海西还在起步阶段，各方面都面临着严峻的考验。

6　海峡西岸经济区人才流动与经济发展政策建议

区域人才流动不合理会阻碍区域经济的发展，必须认真对待，针对以上海峡西岸经济区人才流动存在的主要问题及面临的挑战，特提出以下几点意见。

6.1　营造促进人才合理流动的优良环境

良好的工作环境是吸引人才的关键因素，很多人才流向经济发达的地区或是国有企业、政府部门、合资、外资企业，都是因为这些地区或部门具有良好的工作环境，能满足人才的需要。为了吸引人才，落后地区应该加强基础设施建设，提高当地人口的素质，塑造良好的文化氛围，建立政策鼓励机制，健全社会保障制度，私营企业也要完善企业内部管理机制和激励机制，为员工购买保险，为人才营造舒适轻松的工作环境。

6.2　加强政府对人才流动的宏观调控

人才流动常常具有盲目性，地方政府应该加强宏观调控，引导人才流向需要他们的地方。第一，检测人才供需状况，在人才需求大于供给的区域，制定补贴制度或其他优惠政策，以吸引人才；第二，在经济较落后的市县村加大投资开发力度，留住当地人才；第三，制定政策引导机制，用政策的形式对人才资源进行合理配置，严防人才大量流往政府部门和事业单位，为私营企业提供高层次人才。

6.3　建立合理的人才流动导向机制

健全的人才流动机制是人才合理流动的保障，建立合理的人才流动导向机制势在必行。首先，必须引导企业建立合理的人才选择标准，任人唯贤，严厉制止任人唯亲的情况，杜绝关系户、人情网肆意发展；第二，健全户籍管理制度，确保人才不为户籍问题所牵绊，能够自由流动；第三，建立信息流通渠道，保证信息通道畅通无阻，确保企业和人才能够及时知道人才供需状况，避免人才闲置，企业无人可用。

6.4　引导人才树立正确的事业观

现在的人才大多高估自己的能力，眼光偏高，一出校门就要求高工资、高待遇，结果都涌向政府部门或是事业单位、国有企业，或是比较热门的几个行业，导致中小私营企业人才匮乏。对于这种人才，应该灌输他们一些正确的就业观、事业观，让他们不至于都涌向同一行业或是同一地区，鼓励他们根据自己的职业生涯规划需要做出抉择，并且尽量往需要他们的地方就业。

6.5　私营企业要懂得用人、留人

海西经济区的企业大部分是私营企业，它们是推动海西经济发展的最重要的组成部分，它们的发展状况关系到海西能否健康平稳发展。民营企业人才流失严重，应该从自身身上寻找原因，企业要想留住人才就要懂得尊重员工，把他们的利益与企业的利益相结合，同时要建立合理的用人、留人机制，健全激励、保障制度，在留住原有人才的基础上广招贤士，储备人才，做到"人尽其才，才尽其用"。

6.6　为低学历人才提供发展的平台

现在的很多政策只适用于高校及其毕业生，针对像职业院校、中专技能学校等的政策很少，导致很多这种学校毕业的学生只能做些简单的技术活，或是流向中西部去寻找自己的出路。海西经济需要这些人才为其发展做贡献，地方政府应该为这些人提供发展平台，出台有利于他们创业的政策、提供技能培训的机会、鼓励他们接受再教育以提升自身能力等，留住这些人才，培养他们成为企业家或是高水平技术人才，充分挖掘他们的创造力为海西经济发展做贡献。

7　本章小结

人才流动与区域经济发展相互作用，相互影响，海西的人才流动状况一方面推动了海西经济的发展，另一方面又制约其更快的发展，必须加强政府调控，建立合理的人才流动导向机制，引导人才合理流向，鼓励人才树立正确的就业观和事业观。同时，企业要做好用人、留人机制，减少人才流失，确保人才合理配置，尽量为人才提供发展机会，从而更好地促进海峡西岸经济区的经济发展。

第八章 海峡西岸经济区产业发展的人才集聚研究

1 引言

知识经济及经济全球化使得国家与国家、地区与地区、企业与企业之间的竞争愈发激烈，这种竞争归根结底取决于人才的竞争。人才，即身怀某种技能的特殊群体，他是一种生产要素，具有一定的流动性，这种流动性使其在流动过程中将出现某种程度的分布不均匀现象，我们称之为人才集聚。朱杏珍指出，人才集聚是人才流动的某种特殊结果，是人才在流动过程中按照相同或相似类型在某一地区或行业中形成的归类现象[1]。早在19世纪90年代，英国经济学家马歇尔就提出了人才集聚是一个点而非面的问题，他认为人才集聚只有在与产业集聚以及人才环境的协调发展下才能产生稳定性和持续性，这是一个动态的过程[2]。目前，我国学者在人才集聚方面的研究成果仍然较少。范剑勇论证了人才集聚与产业集聚协调发展的问题[3]；查奇芬等人提出了通过人才环境改

---

① 朱杏珍：《浅论人才集聚机制》，《商业研究》2002年第8期，第65－67页。

② 阿弗里德·马歇尔：《经济学原理》，华夏出版社2005年版。

③ 范剑勇、王立军、沈林洁：《产业集聚与农村劳动力的跨区域流动》，《管理世界》2004年第4期，第22－29页。

善人才状况的政策建议①；另一部分学者如熊斌、荣芳、刘健等则是从政府角度出发，论证人才集聚过程中相关政府政策的重要性。当今社会发展迅速，竞争激烈，任何一个国家或地区经济的持续发展都离不开以人才集聚为基础的经济发展模式，二战后经济发展较快的一些国家和地区如亚洲"四小龙"、马来西亚等都通过改善环境来集聚人才，以此推动其经济的高速发展。在借鉴他们经验的同时结合我国国情和海峡西岸经济区（以下简称"海西"）的优势，营造海西独具活力的人才集聚区发展氛围，加快培育具有地方特色的人才集聚模式并促进其升级，是推动海西科技、经济等方面持续高效发展，不断提高其国际竞争力并融入世界经济循环的重要途径。

2　海西人才集聚现状

海西作为我国沿海经济带的重要组成部分，由于经济发展、产业结构等一些因素的限制，其人才集聚程度总体上较北京、上海、深圳等地区低下，人才集聚形成和发展要素在一定程度上还不健全。近年来，海西人才集聚取得了一定的成效，其人才总量逐年增加，但同时也存在着人才相对集聚等不足之处，主要体现在以下几个方面：

2.1　人才总量持续增加

自 2003 年底福建省委省政府决定提出构建海西至今，海西的经济增长速度呈现出递增的趋势，经济区的就业需求对各地人才都产生了巨大的吸引力，全国人才的大量涌入使得海西经济区的人才总量持续上升。我们以不同地区受教育程度在大专以上的就业人员的比重来衡量该地区人才的数量，如表 8 – 1 所示。

---

① 查奇芬、张珍花、王瑛：《人才指数和人才环境指数相关性的实证研究》，《软科学》2003 年第 5 期，第 51 页。

表 8-1 大专以上就业人员的数量（单位：人）

省份　年份	2006	2007	2008	2009
福建	1529940	1683070	1585760	3264300
浙江	2490000	2277000	2867200	3211600
江西	1605430	2577120	2156000	2260320
广东	4279840	4818990	5153760	4819000

数据来源：《中国统计年鉴》2010 年

从上表可以看出，自 2006 年至 2009 年，以福建为主的海西经济区人才数量不断增加，2009 年人才数量比 2006 年增长了 113.36%，浙江、江西以及广东省人才数量也有所增长，但增长幅度相比福建省略小。

2.2　人才相对集聚

通过表 8-1 可看出，海西人才总数虽逐年增加，但人才分布并不均匀，存在人才相对集聚的现象，大部分人才都集聚在广东省，浙江和福建两省人才含量居中，江西省的人才含量则相对较少，如图 8-1 所示。

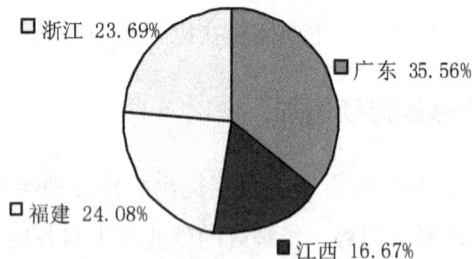

浙江 23.69%　广东 35.56%　福建 24.08%　江西 16.67%

图 8-1　2009 年海西各省份人才量占整个经济区人才量的比例

2.3　人才产业化集聚

随着经济的不断发展，海西对其产业结构也进行了一些调整，这种调整使得其在人才分布方面也有所变动。以福建省为例，近十年里，福建省的产业重点不断由第一产业向第二产业和第三产业转移，因此，福建省的人才分布也产生类似的集聚现象，即逐渐从第一产业向第二产业和第三产业转移集聚。2000 年，福建省的三次产业结构比例为 17.0：43.3：39.7[①]，其就业比例为 46.8：24.5：28.7[②]；2011 年，福建省的三次产业结构比例调整为 9.2：51.6：39.2，其就业比例也调整为 26.3：37.8：35.9[③]。由此可见，随着产业结构的调整，人才结构也随之进行了相应的转变，即第一产业人才逐渐向第二产业和第三产业集聚。

3　人才集聚模式与效应

3.1　收益依赖型

人才是指具有一定专业知识或技能，凭借这些技能进行创造性劳动以对社会做出贡献的人，是素质和能力较高的劳动者。他们所拥有的知识与能力，通常都是抽象地存在于自身头脑之中，他人无法强制控制和拥有。因此，人才的流动空间比普通人要大得多。现假设人才供求市场是完全信息市场，即在该市场中，市场参与者拥有某种经济环境状态的全部信息，我们则可根据人才净收益（MP）来确定人才流动可能性的大小。设 MP = 流动后收益 - 流动前收益 - 流动成本，当 MP > 0 时，人才会考虑流动，且 MP 越大，流动的可能性就越大，MP 越小，人才流动的可能性就越小；当 MP < 0 时，人才一般选择不流动。该模型一方面有利于企业聚集人才，企业只需通过增加员工报酬就能提高人才的聚集度，激励人才在工作中产生更大的积极性；但从另一方面来说，对于

---

① 黄小晶：《2006 年福建省政府工作报告》，福建省人民政府，2007 年 7 月 31 日。

② 中国统计局：《福建统计年鉴 2011》［DB］，http://www.stats-fj.gov.cn/tongjinian-jian/dz2011/index-cn.htm.

③ 黄小晶：《2011 年福建省政府工作报告》，福建省人民政府，2011 年 1 月 21 日。

经济较贫困的地区而言，要想靠提高收入达到吸引人才的目的是微乎其微的，由于低收入难以吸引各类人才聚集，从而对本地经济的发展造成了很大障碍，经济的缓慢发展又进而阻挠了本地的人才集聚，长此以往，低收入地区的经济发展较易陷入恶性循环状态。

3.2　领头羊带动型

在上述收益依赖型模式中，我们假设市场是完全信息市场，但在现实生活中，该市场一般是不存在的，通常人才市场的信息是不完全且不对称的，这就有可能导致"领头羊"效应，即一部分人才会受"领头羊"影响做出是否流动的选择或选择具体的流动区域。产生这种现象的原因主要是部分投资者在信息不确定的情况下，其行为易受到其他投资者的影响，从而模仿其决策，在此，我们把部分投资者称之为"羊群"，其他投资者称之为"领头羊"，"领头羊"吸引"羊群"，形成人才集聚。就该模型而言，一方面可以为企业带来一定的经济效应。当"羊群"随着"领头羊"的迁移随波逐流、聚集在一起时，企业可通过不断汇聚优秀人才以汲取新鲜血液和动力，使人才团队实现快速增长，企业竞争力不断提升；另一方面，由于"羊群"是在"领头羊"的驱动下随之流动，而非自主选择，这就难以避免在以后的工作中产生冲突，这样就降低了团队的凝聚力和分工协作效果，进而导致企业业绩下降。

3.3　产业集聚推动型

产业集聚，是指有较高关联度的产业在一定经济区域的集中和汇聚，或相关产业围绕某一主导产业、基于专业化分工与合作的柔性集聚体[①]。它作为彼此关联的公司、专业化供货商、服务供应商和相关产业

---

① 　陈学中、孙丽丽、李同宁：《高层次人才集聚模式与发展战略》，《科学与管理》2006年第4期，第15页。

的企业以及政府和大学、规则制定机构、智囊团、职业培训机构以及行业协会等其他相关机构的地理集聚体[①]，存在着巨大的人才集聚效应。由于收入和机会等各种因素的影响，大量相关专业的人才从不同区域和行业流向某一特定区域的特定行业进行就业。该模式由于对人才具有较强的吸引力，因此易形成专业人才集聚。此外，就现代产业集聚而言，人才资源也是推动其发展的一股重要力量，在高新技术产业集聚中越来越重要。另一方面，当人才以过高的密度集聚时易使个体才能得不到充分发挥，即出现人才贬值的现象，最终导致人才浪费。

总之，以上三种人才集聚模式能够给企业带来一定的正面效应，如就整个社会而言，人才集聚区域跳过了人才培养期，减少了时间，节约了成本，将优秀的人才资源连同对其的培养据为己有，从而获得了优先发展的机会，且发展速度快，活力强，同时后劲持久，这对人才贫乏区域既起到激励作用，又达到示范效果，从而带动其共同发展，最终拉动整个社会经济水平的提升。但其带来正面效应的同时又加剧了区域发展的不均衡性。众所周知，一个人才需要家庭、学校、政府以及社会的巨额投入，其资源的有限性势必决定了人才数量的有限性。因此，一个地区的人才集聚势必会导致另一个地区的人才匮乏，在人才聚集区域人才边际效用递减，而在人才资源匮乏区域则经济发展滞后，这又将加速集聚力较强的区域不断汲取集聚力较弱地区的人才，从而加剧区域间经济发展的不均衡。

4 人才集聚相关因素分析

4.1 资源禀赋因素

在经济学上，资源是指一国或一定地区内拥有的物力、财力、人力

---

① Michael Porter Clusters and the new economics of competition[J]. Harvard Business Review, 1998, Vo. 176(6):77–79.

等各种物质要素的总称，一般包括阳光、空气等自然资源、人力资源、资本技术以及各种制度等，它们是社会生产和发展的基础。早期以农业为主的第一产业集聚，多表现为对自然资源富集程度如阳光是否充足、降水是否充沛以及气候是否宜人等的依赖，如我国的长江和黄河流域曾是世界闻名的农业文明发祥地。工业时代，冶炼或重工业集聚地通常为矿藏资源丰富的地区，如我国东北三省的钢铁重工业区。由此可见，不同地区的不同资源禀赋形成了不同的产业集聚，带来了密集的人口，进一步吸引人才汇集此地，形成最初的人才集聚。

4.2　收入因素

目前，收入差距是吸引人才进入大城市就职的主要原因。长期以来，我国工农业产品价格"剪刀差"问题，使得以第一产业为主的中小城市其就业人员的收入普遍偏低，而以第二、第三产业为主的大城市，却能提供更高的收入，因此，人们普遍愿意从低收入的中小城市进入高收入的大城市，或者从不发达地区流入到发达地区[①]。在此，我们以近5年来海西的家庭人均收入为例进行分析，如表8-2所示。

表8-2　海西各省份近5年家庭人均收入（单位：元）

省份＼年份	2007	2008	2009	2010	2011
福建	15505	19577	19577	21781	24907
浙江	24981	27119	27119	30135	34264
江西	11754	13464	15047	16558	18656
广东	22469	25317	24116	26897	30219

数据来源：2012年《福建统计年鉴》《浙江统计年鉴》《江西统计年鉴》《广东统计年鉴》

---

① 夏琛桂：《我国长三角都市圈人才集聚、扩散与共享的模型和机制研究》，《上海交通大学》2008年第63页。

由上表可以看出，浙江和广东两省的家庭人均收入明显高于福建和江西两省，而近几年来，全国各地的求职人口普遍把浙江和广东作为求职的优先选择。

4.3　环境因素

一个人所能创造的绩效，不仅与其自身能力的大小有关，与其所处的环境也密不可分。若环境不利，其才能就难以得到发挥，导致很难取得良好的成绩。但个体往往无法改变庞杂的大环境，所能做的只有流动到更适宜的工作环境以求取得更好的工作绩效。可见环境的建设是人才集聚的重要影响因素之一。这里所说的环境主要包括自然环境和区域经济发展水平。对海西来说，福建省、浙江南部、广东东部以及江西部分地区的自然气候相差无几，主要是经济发展水平的不同。经济规模越大，人才承载力和就业容量就大，反之，区域经济规模越小，人才承载力和就业容量就越小。下面，我们主要从各地区的 GDP 角度进行分析，如表 8 - 3 所示。

表 8 - 3　海西各省份近 5 年 GDP（单位：亿元）

省份　年份	2007	2008	2009	2010	2011
福建	9248.53	10823.01	12236.53	14737.12	17560.18
浙江	18753.73	21462.69	22990.35	27722.31	32318.85
江西	5800.25	6971.05	7655.18	9451.26	11702.82
广东	31777.01	36796.71	39482.56	46013.06	53210.28

数据来源：2012 年《福建统计年鉴》《浙江统计年鉴》《江西统计年鉴》《广东统计年鉴》

由表 8 - 3 可知，福建和江西两地的经济发展水平在整个经济体中处于落后状态，浙江省经济发展水平较快，但相对于广东，仍有很大差距，因此福建、江西和浙江三省对人才的吸引力相对较小，人才流失量较大，导致人才集聚水平较低。

4.4 教育和科研因素

教育培养是获得人才的根本途径，在知识经济时代，从事知识研究和创新的院校、科研机构已成为各区域重要的知识资产，高校和科研机构集中在同一地区，这不仅为当地经济的发展提供了丰富的人才资源，同时也为人才集聚奠定了一定的基础。因此，在人才集聚过程中，教育和科研因素也不容忽视。我们以各地区的高校数为指标进行分析，如表8－4所示。

表8－4　海西各省份高校数（单位：个）

年份 省份	2007	2008	2009	2010	2011
福建	74	83	86	84	85
浙江	77	77	78	80	104
江西	66	69	85	85	86
广东	109	125	129	131	134

数据来源：2012 年《福建统计年鉴》《浙江统计年鉴》《江西统计年鉴》《广东统计年鉴》

综上所述，人才集聚的四种相关因素产生了人才集聚三种主要模式，进而带来一定的集聚效应，如图8－2所示。

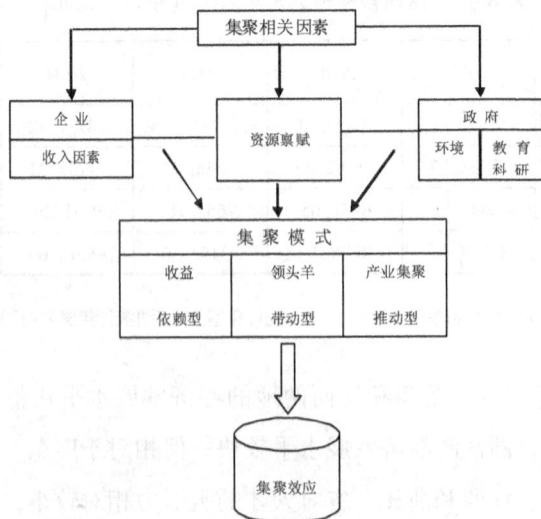

图8－2　人才集聚相关因素及集聚模式框架图

5　人才集聚海西的主要影响因素

以福建省为例，在对产业高端人才落户海峡西岸经济区的影响因素进行的调查研究分析中，66.7%的调查对象认为，影响福建省产业高端人才落户的因素主要在于机制方面；58.5%的调查对象认为是政策方面原因；54.5%的调查对象认为是措施方面因素；同时还有43.9%的调查对象认为是环境方面因素①。具体而言，以下几方面因素起到主要影响，如图8-3所示。

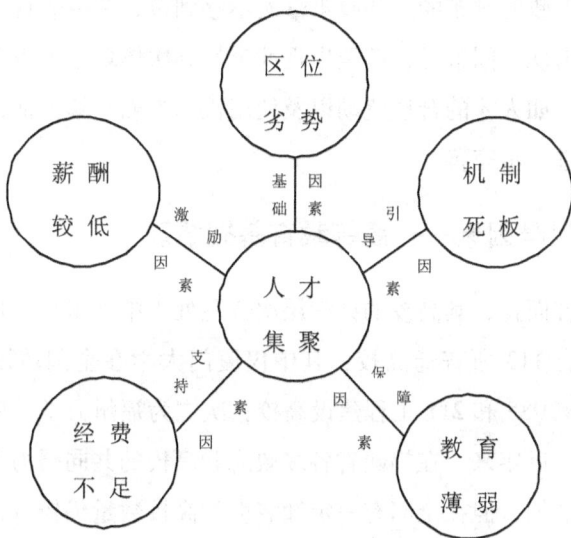

图8-3　人才集聚及影响因素关系图

5.1　基础因素——地理位置处于劣势

福建地处东南沿海地带，是该地带经济发达的众多省份之一，但长

_____

①　林登平、郗永勤、牛凤蕊等：《〈福建省高层次人才集聚与管理机制创新研究〉课题报告》，福州大学2010年。

三角和珠三角这两大经济增长极的辐射效应使得福建在人才竞争中始终处于劣势地位。在东南沿海一带，长三角和珠三角这两大经济区已成为了人才流动和聚集的主要目的地，福建省与之相比存在着企业规模小、人才总需求量不大以及知名企业数量较少等问题，因此大多数高端人才认为其可提供的发展与提升空间较小，从而难以聚集此地。

5.2　引导因素——用人机制死板

福建省在对人才的应用方面缺乏一定的灵活性。首先体现在人才引进通道方面不够畅通，如部分高校在引进高层次人才时对职称的认定手续较为繁琐；政府颁布的一些政策落实不够到位，主要表现为不同部门对同一政策出现不同解释，甚至出现冲突。其次体现在人事管理制度方面不够完善，如人才的合理流动以及使用机制方面不够灵活，人才共享方面仍有待进一步完善。

5.3　保障因素——高等教育基础薄弱

就福建省而言，其高校的办学层次普遍处于中下水平。据统计，福建省总共拥有113所普通高校，其中仅厦门大学在全国范围内较为知名，属于国家985和211工程建设高校；次之为福州大学，属于211工程建设高校。近年来，在福建省各级政府和高校的共同努力下，其高校数量虽有所增加，但在全国有一定知名度的高校数量仍较少，省内一本高校仅7所，其余皆为二本以下高校、专科高校、独立学院和民办高校。除此之外，福建省的科研平台数量较少，无论是国家级还是省部级重点实验室，在华东地区都处于薄弱水平。

5.4　支持因素——经费投入不足

近年来，福建省在产业高端人才引进方面的财政补贴方面正不断加大，但与广东、上海等省市相比仍存在较大差距。广东省每年为激励有杰出贡献的高端人才，特设功勋奖两名，奖金3000万元/人，创新奖五名，奖金 500 万元/人。而福建省 2011 年出台的《福建省引进高层次创业创新人才及团队的工作条件和生活待遇的若干规定》规定，省政府给予每个海外引进人才 200 万元人民币补助，给予省属（含市、县）单位引进的国内人才每人 100 万元人民币补助，带来重大经济效益和社会效益的创新团队，省政府给予 100 万元 – 300 万元人民币的奖励①，其差距之大不言而喻。

5.5　激励因素——薪酬水平较低

对绝大部分高端人才而言，收入水平是其决定是否落户福建的最直接因素。福建省与长三角和珠三角地区相比，其薪酬水平仍处于较低阶段。下面以广东省为例，2010 年福建省和广东省的城镇单位在岗职工年平均工资如下所示：

表 8 – 5　福建省和浙江省 2010 年城镇单位在岗职工年平均工资（单位：元）

省份 行业	福建省	广东省
合计	38989	45152
按企事业机关分		
企业	37102	42526
事业	47060	51516
机关	48038	58003
按国名经济行业分		
农、林、牧、渔业	29187	16814
采矿业	34032	54552
制造业	33137	35493
电力、燃气及水的生产和供应业	58275	64653
建筑业	37046	33583
交通运输、仓储和邮政业	47344	55394

---

①《福建海外人才引进 可补助 200 至 500 万元》，[EB] http://www.edu.cn/rencai_news_10760/20110602/t20110602_625962.shtml,2011 – 06 – 02.

续表 8-5

行业＼省份	福建省	广东省
信息传输、计算机服务和软件业	59958	73036
批发和零售业	38738	43656
住宿和餐饮业	26845	28171
金融业	99114	103234
房地产业	44442	45137
租赁和商务服务业	33178	47283
科学研究、技术服务和地质勘查业	49956	79020
水利、环境和公共设施管理业	32652	36291
居民服务和其他服务业	36267	33862
教育	47745	48614
卫生、社会保障和社会福利业	52244	58100
文化、体育和娱乐业	43070	54644
公共管理和社会组织	48388	58007
按三次产业分		
第一产业	29187	16814
第二产业	34622	36282
第三产业	48556	55290

数据来源：2012 年《福建统计年鉴》《广东统计年鉴》

从表 8-5 可得，除了在农、林、牧、渔业，建筑业，居民服务和其他服务业以及第一产业方面广东省比福建省工资水平稍低以外，其他行业广东省均比福建省高，尤其是科学研究、技术服务和地质勘查业方面差距十分显著。

6 实现海西人才集聚的对策

根据赫茨伯格的"激励—保健"双因素理论，我们可将以上五种因素归为激励和保健两类。保健因素大多与员工的工作环境和条件有关，是指令员工感觉不满意的因素，这类因素的改善虽不能对员工起到直接激励作用，但可以消除员工的不满情绪；激励因素是指能使员工感到满意的因素，其改善能对员工产生强大而持久的激励作用①，大多与员工的薪酬相关。鉴于以上影响高端人才落户福建的几大因素，这里提出以下几点解决对策：

6.1 变地理劣势为优势

福建的经济发展和人才竞争虽迫于长三角和珠三角的压力，但其与台湾仅一水之隔的地理优势，为海西产业发展的人才集聚提供了一定的保障。一方面，随着《海峡两岸经济合作框架协议》（英文为 Economic Cooperation Framework Agreement，简称 ECFA）的签署，海峡两岸将开展进一步的经济合作，这无疑会使台湾一部分高层次人才聚集福建，加深两地之间的贸易合作，以便达到双赢局面；另一方面，随着 2008 年 12 月 15 日两岸"大三通"的全面启动，更加促进了两岸人才的交流与合作，通邮、通航、通商的便利条件为台湾产业高端人才聚集福建奠定了坚实的基础。

6.2 制定积极的人才流动政策

目前，海西的户籍管理制度给人才的流动和聚集带来了一定障碍，许多人才由于现行户籍制度的不允许，因而未能到更能发挥其才智的地方工作，这对整个经济区的发展起到一定的阻碍作用。海西要想提高人才集聚水平，就必须适当改革户籍制度，建立有利于人才合理流动和聚集的新政策，如 2010 年 1 月 24 日中共福建省委办公厅出台的《福建省引进高层次创业创新人才暂行办法》、《海西产业人才高地建设实施办

---

① 张樨樨：《我国人才集聚的理论分析与实证研究——基于 IMSA 分析范式》，《首都经济贸易大学》2009 年第 3 期，第 134 页。

法》和《海西创业英才培养实施办法》等政策①，都十分注重人才引进，最大限度地放宽科技和专业人才的落户条件，规定各类到福建省高新技术企业、科技型企业和科研机构等工作的专业人才，允许本人及其配偶、未成年子女在城市登记常住户口②。

6.3 增加教育投入，加快载体建设

人才集聚的方式主要分为人才流入和本土人才培养两方面，海西要想改善人才集聚现状，首先从根本上应加强对本土人才的培养，大力发展教育事业、增加教育投入是实现海西人才集聚的一条重要途径，如通过发行教育股票、增加高校的股东身份等使高校获得较为充裕的教育发展资金，为教学及科研引进良好的创造条件；其次，在建设更多科研平台的同时要充分依托现有的科研平台，采用产学研的方式以聚集更多产业高端人才。近年来，以福建省为主的海西建立了不同形式的人才集聚载体，如福建和厦门科技园区等，这些园区在一定程度上起到了吸引人才、发挥人才集聚效应的作用。可见，政府还应充分利用当地资源禀赋优势，加快人才集聚载体的建设。

6.4 大力改善软环境

薪酬因素是人才集聚的相关因素之一，海西要想提高人才集聚水平，政府应提高薪酬待遇以吸引人才，但在短期内要想大面积提高收入水平略有困难。因此，可考虑通过完善人才工作的软环境来吸引人才。软环境是指物质条件以外的诸如政策、文化、制度、法律、思想观念等外部因素和条件的总和。对部分人才而言，对生活品质的追求与保障更

---

① 中共福建省委办公厅、省人民政府办公厅关于印发《福建省引进高层次创业创新人才暂行办法》等三个文件的通知[EB]，http://wenku.baidu.com/view/cd799841be1e650e52ea9978.html.

② 福建省公安厅：《深化户籍管理制度改革切实落实进城务工农民户口政策》[EB]，http://www.fjlss.gov.cn/action/article/article_show.action? vo.aid=13143,2007-04-29.

加重要。所以，企业不仅要构建良好的硬环境，还应打造良好的企业文化、企业形象和工作氛围，制定人性化的规章制度，着力营造开明、开放的思想环境，使员工在工作之余形成良好的工作态度和激情，这对人才的吸引和留守都有一定的意义。

6.5　优化产业结构

从目前海西经济区经济发展状况来看，三次产业对经济发展的影响程度是不同的，以福建省为例，2010 年福建省三次产业对经济增长的贡献率分别为 2.1%、67.9% 和 30%[①]。很显然，对福建的经济增长而言，二三产业的贡献远远大于第一产业，这表明经济区正进入二三产业发展时期，因此，大力发展二三产业不仅是海西经济区经济增长的根本保障，同时也是海西人才集聚的根本依托。孙健、尤雯指出我们只有凭借产业才能吸引人才，才能实现知识和物质资本的结合，才能真正留住人才[②]。海西经济区一定要依据自身优势，合理规划，避免产业过于同构，搞好产业协调发展，以更好地吸引优秀人才在此集聚。

7　本章小结

近年来，海西作为我国重点培养的经济区域，其产业发展取得了显著的效果。高度关注、强力推进人才资源的引进、开发和使用，对促进海西产业的发展具有重要意义。为此，海西要利用国家重点培养的有利契机，坚持"人才是第一资源"的理念，努力营造更为宽松的环境，通过政策、体制等多方面的改革和完善，为人才集聚提供更有利的条件，逐步形成海西人才高地，为海西产业发展提供强有力的人才保障。

[①]　中国统计局：《福建统计年鉴 2011》［DB］，http://www. stats – fj. gov. cn/tongjinian-jian/dz2011/index – cn. htm.

[②]　中国统计局：《广东统计年鉴》［DB］人均地区生产总值及人均消费水平指数,2011. 3 – 14.

第九章　提升海峡西岸经济区
人才竞争力研究

1　引言

　　海峡西岸经济区，是指台湾海峡西岸，以福建为主体包括周边地区，南北与珠三角、长三角两个经济区衔接，东与台湾岛、西与江西的广大内陆腹地贯通，具有对台工作、统一祖国，并进一步带动全国经济走向世界的特点和独特优势的地域经济综合体（以下简称海西）。自2004 年福建省政府提出海西的概念，海峡西岸经济区的发展已经取得长足的进步①。人才是指具有一定的专业知识或专门技能，进行创造性劳动并对社会作出贡献的人，是人力资源中能力和素质较高的劳动者（2010 国家人才战略纲要）。人力资本投资、科技进步是经济持续增长的内在因素，而且人力资本的提高具有较强的外部性，对诸如物质资本等生产要素的形成和效率也起着积极作用（Lucas，1988；Romer，1990）。人力资本正在成为经济增长的最为关键因素②。人才竞争力实质上是人才资源的数量、质量、结构、比例、流动、环境等各类人才因

---

① 《闽台贸易持续升温，前五月进出口额同比增九成》［EB/OL］，中国新闻，www. chi-
nanews. com. cn,2010. 6.

② 张锦、郭平：《教育投入与我国经济增长关系的实证研究》，《石家庄铁道学院学报》
2008 年第 2 期，第 28 –31 页。

素在社会经济生活的竞争、搏杀和对抗中所显现的总体实力，是各类人才因素能量化的有机综合和高度凝聚，是市场经济条件下从宏观角度来衡量人才发展程度的最重要、最有效的指标①。海西的建设和进步离不开人才的贡献，海西的发展如要有所突破，也须不断提高自身人才竞争力。在人才竞争力与区域发展关系的方面，国内外学者都进行了相关的研究，如刘冰②、张向前③。世界经济论坛（WEF）和瑞士洛桑国际管理发展学院（IMD）④ 及中国社会科学院⑤等机构，潘晨光⑥、倪鹏飞⑦、徐康宁⑧、宋亚静⑨等学者提出了区域人才竞争力的评价指标。在

---

① 林泽炎：《提升人才竞争力，促进经济可持续发展》，《中国发展评论》2005 年第 3 期，第 59 - 63 页。

② 刘冰：《经济增长区域差异中的人力资源因素》，《中国社会主义的理论与实践》2004 年第 4 期，第 38 - 45 页。

③ 张向前、刘明杞、张怡曼、张海娇、林晓敏：《人才战略与中国区域经济发展研究》，《经济问题探索》2006 年第 4 期，第 22 - 28 页。

④ 瑞士国际管理发展学院：《世界竞争力年鉴》，中国财政经济出版社 2002 年版，第 245 - 267 页。

⑤ 倪鹏飞：《中国城市竞争力报告 NO.1》，社会科学文献出版社 2003 年版，第 242 - 250 页。

⑥ 潘晨光：《中国人才发展报告》，社会科学文献出版社 2005 年版。

⑦ 倪鹏飞：《城市人才竞争力与城市综合竞争力》，《中国人才》2002 年第 10 期，第 14 - 18 页。

⑧ 徐康宁：《论城市竞争与城市竞争力》，南京社会科学出版社 2002 年第 5 期，第 1 - 6 页。

⑨ 宋亚静：《区域人才竞争力研究》，《山东大学》2007 年。

海西人才竞争力的方面，学者们对福建省①②③④、台湾⑤、泉州⑥、闽西农村⑦等地人才发展及闽商人才⑧进行了实证研究。本书在前人研究的基础上，对如何提高海西人才竞争力进行分析，以期对为海西发展提供人才保障和智力支持，促进海西经济社会的飞跃有所裨益。

2 海峡西岸经济区人才竞争力现状

福建省自提出人才强省的战略以来，不断加大资金投入，提供政策支持，优化人才环境，目前人才现状有了大幅改观。人才规模方面，2009 年末全省从业人员为 2169. 93 万人，比上年末增加 90. 15 万人，其中城镇单位从业人员 475. 03 万人。城镇新增就业 67. 2 万人，全年有 9. 4 万下岗人员实现了再就业⑨。2007 年福建省全社会科技活动人员 11. 28 万人，2005～2007 年年均增长 14. 0%，其中科学家工程师 7. 58 万人，占 67. 2%，拥有两院院士 15 人，"新世纪百千万人才工程"国家级人选 53 人。研究与试验发展人员折合全时当量（下称 R&D 活动人

---

① 张向前：《福建省人力资源开发研究》，《福建经济管理干部学院学报》2000 年第 3 期，第 22 - 25 页。

② 张向前、黄种杰：《人世后两岸四地人才资源投入产出模型理论分析》，《工业技术经济》2003 年第 5 期，第 79 - 82 页。

③ 郑瑞玲：《对建设海峡西岸经济区中的福建人才战略的思考与启发》，《经济与社会发展》2006 年第 1 期，第 97 - 101 页。

④ 郑文智、张向前：《福建省人才吸纳水平及其影响因子分析》，《集美大学学报》2008 年第 2 期，第 20 - 25 页。

⑤ 张向前：《台湾现代人力资源开发分析》，《海峡科技与产业》2002 年，第 26 - 27 页。

⑥ 张向前：《人力资源与城市可持续发展研究——福建省泉州市人力资源管理与经济发展实证分析》，《中国流通经济》2005 年第 5 期，第 31 - 34 页。

⑦ 许驰：《构建人力资本投资体系、促进农村贫困问题解决的对策思考——以海峡西岸经济区为例》，《内蒙古农业大学学报》2009 年第 4 期，第 56 - 59 页。

⑧ 张向前：《闽商人才战略研究》，《科技管理研究》2008 年第 7 期，第 347 - 351 页。

⑨ 福建省统计局：《2009 年福建省国民经济和社会发展统计公报》，《国家统计局福建调查总队》2010 年第 2 期。

员）4.76 万人年，2005～2007 年年均增长 15.3%，其中科学家和工程师 3.75 万人年，占 78.8%。每万人口中科技活动人员从 2005 年的 24 人上升到 2007 年的 31 人，具有大学毕业及以上学历或具有中高级职称的人员所占比重为 67.2%。人才层次及结构方面，2008 年人口平均受教育年限为 7.6 年，达到初中以上水平。15 岁以上人口文盲率为 10.08%，比上年下降 1.72 个百分点。全省每十万人拥有大学（含大专）及以上受教育程度人口为 4808 人，比 2000 年增加 1841 人；每十万人拥有高中及中专文化程度人口为 12044 人，增加 1402；每十万人拥有初中和小学文化程度人口分别减少 2268 人和 2430 人。2008 年第一、二、三产业的从业人员占总人口的比重之比为 31.1∶35.6∶33.3，信息传输、计算机服务、软件等行业从业人员为 3.41 万人，占比不足 0.1%，金融业为 8.91 万人，占比不足 0.25%，租赁与商务服务业为 10.36 万人，占比不足 0.29%[①]。

　　人才动态方面，新中国成立以来，福建省政府逐年加大科技投入。1956 年，福建省首次由财政预算外拨出科学专款 120 万元，2009 年科技活动经费支出 262.26 亿元，比上年增长 24.7%。其中，研究与试验发展（R&D）经费支出 126.54 亿元，增长 23.9%，占全省生产总值的 1.06%，比重比上年提高 0.12 个百分点。台湾"大选"后，台湾求职者西进的意愿较选举前增加了 20%，其中尤以制造业、IT 业和计算机外设产业为多。人才效能方面，数量和质量都有显著提高。有 5 项科研成果荣获 2006 年度国家科学技术奖，其中有 3 项成果作为第一完成单位获得国家自然科学奖二等奖和国家技术发明奖二等奖。2007 年，评选福建省科学技术奖 200 项，其中一等奖 10 项、二等奖 59 项、三等奖 131 项。申请量和授权量持续增长。从 1985 年我国开始实施专利制度起，全省受理的专利申请持续增长，年专利申请量在全国的排名也有很

---

　　① 吴贵明、钟洪亮：《促进海西产业结构升级与就业增长协调发展》，《福建日报》2010 年 6 月。

大进步。2007 年，全省专利申请和授权数分别为 11341 件和 7761 件，分别比上年增长 9.6% 和 21.0%。专利申请数居全国第 12 位，专利授权数居第 9 位。

3 海峡西岸经济区人才竞争力的不足

3.1 产业结构不合理，人才结构偏离大

2009 年福建省 GDP 在全国排名第 12 位，东南沿海的区位优势未得到有效发挥。2009 年福建省三大产业比例由上年的 10.7∶49.1∶40.2 调整为 9.9∶48.6∶41.5。2009 年邻省广东全省三产业占全省 GDP 比重为 2.5∶48.4∶49.1。以下就近年福建省产业与就业结构偏离度①进行进一步说明。结构偏离度的绝对值越大，表明结构越失衡，结构偏离度趋于零时，表明结构处于均衡状态。结构偏离度为负意味着该产业的劳动生产率较低，存在劳动力转出的可能性，反之亦然。由表 9-1 可以看出，福建省第一产业结构偏离度日益增高，低产出，劳动力转出压力大，农业专业技术人员仅占全部专业技术人员的 2.13%，人力资本相对偏低；第二产业结构偏离度呈下降趋势，表明第二产业工业化尚未完成，低附加值，就业吸纳能力偏低，工程技术人员占专业技术人员总数的 11.14%，石化、机械、信息、汽车、农林产品加工等制造业专门人才更加缺乏；第三产业低水平，就业潜力尚未发挥，信息传输、计算机服务、金融、软件、租赁与商务服务业等生产性服务业从业人员成为紧缺人才②。

---

① 产业与就业结构偏离度的计算公式为 $T = IP_i/EP_i - 1$，其中 T 为结构偏离度，IP_i 为 GDP 中 i 产业的构成百分比，EP_i 为就业人口中 i 产业的构成百分比。

② 吴贵明、钟洪亮：《促进海西产业结构升级与就业增长协调发展》，《福建日报》2010 年 6 月。

表 9 - 1　福建省产业与就业结构偏离度比较

年份	产业结构			就业结构			结构偏离度		
	一产	二产	三产	一产	二产	三产	一产	二产	三产
1985	34.0	36.2	29.8	61.5	19.4	19.0	-0.44715	0.865979	0.568421
1994	22.1	43.8	34.1	51.2	23.9	24.9	-0.56836	0.832636	0.369478
1999	18.4	42.0	39.6	48.3	23.9	27.7	-0.61905	0.757322	0.429603
2004	13.7	48.1	38.3	40.2	29.4	30.4	-0.65920	0.636054	0.259868
2005	12.8	48.7	38.5	37.6	31.2	31.2	-0.65957	0.560897	0.233974
2006	11.4	49.4	39.2	35.2	33.2	31.6	-0.67614	0.487952	0.240506
2007	10.8	49.2	40.0	32.7	35.1	32.2	-0.66972	0.401709	0.242236
2008	10.7	50	39.3	31.1	36.6	33.3	-0.62847	0.36612	0.1801802
2009	9.9	48.6	41.5	29.5	35.8	34.8	-0.66441	0.35754	0.19253

3.2　地区及部门分布不平衡

受地理环境的影响，福建的人口沿海平原分布多内地山区分布少。龙岩、宁德、南平等山区及落后县市人才吸引力弱，劳动力供给不足，而泉州、厦门、福州等中心及沿海城市劳动力过剩且劳动力价格低廉。地域间人才分布严重失衡，极大地限制了全省经济的发展。2007 年，福州、厦门两市科技活动人员之和占全省的 57.4%；R&D 活动人员之和占全省 65.1%。从科技活动经费投入来看，福州、厦门的科技活动经费之和占全省的 63.8%，R&D 经费投入之和占全省的 64.5%。从部门分布看，工业企业科技活动人员所占比重接近七成。2007 年，工业企业科技活动人员为 7.62 万人，占全省的 67.6%，科研机构、高等院校和其他部门的科技活动人员分别占 4.8%、9.3% 和 18.3%。R&D 活动人员配备中试验发展、应用研究、基础研究三项比值为 20.7∶3.4∶1。区域及部门发展极大的不平衡性，制约全省社会经济的发展①。

---

① 福建省统计局外部信息网：《2007 年我省科技活动投入与产出情况分析》［EB/OL］，www.stats - fj.gov.cn，2008.

3.3 教育水平低

福建省的高校数量较少，且整体办学水平、知名度的排名都比较靠后，各地高校都存在师资力量不足、教学资源缺乏、机构臃肿的问题，严重影响了福建省的人才培育能力。2005～2009 年各类教育招生数中普通高等教育招生数增长缓慢，高层次人才的培养较弱，如图 9 - 1[①]

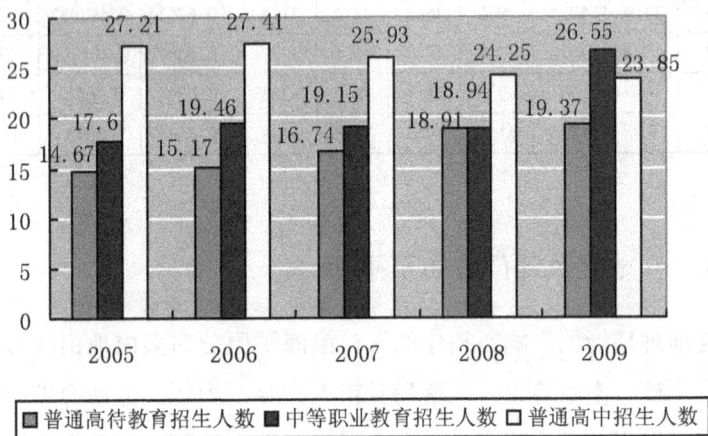

图 9 - 1　2005～2009 年各类教育招生人数

所示。2009 年福建省教育支出比重 19.75%，2008 年财政支出中四分之一用于教育，教育支出占财政支出比重连续 7 年居全国前两位。2007年，福建省教育支出达 158.79 亿元，增长 17.3%，占财政支出比重连续 5 年居全国第一位，但综合教育水平仅位居全国第十，教育支出与教育水平之间存在着极大的不平衡性。其中 2007 年福建省国家预算内教育经费占 GDP 的比重 0.67、预算内教育经费占财政支出的比重 23.8、生均教育经费 X3（万元）0.53、每百万人口学校数 51、每十万人口教

---

① 福建省统计局：《2009 年福建省国民经济和社会发展统计公报》，《福建省统计局国家统计局福建调查总队》2010 年 2 月。

职工数 416、劳动力人均受教育年限 8.94①。福建省经济发展在全国处于前列，这就说明这些地区的经济发展的推动力不是主要来自于教育，人才资源在海西经济发展中的推动力作用还没有充分地体现出来②。

3.4 高级人才缺乏，人才产出率低

2007 年，全省规模以上工业企业中从事科技活动人员为 7.21 万人占从业人员的比重为 2.0%，比上年提高 0.04 个百分点。自主创新活动人员共计 3.98 万人，占规模以上工业从业人员的 1.1%。R&D 人员数为 47.59 千人/年，低于全国平均水平 56 千人年。科技人才总量增长缓慢，影响经济发展后劲。据统计，2009 年福建省综合科技进步水平指数为 49.68，排名第 15 位，低于全国平均水平（56.99%），比 2008年下降了 2 位。福建省科技活动产出指数为 18.23，排名第 28 位，低于全国平均水平 56.47③。这些问题主要是由于科研经费投入低，2009年福建省科技活动经费支出 262.26 亿元，其中 R&D 经费支出 126.54亿元，仅占全省生产总值的 1.06%，比重仅比上年提高 0.12 个百分点。基础研究是技术创新的源头，基础研究薄弱将会导致应用研究疲软，进而使试验发展陷入困境。

3.5 中心城市人才聚集力弱

福州是福建省的省会，是全省政治、经济、文化中心，是中国最早实行对外开放的沿海城市之一。据统计报告显示，2005 年在全国 50 个城市人才竞争力排名中，福州位居第 26。在人力资源数量、人力资源质量、人力资源配置、人力资源教育方面，福州处于中等水平。厦门人才竞争力不具优势，位居第 30 位，其中人力资源数量指标排名第 33

---

① 数据来源：中国统计年鉴——2008。
② 基于因子分析方法的各省市自治区教育发展水平研究，王元艳。
③ 科技统计报告：《2009 全国及各地区科技进步统计监测结果》，《科学技术部发展计划司》2010 年 3 月。

位，人力资源质量指标排名第44位，一般劳动力和高级人才数量居全国后列。泉州作为民营经济最为活跃的城市，优势未能发挥。泉州的人力竞争力很差，位居47个城市中的第40位。人力资源数量、质量指数都较低，尤其是人力资源的教育程度偏低，高层次的人才缺乏，但熟练的工人获得性较好[①]。

4 海峡西岸经济区人才竞争力提升面临的机遇与挑战

4.1 国家重点建设海西

海西发展人才战略有着良好的政策环境支持。"科教兴国、人才强国"战略的实施为海西的人才政策提供了一个良好的社会背景和宏观环境。福建省是我国改革开放的先行省份，厦门被确立为经济特区，享有政策优势，从而为人才竞争力的培养积累了一定的基础。2005年10月，"支持海峡西岸经济发展"写入《中共中央关于制订国民经济和社会发展第十一个五年规划的建议》，2006年政府工作报告中首次指出"支持海峡西岸和其他台商投资相对集中地区的经济发展"，2007年10月，在十七大上，海西首次写入党的全国代表大会报告，同年11月，福建省委提出"两个先行区"的发展新要求。2009年5月，中央颁布了"支持福建省加快建设海西的若干意见"，为海西描绘了一幅未来经济建设的蓝图。海峡西岸经济区建设已经上升为国家战略，这对于提升海西的人才环境竞争力，吸引和聚集人才有着巨大的推动作用。

4.2 闽台经济与人才合作

闽台经济与人才合作对海西人才发展既有机遇，也有挑战，但总体上机遇大于挑战。两岸人才资源具备结构上的互补性，台湾的人才结构

---

① 潘晨光：《中国人才发展报告》，社科文献出版社2006年版。

为典型的橄榄形，人才构成则呈现"金字塔"形。为促进两岸人才的交流与合作，福建省率先制定近70部涉台法规，并发布了先行先试海峡两岸人才交流合作的政策，在职务资格评审、职业技能鉴定、招生就业以及学历互通等方面增进两岸人才的对接。闽台人才交流随着人员互访、经贸往来、科教合作、文化交流而日益频繁、逐渐深入，"4·8"台交会、"5·18"海交会、"6·18"项目成果交易会、海峡论坛等人才交流平台正日益完善。然而，海峡两岸在文化上存在一定的差异，由于两岸人们之间的交流和融合尚未深入、信息交流尚不通畅，部分台商及有关人才对海西的印象还停留在两岸交流之前，在观念上对海西存在偏见和歧视，因此一方面有些台湾人才不愿西进，另一方面，大陆人才到台湾后不被看好，阻碍了两岸人才的互动。另外，海峡东岸自身对人才的需求也不断提高，本土机构和企业正试图留住当地人才，防止人才外流，东西两岸将存在一场人才拉锯战。但两岸经济和人才合作的趋势是不可逆转的，合作中出现的问题若得到妥善解决，则海西人才吸引力将得到大幅提升。

4.3　人才流失现象加剧

随着国家、省"十一五"规划的实施，全国各地竞相抢抓人才发展先机，千方百计吸引、聚集人才，人才争夺战烽烟更盛，给海西人才稳定、人才吸引、人才发展带来了新的挑战。"珠三角"、"长三角"、"环渤海"等区域对人才的吸引力长期存在且日益增长，是海西人才竞争不容忽视的挑战。福建省以外向型经济为主，对外资及外贸有着较大的依赖性，全球经济危机使得福建省的经济发展受到一定的冲击，福建省的经济状况在沿海省市中的优势渐渐削弱，对人才的吸纳能力受到限制。随着世界各地开放程度的提高，福建省面临着来自国内其他沿海省市及海外国家的人才争夺的压力。近年来，沿海地区劳动力价格不断提高，台资、外资企业在海西的人力成本压力也随之加大，且随着中国内陆地区经济发展，消费市场壮大，各地政府出台招商引资的优惠政策，一些台资、外资企业纷纷移至内陆地区，对海西的人才就业产生较大的威胁。高层次人才的海外流失严重，国内人才环境尚不成熟，留学海外并选择回国的华人中具有高技能和工作经验的人数极少，高层次人才的"只出不进"使出国人数较多的福建省面临人才流失的困境。福建省经济转型、经济结构转变尚在努力之中，过渡时期的人才工作任务繁重，需要有关当局有足够的重视，确保人才战略的有效实施。

4.4 两岸政治、经济关系的影响

和平稳定的政治局面是经济发展、人们安居乐业的根本保障。海峡两岸关系发展至今已经历了三十多个年头。1979 中央发表《告台湾同胞书》，1981 年提出"两岸三通"，1992 年两岸达成"九二共识"，2009 年全面实现"两岸三通"，2009 年签订两岸经济合作架构协议（ECFA），让两岸经贸关系制度化。多年来，两地政府都致力于祖国统一、两岸和平的事业，两岸关系有了飞速发展。虽然当前两岸关系出现新形势，经贸交流迅猛展开，但有关敏感议题，迄今仍未能提上议事日程。两岸关系仍存在不稳定因素，海内外台独分子仍不死心，借机开展台独分裂活动，威胁着两岸共通与合作，破解两岸政治难题，被认为是两岸关系中最大的挑战。当前，海峡两岸的良好关系尚未稳固，仍需国家进行更多的战略关注和投入，海西在今后两岸关系的构建中还有很大的发挥空间。

4.5 人口素质提升难

人口素质提升难主要是由人口幼龄化及老龄化问题加剧、教育水平不高、产业结构不合理等原因造成的。劳动年龄人口少，负担重，2009年福建省的劳动年龄人口负担系数为37.6，其中负担少年系数为24.8，负担老年系数为12.8。这种现状不仅会造成劳动者个人的负担加重，劳动收入用于补贴老小，没有多余的金钱和时间去学习和充电，工作技能难以提高，还会造成全省的社会福利和保障体系的负担，社会生产总值增长缓慢的同时，社会保障支出却快速增长，造成政府财政压力加剧，分配到社会化大生产中资源就会受到挤压，影响社会进步。其次，培养人才的教育体系不但落后欧美，也滞后于国家和全省的发展。教育理念落后，学科发展落后，与社会需求不匹配，高校专业设置与社会就业岗位不符，理论与实践严重脱节。教育是培养人才最重要最直接的途径，教育水平直接决定了人才的水平，福建省人才整体素质的高低与教育水平的高低密切相关。最后，产业结构决定了人才需求结构。从历年经济统计数据可以看出，福建省经济主要以第二产业为主导，特别是制造业发展远远超过了其他产业。其中制造业中又以低端加工生产制造和出口制造为主，从而造成对农民工需求旺盛，而高层次人才往往无用武之地，从而使得福建省的人才结构呈现出以低端人才为主的极不平衡的状态。

5　海峡西岸经济区区域人才竞争力模型

海西人才发展取得了一定的成绩，但仍存在较大的提升空间，既有较好的政策、环境优势，也面临着海内外的人才竞争压力。人才竞争力的评价指标既是考察一个区域或城市人才状况的依据，也是今后提高人才竞争力的努力方向。倪鹏飞提出人才竞争力要素指标由人力资源数量指数、人力资源质量指数、人力资源配置指数、人力资源需求指数和人力资源教育指数综合而成[①]，王建强在结合我国国内各区域经济发展水平的基础上，设计了区域人才竞争力指标体系，确定出人才总量、结构、比例、流动、效能和环境这6个一级考评指标。本文在参考有关学者的指标设计之后，结合海西建设的实际，选取几个典型的、核心的海西人才竞争力的评价指标，并建立海西人才竞争力模型，如图9-2所

---

① 倪鹏飞：《中国城市竞争力报告 NO.1》，社会科学文献出版社 2003 年版，第242-250 页。

示。2010 国家人才战略纲要对人才的定义中指出人才"是人力资源中能力和素质较高的劳动者",由此可知人力资源是人才资源的基础,人才资源是人力资源的核心组成部分,一般的人力资源的评价指标用于评区域人才力竞争力是不充分的。人才个体竞争力指标用于人才的选取与评价,人才竞争力的总体指标中,海西作为"侨乡",应特别关注动态性指标下的外籍华人及海外人才比率,特别是台籍人才在闽情况。人才联动指数是考查海西内部及海峡两岸之间人才交流和合的情况,海外虚拟人才数是适应虚拟经济的需要而设置的,防止统计时虚拟组织中外籍人才被遗漏。

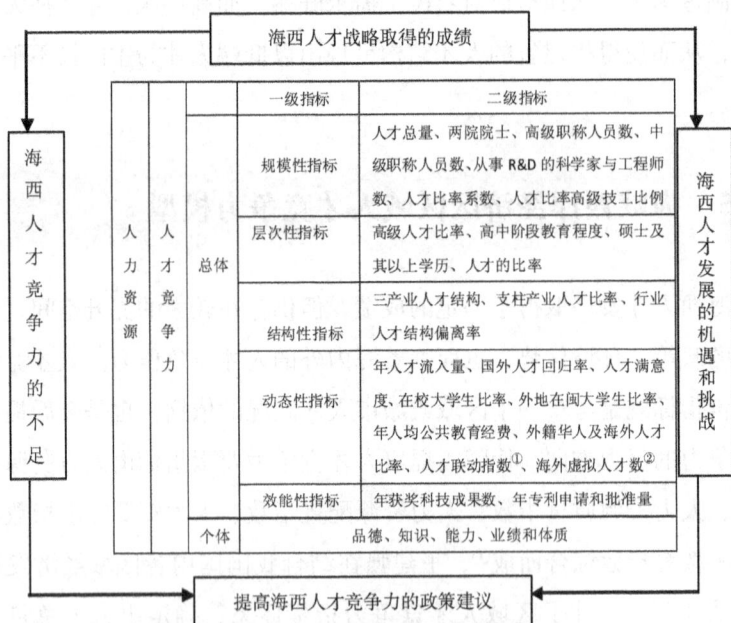

图 9-2 海西人才竞争力模型

---

① 人才联动指标主要分解为海西内合作项目的数量和质量、海峡两岸合作项目的数量和质量,以及区域间合作的机构的数量和质量。

② 虚拟人才指标、集聚规模指标、人才结构指标、人才流动指标、人才成长指标、人才使用指标、人才创新指标。

6 提升海西人才竞争力的政策建议

6.1 加大人才投入，扩大人才规模

人才投入量增长与人才规模的增长有着较大的正相关性，没有投入就没有回报。首先要树立正确的观念，明确人才投入是战略性的、最值得、效益最好的投资。当今早已是知识主宰经济的时代，拥有知识的人才是促进社会进步的核心竞争力，如果不重视人才，必将落后于社会发展的车轮。一国或一地区的政府财政资金及社会资金的流向是该地区发展重点的风向标和重要动力，要切实加大人才发展资金投入，较大幅度增加人力资本投资比重。海西应形成以政府、用人单位、社会和个人多元化投入机制，以各级政府为主导，财政预算中的人才培养经费投入应保持与经济发展同步增长的水平，各用人单位设立人才开发、培养、引进的专项资金，加强人才科研创新的资金支持，强化人才开发资金保障。加大对优秀人才的奖励力度，对取得重大科技发明和科技成果的杰出人才给予高额奖励并提供其他方面的优厚待遇，通过资金支持，引导用人单位、教育机构及人才自身往更高层次发展。规范和监督人才资金的使用情况，切实保证资金得到有效利用。成立专门部门，对人才资金进行专项管理，强化监管责任，完善资金使用制度，简化资金审批手续，形成比较完善的人才开发资金的管理、使用、监督体系，通过保障人才资金使用的公正合理、突出重点和运作透明，提高人才开发资金使用效率，更好地发挥人才开发资金的导向作用，产生良好的社会效应和激励作用。

6.2 改革教育体制，提升人才层次

学校是人才培养方式中规模最大、最正规的渠道，然而福建省的教育水平一直处于落后地位，政府当局及教育管理部门应强化"科教兴

省"的意识，积极进行教育机构改革、创新人才培养方式。改进人才培养的理念，以培养推动时代发展的高素质综合人才为使命，以理论结合实践的教学方式，培养出身心健康、思想先进、理论水平高、实践能力强的人才。加大教育资金投入，完善教育教学设施，优化教师队伍，积极引进国内外先进的师资力量和教育教学设施，提高教育工作者的待遇福利水平，为教师们进行教学科研工作提供物质激励和保障。保障九年制义务教育的有效落实，加大对9所重点建设高校的扶持力度和高层次人才的培养力度，力争建成多所国内外知名大学和一批国内领先水平的重点学科，建设一批技能型紧缺人才示范性培训基地，倡导企事业、社会团体和个人捐资助学。深入推进高校"去行政化"工作，简化行政机构，净化学术氛围，公平、公正地对教师进行评价、考核，引导高校将工作重点聚焦于教育、教学质量的提高和科研、学术能力的增强。各高校应树立"服务海西"的理念，以社会和经济建设的需要为导向，及时调整专业设置，创新教学方式，提高教学质量，努力成为海西经济建设和社会发展的"人才库"和"智囊团"。培养重点产业、重点领域、重点项目紧缺急需的领军人才、高端人才和创业人才。

6.3　调整产业结构，优化人才结构

就业是民生之本，世界各国经济发展实践经验表明：产业结构升级决定就业结构及其变动；劳动力数量、人力资本结构及其流动方式，反过来又影响着产业结构的变动方式和方向。产业结构变化和就业结构速率大致接近，是地区经济稳定协调发展的必要前提。在海峡西岸经济区产业结构升级过程中，调整就业结构，拓展不同产业的就业空间，优化劳动力资源在三次产业内和产业间配置，是促进经济增长与就业增长协调发展的关键所在[①]。通过对福建省的产业结构与就业结构的偏离程度

---

① 吴贵明、钟洪亮：《促进海西产业结构升级与就业增长协调发展》，《福建日报》2010年6月。

的分析，可以知道福建省的经济发展中主要以第二产业，尤其是制造业为主要支柱产业，第一产业中的技术人员严重缺乏，第三产业中信息传输、计算机服务、金融、软件、租赁与商务服务业等生产性服务业从业人员成为紧缺人才。因此，今后福建省应在继续发展第二产业的同时，加快发展第二产业，特别是高新技术产业，引导人才从第二产业流向第三产业。调整产业结构的同时，还应注重产业升级，解决第一产业依赖土地和气候、看天吃饭、仅能温饱，第二产业依赖廉价劳动力和低价原材料进行低端加工生产，第三产业效益低、服务水平不高等问题。提升产业的自主创新能力和技术水平，以技术代替劳力，通过知识升级带动人才升级，通过人才升级带动技术升级，通过技术升级带动产业升级，从而实现就业结构升级。提高全省经济实力，加快产业结构转变，提升传统优势产业，推动工业化与信息化融合，改造培育战略性新兴产业，如节能环保产业、新能源产业、海洋新兴产业、信息网络产业等，加快重点物流节点城市、现代物流园区和物流中心建设。

6.4 健全人才制度，提高人才吸力

区域人才竞争力首先产生于区域对人才的吸引力，海西要努力打造成为人才向往投身贡献的地方，才能吸引更多的区域外甚至海外的人才进驻，"筑巢引凤"正是此理。人才竞争力的培育需要制度的保障，人才制度是以人才为对象的包含选拔、评价、考核、激励、培育、保留到人才使用的一个完整的系统，只有保证每个环节的公平、公正、合理，才能吸引人才，留住人才，让人才的效用得到最大的发挥。政府应成立专门的海西人才研究中心统筹人才工作，定期开展对海西人才状况的统计调查，建立统一的人才信息库，掌握人才的供求及流动动态，组织社会各界为海西人才的吸纳和管理进言献策。构建统一开放的人才市场体系，发挥市场对人才的基础性调配作用，打破人才流动中城乡、区域、身份的限制，促进人才合理有序流动。制定人才引进专业目录，实施人才居住证制度，提高人才引进服务质量。创新技能人才评价方式，坚持

以能力和业绩为依据，修订和完善专业技术资格评价标准。实施高层次人才特殊保障津贴制度，鼓励企业建立年金制，提高高层次、高技能和急需人才的保障水平，通过政策导向引导社会各界向培养高层次、紧缺型人才努力。完善和落实知识产权保护的法律法规，充分尊重和保护人才的劳动成果。开展人才再深造工程，提供培训教育和继续学习的机会，充分调动人才的积极性。

6.5 搭建合作平台，促进成果转化

人才竞争力的发挥需要借助广泛的应用平台，既要有不同产业间的融合，也要有不同地区的合作，才能扩大知识的效应，实现人才的价值。海西人才竞争力的发挥需要海西各界努力营造良好的人才环境、搭建对台、对外的人才引进平台、产学研平台、企业研发平台。借助海西建设的东风，充分发挥与海峡东岸地缘、血缘、文缘、商缘、法缘的优势，引进台湾及海外的优势人才资源、教育资源，加强两岸四地的人才交流，搭建闽港人才合作平台，拓宽人才育留的渠道，实现互补互惠。在两岸关系互动和吸引海外人才中，华文教育的作用不容忽视，它是海西与外界联系的桥梁，福建应发挥作为著名"侨乡"的优势，积极开展华文教育，向港、澳、台及世界各国的人才宣传和营销，"走出去，引进来"，以营销的理念打造海西人才吸引力的名牌。政府、企业、高校相互配合，以产学研结合推动科研成果的转化和推广，以政府为主导，高校和企业协同合作。促进和利用现有的"6·18"等合作平台，加快与台湾地区的产业对接和合作。积极探索大陆高校毕业的台湾地区学生在闽就业的办法，支持福建开展大陆高校毕业的台湾地区学生在闽就业工作试点。进一步发挥台湾青年人才的作用，促进台商投资企业发展，服务海峡西岸经济区建设。政府引导、聚集社会力量，加大留学人员创业园投入，为留学人员来闽创业提供良好服务，优化投资环境，出台台商投资优惠政策。提高企业的自主创新能力，民营经济是海西经济建设中最活跃的民间力量，闽商的拼搏精神、创业精神也是值得推广，

海西应深化改革国有企业，健全国有资产管理体制，加大扶持民营企业，支持民营企业以股权、实物和知识产权等非货币方式扩大投资，加强信用担保体系建设，改善对民营企业的金融服务。

综上所述，海峡西岸经济区自实施人才战略以来，人才竞争力较以往有较大的提高，但由于教育投入与效益不足、生产力水平较低、产业结构不合理、地理环境差别明显等原因，还存在一些不足，海西应抓住人才发展的机遇，迎接挑战，加大人才投入，扩大人才规模，改革教育体制，提升人才层次；调整产业结构，优化人才结构；健全人才制度，提高人才吸力；搭建合作平台，促进成果转化，从而为海西建设提供人才和智力保障。

第十章 海峡西岸经济区高等教育发展评价研究

1 引言

从2004年福建首次提出"海峡西岸经济区"概念，到2009年国务院通过《关于支持福建省加快建设海峡西岸经济区的若干意见》，再到2011年3月国务院批准《海峡西岸经济区发展规划》（以下简称规划）。"海西"已从区域战略上升为国家战略，为八闽大地翻开了崭新的历史一页①。2011年3月获批并正式公布的《规划》进一步明确了建设海峡西岸经济区的具体目标、任务分工、建设布局和先行先试政策，这对海峡西岸经济区中居主体地位的福建省意义重大，影响深远。在新的历史征程中，"海西"赋予了福建省更大的责任和更为宏伟的发展目标：科学发展之区、改革开放之区、文明祥和之区、生态优美之区。近年来，全省各级党委、政府始终将教育摆在优先发展战略地位，紧紧围绕海西建设全局，全力推进教育事业又好又快发展。其中，海西高等教育事业发展迅速，已经实现了从精英化教育向大众化教育的转变。如何科学、合理、客观、公正地评价高校办校水平、学科建设的质量与综合

① 梅永存、涂洪长：《福建谋求科学发展跨越发展，海西建设速度不减热度不减》[EB]，http://news.xinhuanet.com/politics/2011-05/20/c_13884802.htm,2011-05-20.

竞争力，是政府管理部门、教育培养单位乃至社会各界关心的问题，也是摆在教育评价机构和评价人员面前的一项非常重要而紧迫的任务。评价国家或地区教育发展状况，普遍采用教育指标体系进行分析。目前，国际上权威和通用的教育指标体系是 UNESCO 在《世界教育报告》中公布的世界教育指标体系。近年来，国内学术界在广泛介绍国外教育指标体系的基础上，根据自身研究，发布了种类、数量繁多的教育指标体系。大致涉及三个方面：教育现代化、区域教育发展及其他专题性如教育公平等。蒋国勇（2007）提出了基于 CIPP 的高等教育评价的实施策略[①]。朱文军（2007）从教育发展目标与教学资源配置、教学资源利用与发展能力、人才培养质量和科研成果三个方面探讨建立高校教育支出绩效评价通用指标体系[②]。马鹏媛（2008）基于系统科学的理论，试图构建"高等教育—人口—经济"（"HEd－P－Ec"）复合系统，对三大子系统间的协调发展进行了评价研究[③]。刘琴（2009）通过对目前我国大学的几种评价类型的利弊分析，评述我国大学评价存在的问题，对构建我国大学评价模式及其运行机制等方面提出建议[④]。张良才、孙继红（2009）分析了国内外具有代表性的教育指标体系，从四个角度对国内外教育指标体系进行比较，提出构建我国教育指标体系的建议[⑤]。贺平海（2009）从教育权威评价活动角度研究了我国教育的发展[⑥]。任培江

[①] 蒋国勇：《基于 CIPP 的高等教育评价的理论与实践》，《中国高教究》2007 年第 8 期，第 10－12 页。

[②] 朱文军：《高校教育支出绩效评价指标体系的构建》，《财会月刊》2007 年第 4 期，第 63－64 页。

[③] 马鹏媛：《"高等教育—人口—经济"复合系统协调发展评价研究》，《厦门大学》2008 年 10 月。

[④] 刘琴：《大众化教育背景下我国大学评价模式探析》，《西南大学》2009 年 4 月。

[⑤] 张良才、孙继红：《国内外教育指标体系分析与比较》，《教育学报》2009 年第 12 期，第 60－68 页。

[⑥] 贺平海：《论我国的教育权威评价活动》，《职业技术教育》2009 年第 34 期，第 10－14 页。

(2010)将"教师发展"纳入高等教育发展评价体系，并尝试编制了"高校教师发展指数"①。孙剑萍、汤兆平（2009）②、陈志国、郑亚鸣（2007）③、徐健、汪旭晖（2009）④、孙继红等（2009）⑤分别基于不同研究方法模型从区域角度研究了高等教育发展评价。在海峡西岸经济区教育发展研究方面，王明伦（2006）⑥、米红、韩娟（2007）⑦、郑龙章（2009）⑧、揭红兰（2009）⑨等不同角度研究了福建省高等教育的发展。海西经济区的培育发展评价属于区域教育发展评价的范畴，本文在参考厦门大学台湾研究中心李非副主任对"海西区"界定的基础上在UNESCO世界教育指标体系框架下，主要就福建省高等教育的政府及相关部门支持程度、高教需求、高教供给、高教产出等方面进行高等教育发展评价，希望通过研究对福建省乃至整个海西区的高等教育和其他教育提供发展建议。

---

① 任培江：《"教师发展"纳入高等教育发展评价体系》，《中国高等教育评估》2010年第2期，第15-17页。

② 孙剑萍、汤兆平：《区域经济与高等教育均衡发展的量化评价》，《商业时代》2009年第27期，第113、129页。

③ 陈志国、郑亚鸣：《区域提升学校发展性督导评价效能的探索》，《上海教育科研》2007年第7期，第54-55页。

④ 徐健、汪旭晖：《我国区域高等教育的效率评价——基于DEA模型的实证分析》，《高等工程教育研究》2009年第4期，第81-85页。

⑤ 孙继红、杨晓江、缪榕楠：《区域高等教育发展综合评价实证分析》，《科学学与科学技术管理》2009年第12期，第122-127页。

⑥ 王明伦：《高等职业教育发展评价及其指标体系构建》，《当代教育论坛》2006年第11期，第102-105页。

⑦ 米红、韩娟：《福建高等教育发展的现状、问题及对策分析》，《集美大学学报》2007年第3期，第3-8页。

⑧ 郑龙章：《依托重点建设项目，加快福建省高等教育发展——基于对福建省8个重点建设高校的调研分析》，《福建农林大学学报》（哲学社会科学版）2009年第6期，第84-88页。

⑨ 揭红兰：《福建省域高等教育与海峡西岸经济的和谐发展》，《理工高教研究》2009年第4期，第54-56页。

2 海峡西岸经济区高等教育发展评价在"海西战略"中的地位

2.1 高等教育发展评价内涵

教育评价自 21 世纪 80 年代初被介绍到我国以来，得到了广泛的研究和实际应用，推动了我国教育科学的发展和教育事业的进步。区域教育评价是对某区域的教育功效给予价值判断的过程，有狭义和广义之分。狭义的区域教育评价是对某行政区域的教育功效给予价值判断，广义的区域教育评价是对某非行政区域的教育功效给予价值判断。国内外学者对高等教育评价的内涵理解总的来说包含三点：一是满足社会和个体需要，即其社会功能；二是价值判断和增值；三是内涵发展及延伸。基于国内学者对区域教育评价及高等教育评价的内涵的理解，本文对区域高等教育发展评价做了以下定义：区域高等教育发展评价是指在一定教育价值观指导下，以某区域的高等教育为对象，运用有效的评价技术和手段，对高等教育活动的过程和结果进行测定、分析、比较，并给以价值判断的过程。其内涵不仅包括人才培养，还包括科研创新、办学效益（投入与产出情况）和社会效益等多个方面。

2.2 海峡西岸经济区高等教育发展评价的意义

首先，福建高等教育发展对建设海峡西岸经济区具有重要作用。根据区域竞争力理论，科技竞争力和国民素质竞争力是区域竞争力的核心，而国民素质竞争力 44 项指标中有 22 项，科技竞争力 26 项指标中有 19 项与教育密切相关，尤其与高等教育有关[1]。可见，建设海

---

[1] 吴锦程、叶青：《建设海峡西岸经济区与福建高校发展定位研究》，《边疆经济与文化》2006 年第 11 期，第 158－160 页。

峡西岸经济区，发展福建高等教育是突破口和切入点。发达的教育、文化是福建省经济发展的主要动力。海峡西岸经济区要成为新的增长"极"，也必须以发达的教育来支撑，福建高等教育发展刻不容缓。

其次，开展"海西"高等教育发展评价可以促进"海西"政府、各方力量重视高等教育，保证高等教育投入，改善办学条件。区域高等教育的发展，需充分动员区域内的各种社会力量，使其充分认识高等教育的重要性。教育管理体制的变革必将牵动教育评价制度的变革。开展区域高等教育评价，将鼓励区域内各地政府把发展高等教育提高到重要的战略地位上来，在规划区域发展时，把高等教育作为本区域经济、社会发展总体布局中重要的系统之一来考虑，促进政府部门在保证教育基本投入的基础上，对该区域教育增大投入，改善薄弱校的办学条件。通过高等教育评价，揭示区域高等教育的意义，也将吸引社会企业及其他社会力量对高等教育的重视，增加高等教育投资渠道，改善区域高等教育办学条件。

再次，有利于"海西"高等教育各要素的统筹、协调和控制。开展区域高等教育评价，有利于把高等教育放在区域的大背景中，促进当地教育与经济、社会、环境等更好地协调与发展，同时，也为高等教育资源的合理配置、结构的合理调整、各级各类教育规模的发展与控制、教育投入的优化与组合提供依据。通过评价，不断调整区域高等教育的各种弊端，尽量做到从整体全盘考虑问题，更好地做到各要素协调发展，保证高等教育在数量、质量、结构和效益上的统一。

最后，有助于发挥协作优势，进一步加快海峡西岸经济区建设。开展区域高等教育评价，需要动员区域各界力量，通过区域内各部门以及各省各地方之间的相互协作，政府及社会各界加大管理力度以提高本区域人口的综合素质，提高区域政治文明和精神文明建设水平，并带动与区域高等教育密切相关的自然条件的改善、经济发展水平的提高、科技的进步、文化的发展。这与福建省在海峡经济区建设中建设科学发展之区、改革开放之区、文明祥和之区、生态优美之区的目标不谋而合。

3 海峡西岸经济区高等教育发展评价框架

3.1 省域高等教育发展评价的主要内容

省域高等教育发展评价主要包括八个方面的内容。一是省领导机构的办学思想或理念，具体评价内容包括领导是否重视本区域的教育工作，实行教育优先发展的战略；是否全面协调发展各级各类教育，促进教育公平；是否积极支持社会力量办学。二是省教师队伍建设和地方课程开发，前者包括教师队伍的数量和结构的合理性、教师队伍的稳定性、教育人员的培训提高度；后者包括课程开发是否有利于学生个性发展和为地方经济社会发展培养合格人才。三是省各级各类教育协调发展和满足需要，主要考查各级各类教育是否相互渗透、协调发展，满足社会需要。四是省办学物质条件及管理，包括基础设施建设和现代教育信息技术两方面。五是省教育经费投入及财政管理，包括经费来源的稳定性、生均教育事业费和公用经费是否逐年增长和区域财政能否保证预算内教育经费拨款的合理使用等。六是省教育组织机构发展情况，包括省教育行政部门和学校机构的结构合理性和教育管理效能情况、各级教育组织的目标合理性和协调性、各种规章制度建立健全及其执行情况和管理人员队伍的素质及考核培训提高机制的建立情况。七是省教育环境建设，着重考虑的是对省教育社会环境中的学校环境、校外教育设施、文化环境等的评价。八是省教育质量与效益评价，质量主要指教育任务完成的优劣状况，而效益主要指高等教育成果与教育投入的比值。

3.2 基于 UNESCO 的海峡西岸经济区高等教育发展框架

UNESCO 在《世界教育报告》中公布的世界教育指标体系是目前

国际上权威和通用的教育指标体系。该指标体系以教育与政治经济、社会文化、人口的关系为前提，强调在教育资源供给与需求的均衡过程中，教育质量与公平在教育走向现代化过程中的重要性。把教育指标体系分为教育供给、教育需求、入学与参与、教育内部效率、教育产出五部分21项指标①。

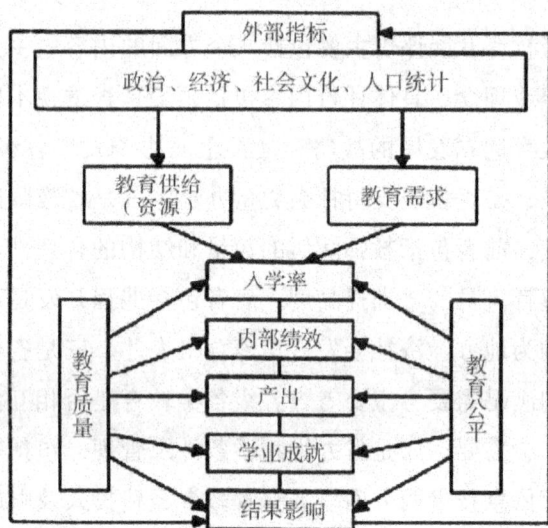

图 10 – 1　UNESCO 世界教育指标概念框架②
资料来源：李海燕、刘晖：《教育指标体系：国际比较与启示》

参考 UNESCO 指标框架，结合区域高等教育发展评价主要内容以及相关数据的可获得性，确定以定性评价与定量评价相结合的海峡西岸经济区高等教育发展评价框架：

---

① 孙继红、杨晓江、缪榕楠：《区域高等教育发展综合评价实证分析》，《科学学与科学技术管理》2009 年第 12 期，第 122 – 127 页。

② 李海燕、刘晖：《教育指标体系：国际比较与启示》，《广州大学学报》（社会科学版）2007 年第 8 期，第 50 – 55 页。

表 10 –1　定性描述与定量评价指标

	一级指标	二级指标
定性描述 + 定量评价	（1）办学思想、高教教育环境建设 （2）高教组织机构发展 （3）与其他各级各类教育的协调发展 （4）省高教办学物质条件 （5）省高教师资队伍与学科建设 （6）省高教经费投入与管理 （7）省高教质量、效益	（1）政策支持 （2）主要考查高教发展研究机构发展 （3）主要考查闽台高教合作与发展，属于高教需求研究。 （4）、（5）、（6）属于高教供给和内部绩效研究 （7）属于高教产出和社会贡献研究

具体定量评价指标：

（1）高教供给。反映高教投入情况，从财力、人力和物力三个方面考察。财力资源主要选取福建省 2004～2008 年高等教育经费投入的相关数据；人力资源包括高等教育专任教师数和平均每一专任教师负担学生数；物力资源主要通过定性描述发展情况并给予评价。

（2）高教产出和社会贡献。反映高教产出数量、质量和效率情况。①人才培养。福建省高等教育在校本专科学生、研究生数及其增长率，福建省每十万人口拥有的在校本专科生、研究生数和福建省高校毕业率。②科研产出。福建省高校研究与试验发展课题、科技服务数合计数量，发表论文情况。

4　海峡西岸经济区高等教育发展评价及结果分析

4.1　福建省政府及相关部门、高校的办学思想

福建省各级党委、政府始终将教育摆在优先发展战略地位，紧紧围绕海峡西岸经济区建设全局，全力推进教育事业又好又快发展。在建立和完善财政经费保障机制、改善办学条件、加强教师队伍建设、建立从学前教育到高等教育完善的助学体系等方面，省委省政府不断加大工作力度。如：与国家开发银行签订金融合作框架协议，将短贷转为长贷，

并开展生源地助学贷款试点，缓解高校发展压力；进一步加强高等教育内涵建设，启动"福建省高等学校本科教学质量与教学改革工程"，组织评选省级精品课程等一批高等教育重大改革和建设项目；以加强工科类专业建设为重点，大力调整专业结构，重点加强海峡西岸经济区建设急需和紧缺的集成电路、海洋产业、LED 等专业领域的人才培养；继续推进厦门大学"985 工程"和"211 工程"建设、福州大学"211 工程"建设和重点建设高校的重点项目建设，新增一批国家重点学科，带动全省高等教育质量的提高；组织实施"高等学校科技创新平台建设计划"和"新建本科高校创新平台建设计划"，依托高校建设了一批重点实验室、工程研究中心、人文社科重点研究基地和产学研研发基地；组织实施"高层次创造性人才计划"和"新建本科高校新世纪优秀人才计划"。从全省 82 所高校（其中本科院校 20 所、高职高专院校 47 所、成人高校 6 所、普通本科高校举办独立学院 9 所，每百万人口高校数量比例居全国第 7 位）的学校网站主页上，我们可以看出各高校在服务海峡西岸经济区建设的指导思想下积极制定高校学科建设、人才培育计划和服务社会计划。如：福建农林大学坚持以科学发展观为指导，紧紧抓住人才培养、学科建设、平台和基地建设三个战略重点，致力于建设创新型、开放型、和谐型、平安型、廉政型、节约型、数字型、生态型校园，努力为海峡西岸"两个先行区"建设和社会主义新农村建设提供智力支持、知识贡献和人才保证。

4.2　福建省高教发展研究机构发展情况评价分析

福建省高教发展研究机构在规模和社会功能有效发挥上不断发展。成立于 1983 年的福建高等教育学会致力于对我省高等教育事业发展规划、院校设置、学科专业建设、人才队伍建设、教育教学改革、科技创新等重大问题的指导咨询和评议工作，通过开展高等教育改革与建设重大项目的调研，提出福建省高教发展意见和建议。在教育评估方面，成立于 2009 年的福建省教育评估研究中心在省教育厅的领导下，开展教育教学评估理论与方法研究，开展教育评估的具体技术性、辅助性工作，开展与教育评估有关的业务培训工作，是我省唯一的省级教育评估专业机构。目前，福建省共有福州教育局等9个市级教育局、84个县（区）级教育局、1个建设在平潭的综合实验区管委会，共有厦门大学高等教育科学研究所（高等教育发展研究中心）、福建省教育科学研究所高等教育研究室、福州大学高教所等13个高等教育研究中心/研究所/研究室。其中厦门大学高等教育科学研究所（高等教育发展研究中心）、福建省教育科学研究所高等教育研究室和闽西职业技术学院高等教育研究所还曾被中国高等教育学会评为全国优秀高等教育研究机构。

存在的问题。高教发展研究机构数量少、规模少、影响力不够；各级教育局，特别是各高教发展研究机构之间的交流沟通比较少，目标合理性和协调性不够；在推动群众性高等教育研究和教育管理方面的效能还有待进一步提高；高教发展研究机构规章制度建立还不够健全，机构管理人员队伍的素质及考核培训提高机制的建立还有待完善。

4.3 福建省高教与其他各级各类教育的协调发展情况评价分析

近年来，福建省紧紧把握时机，积极开展对台教育交流工作，在对台招生、学术交流和学生互动等方面，不断拓展闽台高等教育交流合作领域，在交流合作的层次、规模、数量、质量等方面都取得了长足进展，构建了两岸教育交流的良好桥梁和平台。主要形式包括：（1）闽台高校加强高层互访。例如：2010年3月12日至14日，由海峡两岸和谐文化交流协进会会长陆炳文为团长的台湾工业职业教育访问团来泉考察访问，泉台两地40多所职业院校签订了24项合作办学的意向书和协议；（2）闽台高校进行广泛的师生学习生活交流。根据福建省教育厅的统计，仅2009年度，我省教育系统有200多批次，近2000余人次赴台讲学、开展学术交流和学习等活动，有近500人次学生赴台学习、交流；（3）建设两岸教育合作实验园区，引进台湾知名高校资源。据了解，约有50所台湾的大学、技术学院有意前往两岸教育合作实验园区设立分校。福建农林大学与中兴大学将依托两岸教育合作实验园区开展合作办学，联合培养海峡两岸建设急需的人才；（4）闽台高校共同举办论坛、研讨会，进行学术交流、项目合作，促进两岸高校的发展。例如：国家财政部立项拨款资助福建农林大学与台湾中兴大学、朝阳科技大学等合作举办"两岸农产品品质基础实验室"；（5）闽台高校采取多种方式联合培养人才。一是闽台高校和台资企业"校企"联合培养人才；二是闽台高校"分段对接"联合培养人才；三是突破政策限制联建学院。如：福州大学引进台资，和台湾专案管理学会合作，双方合资建设"福州大学海峡理工学院"；（6）两岸共同开发课程，联办专业。如：厦门理工学院与台湾大华联合保险公司联合开办全国首个汽车理赔公估专业；（7）在闽高校面对台湾招生。目前，在我省高校就读的台湾学生总数达到858人，其中博士103人，硕士57人，本科632人，预科14人，大专生52人，占在大陆高校就读的台生人数的1/8。

存在的问题。由于体制、制度、办学理念等方面双方还存在较大差异，福建省与台湾高校的交流合作目前主要停留在双向互访、学术交流、学生交流、合作办学意向签订、科研合作探讨等层面上，实质性合作办学还有不少困难，交流合作的层次和领域有待进一步提高；受到台湾当局的政策限制，闽台高教合作的渠道不够通畅，如：目前在福建省，台湾方面仅厦门大学一所大学的学历；福建省高校师生等赴台考察交流需要的报批手续，证件签注繁琐，时间跨度长，不利于闽台高等教育交流合作的项目实施和学术交流；高校现有的和即将开展的闽台合作项目在政策、经费、场地设施、人才引进等方面需要得到省市各级政府和教育主管部门的大力支持和支撑；缺乏闽台高校常态交流合作的长效机制。闽台高校需深入了解双方高等教育的开展；省内高校之间缺乏省内跨校对台交流合作经验的定期交流及总结。

4.4　福建省高教经费投入与管理的评价分析

高教经费投入方面，近年来，随着福建省经济的持续健康稳步发展，福建高等教育经费总量呈现出逐年持续增长的势头，年增长速度在15.73%至65.94%之间①。福建高等教育投入总量基本与同期全省国民经济生产总值 GDP 的增长速度保持同步快速增长。以下是福建省高等教育经费投入的相关数据分析（表10－2～表10－5数据来源：根据2005至2009年《中国教育经费统计年鉴》有关数据计算整理出来的）：

表10－2　福建省普通高等学校预算内教育经费收入对比分析（单位：千元）

年份	预算内教育经费拨款		教育事业费拨款			科研经费拨款		
	总额	与上年相比增减幅（%）	总额	与上年相比增减幅（%）	与总收入比（%）	总额	与上年相比增减幅（%）	与总收入比（%）
2004	1758714	23.55	129700	12.46	73.80	65327	47.54	3.71
2005	2805471	59.52	2088306	60.90	74.44	195620	199.45	6.97
2006	3209397	14.40	2315736	10.89	72.15	258904	32.35	8.07
2007	3975725	23.88	2960227	27.93	74.46	270982	4.67	6.82
2008	4766213	19.88	3530458	19.26	74.07	363553	34.16	7.63

首先，尽管福建省高等教育经费投入逐年递增（见表10－2），但与全国范围内的高等教育经费投入相比，总量仍显不足。这主要表现在：（1）福建省高等教育经费投入低于全国高等教育经费投入的平均水平（见表10－3），差距幅度一直在14.67%以上，最高达23.49%。（2）福建省高等教育经费投入占全国高等教育经费投入的比例，总体变化不大、相对比较稳定。2005年有所下降，但2006～2008年也逐年

① 卢菲菲：《福建省高等教育经费投入现状及特征分析》，《教育与考试》2011年第2期，第63－68页。

上升。这说明尽管福建省高等教育经费投入总体在增加，但就全国范围而言，其增长的幅度偏低，而且占全国的比例也偏低。

表 10 –3　2004～2008 年全国与福建省高等教育经费投入比较（单位：千元）

年份	全国	福建	全国平均水平	福建与全国平均水平的差距幅度（%）	福建占全国的比率（%）
2004	136342412	3659590	4398142	20.18	2.68
2005	244353657	6072848	7882376	22.96	2.49
2006	278344880	7028064	8978867	21.72	2.52
2007	376230072	9863586	12136454	18.73	2.62
2008	434687795	11519019	14022187	17.85	2.65

　　其次，尽管政府财政性拨款总量逐年增长，但由于高校在校人数的持续激增，以及高等教育经费投入没有与高等教育规模同比例增长，福建省高等教育生均教育经费支出呈现上下波动的不稳定情况（见表10 –4）。比较 2004～2008 年福建与全国的高等教育生均教育经费及其中的生均事业性支出，可发现福建的高等教育生均教育经费及其中的生均事业性支出都低于全国平均水平，但与全国平均水平的差距正在缩小。

表 10 –4　全国与福建省高等教育生均教育经费支出比较（单位：元）

年份	全国		福建		福建占全国的比	
	总额	其中事业性支出	总额	其中事业性支出	总额（%）	其中事业性支出（%）
2004	6220.60	5552.50	7474.98	6128.59	120.16	110.38
2005	5940.77	5375.94	6639.59	5633.85	111.76	104.80
2006	6395.38	5868.53	6251.46	5409.93	97.75	92.18
2007	6657.77	6268.01	5904.52	5705.64	86.69	91.03
2008	8025.77	7394.03	7684.86	7210.86	95.75	97.52

　　第三，高等教育经费来源构成不尽合理。观察福建省 2004～

160

2008 年高等教育经费来源的实际构成，发现并未真正形成以财政拨款为主，其他多种渠道筹措教育经费为辅的模式。多种筹措渠道中福建省高等教育经费来源过分依赖预算内教育经费拨款和事业收入两大主渠道，如果这两种渠道的任何一种发生较大变动，必将严重影响高等教育经费投入的稳定性，进一步会制约福建省高等教育事业的稳定健康发展。而其他的渠道并不畅通，来源比例尚不合理，来源渠道并没有多元化。另外，在高等教育预算内教育经费拨款中，预算内教育经费拨款中教育事业费拨款所占比例过大，科研经费拨款所占比例则过小（见表 10 - 2）。科研经费拨款的不足会直接影响到各高校的科研能力和水平，会进一步拉大福建高校科研能力和水平与全国其他地区的差距。因此，应保持科研经费拨款的稳定增长，以提升福建的高校科研实力和水平。在高等教育事业收入来源中，学杂费所占事业收入的比例过高（见表 10 - 5）。如果事业收入中学杂费以外的其他渠道还保持原状，事业收入的总量将停滞不前，这将影响到福建省高等教育经费投入的稳步增长。

表 10 - 5　福建省普通高等学校事业收入与预算内教育经费拨款对比分析（单位：千元）

年份	普通高校教育经费收入	事业收入					预算内经费拨款	
		总额	与总经费相比（%）	其中学杂费比（%）			总额	与总经费比（%）
				总额	占事业收入比（%）			
2004	3659590	1394320	38.10	1280897	91.86		1758714	40.06
2005	6072848	2554081	42.06	1934319	75.73		2805471	46.19
2006	7028064	3054397	43.46	2228936	72.98		3209397	45.67
2007	9863596	4773746	48.40	3582836	75.05		3975725	41.15
2008	11519019	5504518	47.79	4129407	75.02		4766213	43.36

第四，教育经费支出结构不尽合理。从生均教育支出结构情况来看，教育经费支出用于事业性经费支出的偏多，教育经费支出中的基

建部分偏低，尽管这与高等教育发展的客观要求相符合，但高等教育
扩招后，福建现有的高等教育办学条件趋紧，基建拨款相对而言显得
不足。从教育支出结构的总量来看，用于人员经费支出过多，而用于
办事业的支出偏小；从教育经费支出比例来看，高等教育预算内教育
经费支出用于人员经费支出比例过多，而用于办事业的支出比例偏小
（见表10－6）。教育经费支出结构不合理是当前的突出矛盾，也是今
后要主要解决的问题。

表10－6　福建省普通高等学校生均预算内教育经费支出情况（单位：元）

年份	总计	事业性经费支出					基建支出	
		小计	个人部分		公用部分		总额	占总支出比（%）
			总额	占总支出比（%）	总额	占总支出比（%）		
2004	7474.98	6128.59	3318.33	44.39	2810.26	37.60	1346.39	18.01
2005	6639.59	5633.85	3241.36	48.82	2392.5	36.03	1002.74	15.10
2006	6251.46	5409.93	3331.71	52.93	2078.22	33.24	841.53	13.46
2007	5904.52	5705.64	3379.32	57.23	2326.32	39.40	198.88	3.37
2008	7684.86	7210.86	3811.86	49.6	3398.99	44.23	474.00	3.17

4.5　福建省高教办学物质条件建设评价分析

近年来，国家及省级政府大力扩大高教投入，高等教育随着社会经
济的发展进入一个全新的高速发展时期，许多高校原有校区已远不能满
足要求，于是出现了新校区规划建设的高潮，如：于2006年正式投入
使用的华侨大学厦门校区，使得高校校舍面积、固定资产价值、图书馆
馆藏图书量等都有所增加。另外，"大学城"的建设也打破了各高校界
线，在很大程度地实现教学科研、后勤服务等资源设施的共享，如福州
大学城和闽南高校图书馆文献资源共享。因此，福建省各普通高校生均
学校产权校舍建筑面积、生均固定资产价值、生均教科研仪器设备价值

和生均拥有图书馆馆藏图书数等都有所增加，如目前厦门大学学生人均拥有图书馆馆藏图书量已达到近 100 册（377 万册/38000 人）。同时，福建省教育信息化水平也不断提高，如：2010 年福建省启动教育与科研计算机主干网建设，全面推进"数字教育"建设，构建集成化、网络化的教育服务与监管体系[①]，厦门大学的校园高速信息网络建设的规模、水平居全国高校前列并成为 CERNET2 的核心节点之一。

存在的问题：生均教育经费不足，高校办学基本条件紧张。除了少数高校外，多数高校普遍存在先进的大型仪器设备等物质配备的不足，影响重大科研成果的产生和学校的建设。另外，目前高校物质资源共享平台的建设还在不断完善过程中，再加上高校内部不同学科间、部门间的开放程度不高，高校物质资源还未得以充分利用，各高校、不同学科之间的资源共享、合作交流机制有待进一步加强。特别是部分贵重仪器设备的重复购置，一方面造成资金的紧张，另一方面利用率不高，个别由于管理不当而多年闲置，资源浪费严重。

4.6 福建省高教师资队伍与学科建设评价分析

高教师资资源方面。近几年来，福建省高教专任教师数不断增加，截止 2009 年已有 35831 人高教专任教师，其中拥有正副高级职称有 12659 人。两院院士、列入国家"百千万人才工程"人选及教育部"新（跨）世纪优秀人才培养计划"人数、"国家杰出青年科学基金"获得者人数、全国高校教学名师奖获得者人数等都有所增加，但人才队伍中在国内外学术界有影响的高水平学术带头人、大师级人物偏少，吸引、汇集和孕育一流水平的开创型杰出学科带头人的条件不够完善，吸收引进力度不够。学术队伍中优秀的中青年骨干数量不足也影响了整体学术水平，这些现象势必影响福建省高等教育的建设

---

① 福建省教育厅：《我省将全面提升教育信息化水平》［EB］，http://www.fjedu.cn/html/2010/02/374_70505.html? uni = a088d1fd－c893－4994－9385－d453710372d5,2010－02－21.

水平。

表 10 – 7　2004 ~ 2009 年福建省高等教育专任教师数和平均
每一专任教师负担学生数（单位：人）

年份	高等教育专任教师数	平均每一专任教师负担学生数
2004	20980	15. 36
2005	24919	16. 35
2006	28724	16. 07
2007	31444	16. 23
2008	33637	16. 74
2009	35841	17. 92

数据来源：福建省统计年鉴 2010

　　学科建设方面。以厦门大学、福州大学、华侨大学、福建医科大学、福建中医药大学、集美大学、福建师范大学、福建农林大学等 8 所福建省在 2003 年确定的重点建设高校的相关数据为例进行分析①。目前，福建省高校重点学科建设项目比较多，增长速度快，但学科建设项目（子项目）数量也比较多，布局分散，建设目标不集中，分散了建设资金，影响了学科投资的资源配置，无法满足体现福建省特色优势的高水平学科建设资金需要，影响了学科的投资效益。另外，福建省高校学科建设还存在以下问题。表现在：高水平的强势学科少，学科核心竞争力提高不大；学科间缺乏协调互动机制，实质合作进展缓慢，学科综合优势没有很好地发挥；特色优势学科不多；学科承担国际合作项目少，国际化水平低；重点学科发展不平衡，学位点分布不均衡。

――――――――――

　　①　福建省人民政府办公厅：《福建省人民政府办公厅转发省教育厅等部门关于重点建设高等学校若干意见的通知》［EB/OL］（2004 – 09 – 14）. http://www. fsou. com /html/text/lar/168343/16834391. html,2009 – 04 – 08.

表 10 - 8　福建省 8 所重点建设高校学科建设发展情况

学科类别	学科数（个）		增加数（个）	增加比例（%）
	2007 年	2011		
国家重点学科（二级学科）	42	42	——	——
国家重点（培育）学科	2	12	10	500
博士后科研流动站	33	42	9	27.27
一级学科博士点	29	64	35	120.69

数据来源：厦门大学等 8 个重点建设高校的学校网站和统计资料

4.7　福建省高教内部绩效与教育质量、效益评价分析

人才培养方面。近年来，福建省高教培养的不同专业和层次的人才数量不断增加，毕业率不断上升，为福建省社会的发展和海峡西岸经济区的建设提供了人才保障，适应社会发展的需求人才培养方面。但在教育层次结构上，教育层次偏低，高层次人才培养规模偏小。高校博士、硕士点总数不到全国 3%，全省在校研究生数占在校生总数的比重低于全国平均水平，省属高校本科在校生仅占本、专科在校生的 39%，低于全国平均水平近 15 个百分点。

表 10 - 9　2004 ~ 2008 年福建省高等教育在校本专科学生、研究生数，福建省
每十万人口拥有的在校本专科生、研究生数和高校毕业生数

年份	在校本专科学生数（万人）	在校研究生数（万人）	每十万人口拥有的在校本专科生数（万人）	高校毕业生数（万人）
2004	32.57	1.8273	123.5	5.28（2820）
2005	40.70	1.85	148.8	6.48（3222）
2006	46.13	2.2798	172.9	9.50（4560）
2007	50.95	2.5580	186.6	11.41（5725）
2008	56.26	2.7062	201.6	13.04（6899）
2008	60.63	2.9012	203.9	14.28（7790）

数据来源：福建省统计年鉴 2010

科研产出方面。首先，在福建省重点建设资金的支持下，福建高等教育基础研究、应用研究和高新技术研究得到进一步加强，科研能力和科研水平大幅度提高。2006～2010 近 5 年来，福建省 2003 年确定的 8 所重点建设学校共承担各类科研项目近万项。在国家核心期刊上发表论文 22483 篇（其中，厦门大学在国际顶级学术期刊 *Nature*、*Science* 发表论文 16 篇），被 SCI、EI 收录 2653 篇，其中在"973"、"863"、国家科技攻关、国家自然基金和国家社科基金（几个项目基金间有重叠部分）支持下发表的论文 3719 篇[①]。其次，各重点建设高校充分应用重点项目建设资金，构建具备国内领先水平的公共服务体系和创新平台，建设了一批高水平实验室，如：厦门大学设有 150 多个研究机构，其中国家重点实验室 2 个，国家工程实验室 1 个，国家工程技术研究中心 1 个，科技部国际科技合作重点科研机构 1 个，教育部重点实验室 5 个，教育部工程技术中心 3 个，教育部文科重点研究基地 5 个，福建省重点实验室、中心 24 个，厦门市重点实验室、中心 14 个。厦门大学国家大学科技园是福建省内唯一经科技部、教育部认定的国家级大学科技园，其人文社会学科研究实力雄厚，在南洋研究、台湾研究、高教研究、经济研究、会计研究等领域居国内领先地位。第三，福建省高校以依托重点建设项目，坚持产学研结合，努力服务海西经济建设，为国家和地方的经济发展和社会进步作出积极贡献，科技成果转化和贡献度明显提高。如：福建农林大学长期坚持面向经济建设，以"6·18"为平台，加快科技成果转化，连续 7 年"6·18"对接并获资助项目数居所有参会高校和科研院所第一，产生了显著的经济效益和社会效益。

依托项目发展高教科研，会存在一些问题。表现在：由于科技体制、科技投入等多种因素，产学研合作向纵深发展的深层次问题依然存在，产学研结合不够紧密，科技成果的转化率不高，直接为国家和地方社会发展与经济建设服务的力度不强：高校普遍重视实验室的创新成

---

① CNKI 数据整理而来。

果，但对创新成果的推广和应用的重视不够；高新技术产业化程度不高，转化速度太慢，分散了科技资源，弱化了科技实力，没有实现最大的经济效益和社会效益。另外，福建省高校参与的建设项目的竞争与激励机制有待加强；项目多元化的投融资机制尚未真正形成；教育行政主管部门宏观调控力度有限，政策和投入倾斜的力度不够；重点建设项目负责人的责权利三位一体及激励监督长效机制有待进一步落实。

5 海峡西岸经济区高等教育的发展建议

对福建省高等教育来说，应通过建立发达的教育和文化支撑体系为海峡西岸经济区建设、繁荣和发展提供智力支持。建设海峡西岸经济区要求福建高等教育重新审视自己的服务区域、服务面向及支撑内容，并对人才培养的层次、规模进行重新定位。不仅要求福建高等教育在闽台教育合作上做得更好，还要借国家经济发展战略的倾斜政策，不断发展，缩小与周边省份之间的差距，使高等教育发展水平与经济发展水平相适应。

5.1 合理规划海西高等教育事业科学发展并加强高教管理

首先，福建省各高校要围绕海峡西岸经济区的战略目标，在建设海西、发展海西、繁荣海西的实践中，主动融入、主动呼应、主动对接海峡西岸经济区建设，把服务海西作为始终坚持的办学理念和发展战略。其次，紧密结合福建省甚至整个海峡西岸经济区的高教战线（各地区、各机构、各部门）的工作实际，研究制定推进高等教育改革发展的总体规划和切实措施，推进高等教育适应海峡西岸经济区经济社会发展需要，提高高教系统工作科学化水平以及全体人民对福建省高教的满意度；第三，认真总结海西高等教育系统的实践活动经验，建立和完善贯彻落实高等教育科学发展的长效机制。树立科学的高等教育发展理念，完善符合高等教育科学发展要求的政绩考核评价机制，切实改变单纯以升学率、发展规模和发展速度衡量发展成效和工作成绩的观念和做法，推动海西高等教育科学发展；第四，按照《国家中长期教育改革和发展规划纲要》要求，结合全省高教发展实际，以薄弱环节和重点领域为重点，推动落实高等教育改革发展重点举措，并加强教育重大决策贯彻落实情况的督查，推动建立实施监测与评估机制；第五，推动形成全社会共同关心和支持高等教育发展的新格局，营造高等教育改革发展的良好环境，如：建立健全各高教发展研究机构的合作机制、拓宽主动听取社会各界意见和建议的渠道、加强对高等教育热难点问题的政策研究。

5.2 继续有效推进闽台高教交流合作

首先是政策和机制支持。福建省应顺应两岸经济文化交流的大潮，放宽相关的政策规定，简化一些行政程序，为闽台高等教育的合作交流打造一个便捷的绿色通道，为两岸交流与合作的可持续发展提供政策保障。另外，为了使福建高等院校与台湾的高等教育交流合作能够扎实、稳健、深入地开展下去，需要一个长期、稳定和制度化的平台。因此，可以组建一个由省政府领衔、各高校参与的海峡西岸经济区高等教育交流合作组织，专门负责闽台高教交流合作的相关服务、推广、权益保护等事务，如：推进闽台高校间的学分互换、学历互认；鼓励多样化并且能长期有效地实施下去的高教交流合作形式，通过闽台行政系统的运作而形成闽台高等教育师生交流的长效机制。其次是基础设施和辅助条件支持。福建省和一水之隔的台湾省可以发挥当地高校与学者优势，创建一个闽台高等教育交流合作的论坛，定期研讨解决高等教育交流合作过程中出现的新问题、新情况；充分利用互联网的优势，搭建一个闽台高等教育资源共享的网络平台，实施闽台之间跨校教育资源的互补和援助，比如：建立远距离教室、网络大学、电子图书馆等；构建闽台人才储备交流窗口，包括闽台高校的专家学者储备库和闽台高校毕业生人才储备库，一方面有效促进专业人才交流，另一方面促进闽台高校毕业生的就业；可以由福建省和台湾政府以及相关的教育机构、高校、企业共同出资建立闽台高等教育交流合作基金会，由前文提到的闽台高教交流合作组织运作，为闽台高教各方面的交流与合作提供资金支持。

5.3 完善海西高等教育经费投入和经营管理

首先，建立社会捐集资机制，避免高等教育投入主体的缺位。福建省高等教育经费来源过分依赖预算内教育经费拨款和事业收入两大主渠道，即国家和个人这两大投入主体，社会投入十分有限，说明企业这一主体的缺位现象十分严重。因此，财政部门应完善企业及公民个人向高等教育投资、捐赠的各种优惠政策，扶持发展各种形式的公益性教育基金和信托基金。其次，应发挥福建特色，开拓福建高教经费投入的新渠道。福建是我国东南沿海与台湾交流的政经、文教前沿和中心，也是全国重点侨乡，要充分发挥海外侨胞众多以及毗邻台港澳、东南亚国家的优势，积极引进海外教育资金的投入，尤其应把东南亚国家和港澳台地区作为重点目标。结合福建省侨乡这一特色大力发展中外合作办学和民办高等教育，扩大社会对福建省高等教育的投入。第三，加强福建省高校自身创收能力，开源与节流并举。前者是利用高校自身的科技实力、教学能力，多渠道提高自身的造血功能，如加强校企合作，推动企业资金投入高校专项项目建设；积极开展各种社会服务活动，以获取收益；充分发挥校友的力量，拓宽捐资来源；发展校办产业等以多种方式筹集高等教育资金。后者则要求高校积极探索科学、规范的教育经费分配和管理制度，加强对教育经费的审计与监督，组织进行经费使用效益评估，不断提高经费使用效益。

5.4 提高海峡西岸经济区高等教育物力资源利用率

首先，合理安排福建省高等教育经费支出，适当调整经费支出中的基建拨款比例，以满足高等教育扩招后福建现有高等教育办学条件趋紧的问题；省政府相关部门根据各高校人才培养计划、科研参与情况等给予物力资源支持，并对物力资源的配置和后期管理进行监督，避免重复购置和利用效率低的问题；对高校新校区、"大学城"等高教建设工程给予政策倾斜，并对工程进行有效指导与监督，促进各高校间的合作交流机制，使高校新校区、"大学城"物力资源能够得到及时和合理的配置。如：为实现资源共享，避免重复建设，可建设高校公共资源与仪器设备共享系统，最大限度地提高大型仪器设备的使用效率。其次是继续大力推进高等教育信息化建设。"数字教育"建设项目启动时间不长，还需要进行不断地调整与完善，福建省政府及相关部门还应在建立全省教育系统公文流转办公系统、网站规范管理系统、即时通讯平台、数字试题试卷系统、视频会议系统、建设省级教育数据中心等方面下足功夫；还应联合各高校建设全省校舍管理信息系统、学生信息数据库、教师信息基础数据库，建设财务、设备房产、科研等基础数据库，开发利用高等教育信息资源，为教学、研究和管理服务；此外，我省还应加速推进"金教工程"建设，构建集成化、网络化的教育服务与监管体系。

5.5　加强海峡西岸经济区高等教育教师队伍和学科建设

首先，大力开展高校高层次人才队伍建设。以重点学科、科技创新平台为载体，以科技项目为核心，汇聚学科队伍；启动实施高校领军人才培养与引进计划，为省属本科院校依托重点学科和重点实验室等创新平台培养引进一批领军人才创造条件，如：设立专项资金，培养和引进大批国内外著名专家、学者或中青年学术骨干；深入实施闽台高职院校联合培训师资计划，开展新办本科高校和高职院校青年教师教育教学能力提升培训；建立高校杰出科研人员、优秀的中青年学术骨干的选拔和奖励机制，营造出良好的科研创新人才培养选拔机制。另外，可以通过教育人事制度的改革完善海峡西岸经济区高教的人力资源供给，建立以竞争、流动为核心的人事管理机制、人才评价机制和科学合理的分配激励机制。其次，进一步加强学科建设，提升高校办学整体水平及其人才培养前瞻性。具体而言，要进一步完善政府主导、行业指导、企业参与的专业结构调整和学科建设机制：保护和建设好一批为学科发展提供支撑的基础学科，集中力量建设好一批直接为海西经济社会发展服务的应用学科，大力扶持发展一批具有较强知识与技术创新能力的高新技术学科，争取有若干个代表学校办学水平与特色的学科达到国际或国内同类学科的先进水平；支持、鼓励各高校联合立项、联合攻关，整合多方优质资源，构建跨学科的研究平台和创新基地，促进学科间的交叉融合，形成新的学科增长点，增强各高校办学的综合实力和竞争能力。

5.6　着力提高海峡西岸经济区高等教育的内部绩效与教育质量、效益

首先，积极探索建立和完善应用型人才培养体系。（1）本科教育。深入实施高等学校本科教学质量与教学改革工程，调整政策导向，改进建设办法，建设好省级本科教育人才培养改革创新实验区、优秀本科学生创新性试验项目等本科高校产学合作人才培养模式和机制的综合改革项目以及省级高校本科教育特色专业、精品课程、教学团队、教学名师等一批本科教育重大改革和建设项目；组织开展教学工作水平评估和新建院校办学条件与教学工作核查以及省级精品课程、实验教学示范中心建设情况抽查。（2）高层次人才教育。推动研究生、博士生培养结构调整还让培养机制改革；加强研究生、博士生培养创新基地建设，探索建立研究生培养数量、质量与提升科技创新能力、加强海西建设紧缺高层次人才培养紧密结合的机制。其次，创新福建省高校参与项目的管理机制：加强重点建设项目管理体制与运行机制的改革创新，建立绩效评价指标体系，实施以绩效为依据的资源配置模式；通过创新管理运行机制，确保项目的健康发展，保证建设质量和资金使用效益；实行项目倾斜政策，优先支持重点建设一批对海峡西岸经济区经济社会具有重大影响和带动作用的项目，如：电子信息、装备制造、医药、生物、化学化工、现代农业、新材料、新能源、海洋等领域。同时，继续完善重点建设项目的组织保障、资金保障、制度保障、机制保障，确保高质量完成

建设任务。最后，创造条件加快科研成果的转化，建立健全科技转化的动力机制、收益分配机制、约束机制、激励机制、调控机制，缩短科技成果转化过程，加快科技成果向现实生产力的转化。具体而言，要加强高校科技创新平台建设，开展全省高校重点实验室、工程（技术）研究中心、共性技术产学研研发中心等科技创新平台的检查、评估工作，整合、淘汰一批成效不明显、与海西建设结合不紧密的创新平台，遴选建设一批适应海西产业发展新需求的创新平台。依托"6·18"等综合对接通道，建立产学研合作的利益保障机制和多种形式的产学研合作新模式，设立产学研专项奖励资金，引导高校与企业开展卓有成效的产学研合作，实现高校创新资源与海西建设需求的有效对接。

第十一章　海峡西岸经济区创新型人才培育预警理论模型

1　引言

在以知识经济为主的 21 世纪，开放式的创新思维对一个地区甚至国家的发展至关重要。企业之间、国家之间的竞争，归根结底都是知识和科技创新的竞争①。在对人才的培养方面，我国较世界某些发达国家仍比较落后，主要表现为创新型人才的相对缺乏。近年来，我国在教育领域虽然取得了一些显著的成就，但落后的培养理念和陈旧的培训模式导致我国的人才队伍缺乏开拓未知领域的激情②。与其他教育水平发达的国家相比，我国人才缺乏创新的意识和能力，以至于其在遭遇问题时难以运用创造性思维对其加以解决，这与国际竞争中对人才的需求相差甚远。随着经济的快速发展，我国对创新型人才的需求愈发紧迫，加强对创新型人才队伍的培养迫在眉睫。2006 年 1 月 10 日，胡锦涛在全国科技大会上指出要将我国在 2020 年进入创新型国家行列作为总体奋斗目标。此外，在党的十七大报告中，他强调了对创新型人才培养的注

---

① 安德伟：《谈知识经济条件下高校创新型人才培养》，《理论研讨》2011 年第 1 期，第 22 页。

② 李学智：《企业创新型人才的培养与管理》，《山东人力资源和社会保障》2010 年第 8 期，第 48 页。

重，希望通过创新型人才的大量涌现使全社会的创新智慧竞相迸发①。当前，以福建省为首的海峡西岸经济区（以下简称"海西"）产业正面临着转型和升级趋势，各大企业在加大人才引进力度的同时，也受到创新型人才相对匮乏的困扰。因此，构建一个创新型人才培育预警理论模型，避免海西创新型人才的缺乏，同时防止培养出的创新型人才偏离海西产业发展的方向，对加速海西经济的发展具有重大的理论和实践意义。

2 预警理论研究综述

预警最早源于军事，是指通过各种方式和途径提前获取所需信息，经过对信息的处理和分析来预测敌方的动态，并将可能的动态进行分类定级，最终由总部对需要提前采取的措施做出决策，以此来应对敌方的可能行为②。随着社会的发展，军事预警逐渐推广到社会的各个方面，并得到广泛和深入的应用。目前，预警主要可以分为以下几类，如图 11 - 1 所示。

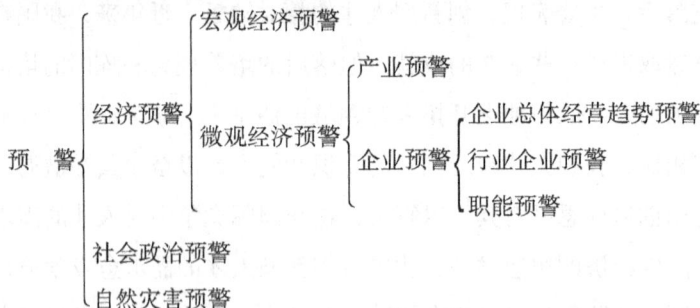

图 11 - 1　预警的主要分类

目前，经济预警的应用范围最为广泛，它最早产生于二次世界大战后 50 年代的美国③，是指围绕经济的循环波动这一现象所展开的一整

---

① 唐静：《试论企业创新型人才的培养》，《铜陵学院学报》2008 年第 4 期，第 46 页。
② 余丛国、席西民：《我国企业预警研究理论综述》，《预测》2003 年第 2 期。
③ 雷战波、赵吉博、朱正威：《企业危机预警理论及其对我国社会危机预警的启示》，《中国行政管理》2005 年第 2 期，第 34 页。

套方法理论体系，主要适用于对经济进行预测、监测、评价以及政策选择①，它又可以划分为宏观和微观经济预警。其中，宏观经济预警研究主要是在近三十年内展开的，尤其是 1984 年投资失控和消费膨胀等一系列问题出现后，我国加快了对国民经济运行的监控和提前报警这两方面的研究。在宏观领域取得了一定成就后，预警理论又逐渐被运用到微观领域。其中，产业经济预警是指通过监测某个产业的经济状态来把握该产业经济的波动规律以及发展态势②。企业预警理论则是在 1993 年由我国教授佘廉首次提出③，意指一种能够对企业经营失败和管理失误等现象进行早期警报和控制的管理活动④。行业预警主要集中在农林、煤炭、银行和风险投资等领域。而职能预警研究则主要集中在企业的财务和投资预警、生产和研发预警等几个方面。社会预警是指对社会系统运行的质量以及结果进行一系列预测和评价，进而在出现问题时报警⑤。

3　海西创新型人才培育与产业发展分析

2009 年 5 月 14 日，国务院出台了关于支持海峡西岸经济区建设的《国务院关于支持福建省加快建设海峡西岸经济区的若干意见》，该《意见》要求海西着力培养一线创新人才，为海西发展提供坚强的人才保证和智力支持⑥，由此可见创新型人才在海峡西岸经济区建设中的重

---

①　王耀中、侯俊军、刘志忠：《经济预警模型述评》，《湖南大学学报》（社会科学版）2004 年第 2 期，第 27 页。

②　罗鄂湘：《产业经济预警研究综述》，《统计与决策》2009 年第 3 期，第 162 页。

③　闫丽美：《企业人才流失的预警管理》，《青岛大学》2006 年，第 9 页。

④　佘廉：《企业预警管理理论》，河北科技出版社 1999 年版。
企业预警管理网站，http://earlywarn.whut.edu.cn.

⑤　鲍宗豪、李振：《社会预警与社会稳定关系的深化——对国内外社会预警理论的讨论》，《浙江社会科学》2001 年第 4 期，第 109 页。

⑥　陈玲：《论状态和谐与海西经济建设创新型人才成长》，《科技管理研究》2010 年第 8 期，第 157 页。

要性。改革开放以来，以福建省为首的海西经过积极探索，人才队伍不断壮大，人才总量增长平稳，人才素质提高显著，但创新型人才仍十分缺乏。根据福建省人才资源就业的产业分布情况可知，福建产业结构仍处于劳动密集型阶段，尚未转向资本和技术密集型产业①，如表11-1所示，这间接说明了海西创新型人才的缺乏。

表 11-1　福建省近五年就业产业结构

省 年份	2007	2008	2009	2010	2011
第一产业	32.7%	31.1%	29.5%	28.4%	26.3%
第二产业	35.1%	35.6%	35.8%	36.6%	37.8%
第三产业	32.2%	33.3%	34.8%	35.0%	35.9%

数据来源：2012 年《福建省统计年鉴》

造成这种现象的原因在于海西对创新型人才培养的忽视。当前，海西人才培养主要集中于对经管类和专业技术类人员的培养，高层次人才则主要从其他地区引进，对创新型人才培养的投资寥寥无几。从福建省从事研究和开发的人员情况也可看出其创新型人才的匮乏，如表11-2所示。

表 11-2　福建省县级以上政府部门科学研究机构与开发机构情况

省 年份	2007	2008	2009	2010	2011
机构数（个）	103	102	104	96	98
职工人数（人）	5778	5908	6287	6437	6501

数据来源：笔者根据 2012 年《福建省统计年鉴》和 2011 年国民经济和社会发展统计公报②整理而得

---

① 吴雪萍、苏天恩：《浅谈海西建设中福建人力资源开发》，《龙岩学院学报》2008 年第 1 期，第 37 页。

② 《福建省 2011 年国民经济和社会发展统计公报》［EB］,中国国情 - 中国网,2012 - 03 - 19,http://guoqing.china.com.cn/gbbg/2012 - 03/19/content_24933766.htm.

一个国家产业发展的好坏与该国创新型人才的培养状况息息相关，海西产业的发展与其创新型人才培养的状况也密不可分。一方面，产业的发展是创新型人才培养的根基。若某地区的产业发展迅速且势头良好，则会促进该地区经济的快速发展，而经济的发展意味着该地区有充足的资金去挖掘创新型人才，能够对创新型人才的培养模式、培养速度以及培养方向进行优化改进。此外，某地区对创新型人才的需求程度在一定程度上取决于该地区的产业发展状况。新闻出版总署人事司司长孙文科指出，任何产业在加速发展和技术转型时期对人才的需求都会大幅度增长[1]。因此，要想保证产业的可持续发展，对创新型人才的需求会源源不断，进而对其培养也应持续进行。由此可知，产业的发展是创新型人才培养的土壤，创新型人才的培养依赖于产业的发展状况；另一方面，对创新型人才的培养又将促进产业的进一步发展。产业发展中的最重要资源是人力资源，人才是生产力中最活跃的因素。产业发展的过程表现为产业结构的不断调整和优化，这有赖于人才类型和层次的调整。目前，海西产业的发展遭遇了一定的瓶颈，要想发生质的飞跃则需要不断创新，因此，创新型人才的培养对产业的可持续发展至关重要。总而言之，海西产业的发展与其创新型人才的培养相互影响、相互促进，最终形成了一个良性循环，促进海西经济的可持续发展，如图11－2所示。

图11－2　海西产业发展与创新型人才之间的关系

---

① 《人才建设是产业发展的百年大计》，科技与出版2010第3期，第30页。

4 创新型人才培育的预警理论模型

海西产业的进一步发展离不开创新型人才的大力支撑，因此，我们有必要建立一个预警理论模型，以便对海西创新型人才的培育进行预警管理。该模型以信息收集为基础，通过警源的寻找、警兆的分析和警度的预报来完成对创新型人才培养的监测、预警以及预控职能①，其构建和运作流程主要如图 11 - 3 所示。

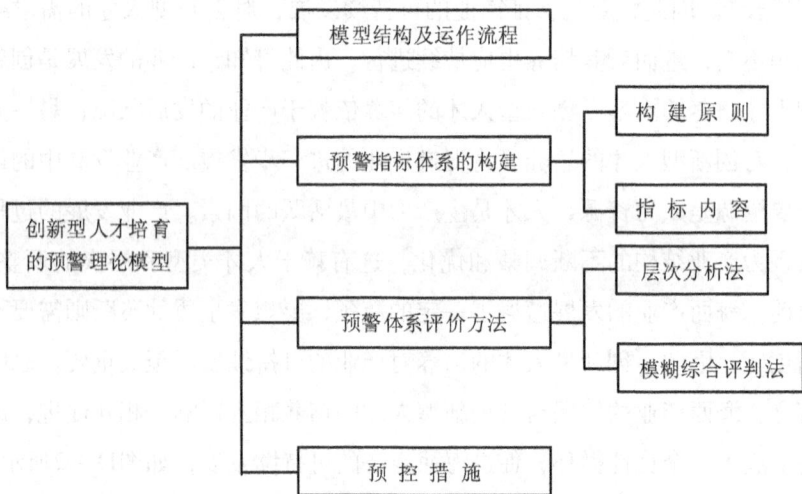

图 11 - 3　海西创新型人才预警理论模型运作流程

4.1 新型人才培育预警理论模型的结构

海西创新型人才培育预警理论模型主要由预警和预控系统两个子系统组成，它通过对创新型人才的培养状况进行监测、识别、诊断以及评价，进而给出预控措施，如图 11 - 4 所示。

---

① 张曼晶：《中小企业人才流失危机预警管理探究》，《中国商界》2009 年第 3 期，第 76 页。

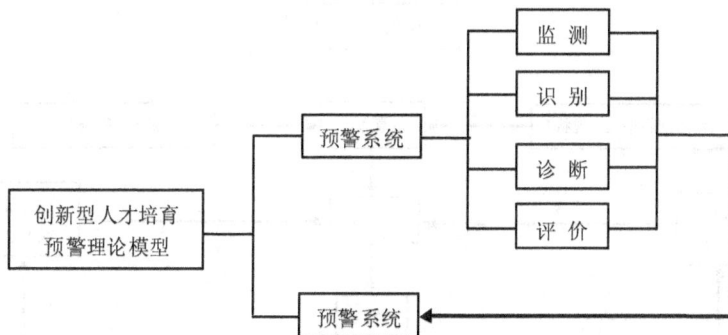

图 11 - 4　海西创新型人才预警理论模型的基本结构

4.2　创新型人才培育预警理论模型运作流程

海西创新型人才培育预警理论模型的整体运作流程主要分为以下几个步骤：首先是对信息进行全方位的收集，其次对收集到的信息和数据进行分析和处理，同时通过预警指标体系的建立以及预警评价方法的运用对存在的问题进行识别，进而做出诊断，最后根据存在的问题采取相应的预控措施，以提前避免培养出来的创新型人才与海西产业的发展出现较大偏差，具体流程如图 11 - 5 所示。

4.2.1　设立专门管理机构

为了培养符合海西产业和经济发展的创新型人才，我们需要设立一个专门的管理机构，该机构通过对预警模型的充分运用主要从事以下三方面工作。首先，该机构负责对创新型人才培育进行信息收集和整理工作，并将整理好的信息归类存档；其次，应负责制定创新型人才培养监测的目标、标准以及实施方案，同时指挥并协调预警活动的开展；最后，要对已有信息进行分析预测，判断其状态，进而发出相应的警报信号。总之，该机构要对创新型人才的整个培育过程包括监测、识别、诊断以及评价四个环节进行及时且密切的关注。

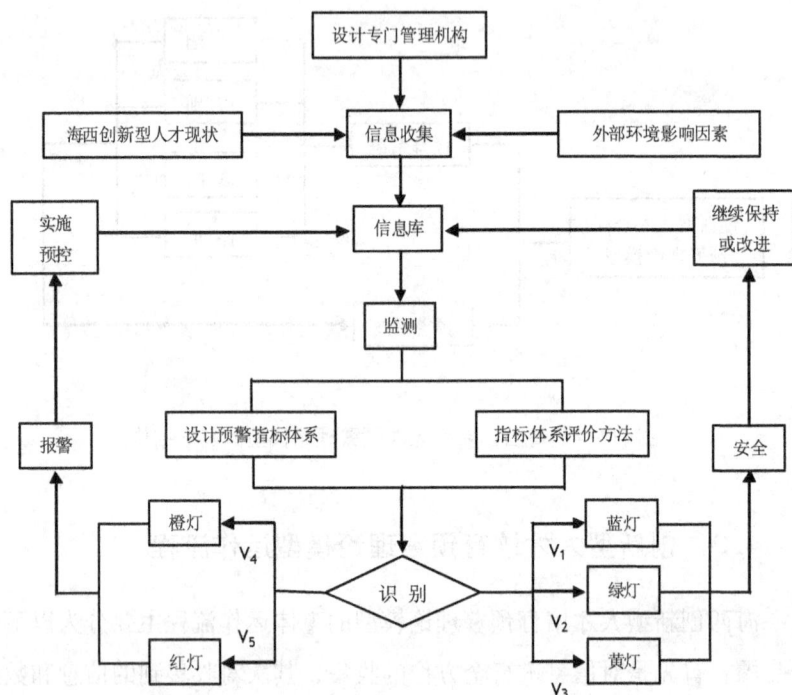

图 11 – 5　海西创新型人才培养预警理论模型运作流程

4.2.2　设计预警指标体系

要使创新型人才培育预警理论模型能够有效运行，建立科学的预警指标体系是必要前提，该体系是由一系列相互联系且能直接或间接影响创新型人才培养质量，反映其存在问题的具体指标构成的有机整体，是预警理论模型成功运行的前提①。根据已有研究成果的归纳和总结，海西创新型人才培育预警理论模型指标体系的设计应遵循以下几个原则②：

a. 具体化原则，即各指标不能模糊笼统，而应具体细化到各层面，

---

①　刘平、张春瀛：《组织核心人才主动离职危机预警系统的构建》，《科技管理研究》2007年第4期，第208页。

②　胡蓓、李毅：《人才流失危机预测预警管理》，《中国人力资源开发》2004年第12期，第24页。

便于研究人员进行追踪调查。

b. 可度量原则，即各指标均可量化，可通过收集具体的数据来反映其内容。

c. 可实现原则，即各指标应使研究人员能够通过调查研究获得，而非推测得出。

d. 存在性原则，即各指标真实存在，可被研究人员观察和证明。

e. 时限性原则，即研究人员对各指标的处理须在一定期限内完成。

根据以上五个原则，笔者提出了以下海西创新型人才培育的预警指标体系，如表 11 - 3 所示：

表 11 - 3　创新型人才培育预警指标体系

指标体系	个人因素 A_1	年龄 B_1 性格 B_2 文化程度 B_3
	企业因素 A_2	企业文化 B_4 员工培训 B_5 激励机制 B_6 评价体系 B_7
	社会因素 A_3	教育理念 B_8 培养过程 B_9 培养制度 B_{10} 保障机制 B_{11} 资源配置 B_{12} 科研经费 B_{13} 教育水平 B_{14}

所谓创新型人才，指在创造新事物的意识、观念、技巧和能力等诸多方面都非常突出的人才[1]，他们的意识、精神，所拥有的技巧和能力都具有一定的创新性。创新型人才并非与生俱来，其创新思想是在后天的生活以及工作环境中逐步形成的，可见环境对其的培养至关重要，笔

---

[1]　晏月平：《21世纪企业创新型人才培养与创新管理》，《现代企业教育》2008年第7期，第58页。

者主要从个人、企业和社会三个方面进行了阐述。

个人方面，一般来说，个体的年龄越大，其思想就越陈旧，要想将其培养成创新型人才就越困难；其次，个体的性格越活泼开朗，其新创意的产生就越简单，因此对其的创新型培养就越容易；文化程度越高，创新型想法的产生以及接受能力就越强，对其的培养也就越容易。

企业方面，企业文化、企业激励机制等都直接或间接地促进或抑制了其对创新型人才的培养。首先，就企业文化而言，部分企业缺乏对创新性和独立性的认识，习惯于照葫芦画瓢，搬用别人的做法，没有把创新的理念渗透到员工思想当中去[①]，因此很难培养出具有创新思维的创新型人才；其次，员工培训方面，企业的产品创新和升级、机制创新与改进都离不开科学知识的应用，这些归根结底都取决于企业的员工是否具有综合知识与能力。经济在发展，社会在进步，知识的不断更新迫使企业必须对员工进行继续教育，通过对其视野的开拓以及知识的增长，使其创新能力和技巧等各方面有所提高；激励机制则相对通俗易懂，当员工产生某创新想法，企业将之付诸实践并取得一定成功后，若企业对员工进行了一定的奖励，则有利于激励其他员工在今后的工作当中着重培养自己的创新思维，最终使企业创新型人才的队伍不断壮大；最后是企业的评价体系，一个企业若具备完善且积极良好的评价体系，有利于端正员工的工作态度，进而间接促进了对创新型人才的培养。

就社会因素而言，当代的教育理念、培养过程和培养制度等多个方面都对创新型人才的培养有所影响。如目前的教育理念过于滞后，未能尊重学生的主体地位和个性发展，这不仅满足不了现代社会高速发展的需要，同时对人才创新思维的培养也产生了一定的制约[②]；在培养过程

---

① 唐静：《试论企业创新型人才的培养》，《铜陵学院学报》2008 年第 4 期，第 46 – 47 页。

② 李高扬、刘明广：《自主创新型人才培养模式研究》，《中国高校科技与产业化》2011 年第 Z1 期，第 90 页。

中，当代教育普遍以教师和书本为中心，学生大部分时间处于被动接受地位，自主创造力也得不到发挥，久而久之，不利于创新型人才的形成；另外，科研经费的不足、教育水平的落后、资源配置的低下都对创新型人才的培养带来了诸多障碍。

综上所述，影响海西创新型人才培养的因素较为分散，相应的管理机构应经常对上述指标进行跟踪记录，通过对不同时期指标数据的收集和处理，为之后创新型人才培育预警理论模型的良好运作奠定良好的基础，避免对海西创新型人才的培养偏离了海西产业发展的方向。

4.2.3　确定状态等级

在本预警理论模型中，将预警等级分为五个层次，分别用红、橙、黄、绿、蓝五种颜色的灯来表示，分别代表非常危险、较危险、正常、较安全和非常安全五个状态，如表 11 -4 所示。

表 11 -4　海西创新型人才培养预警状态

危险等级	警报信号
非常安全	蓝灯
较安全	绿灯
正常	黄灯
较危险	橙灯
非常危险	红灯

蓝灯表示目前海西对创新型人才的培养状况非常好，使得海西既不缺乏创新型人才，同时，培养出来的人才也能够促进海西产业的快速发展。

绿灯表示目前海西创新型人才培养尚处于安全区域，短期内无太大风险。当绿灯变为蓝灯时，表示人才培养状况向合理化逐步靠近；当绿灯变为黄灯时，表示应采取适当措施加以调控，以避免培养状况向危险区域转化。

黄灯表示目前海西的创新型人才培养处于正常范围，既无风险也不算十分安全，可采取相应措施继续保持该状态或者朝安全区域努力。

橙灯表示海西创新型人才培养已出现危险势头，短期内有可能恶化，但也有转稳的可能。由橙灯转为黄灯时，表明培育形式好转，可适当放松调控措施；由橙灯转为红灯时，表示创新型人才培育已出现危险，此时应密切关注指标动向，及时采取调控措施以避免情况恶化。

红灯表示海西创新型人才培养已处于非常危险的状态，培养出的创新型人才严重偏离了海西产业的主要发展方向，对此，相关部门应立即采取调控措施，使创新型人才培养回归正常轨道。

4.2.4 预警体系评价过程

在确定了预警理论模型的状态等级之后，应构建一个评价集，即评判者对评判对象可能做出的各种总的评判结果组成的一个集合[①]，表示为 $V = (V_1, V_2, V_3, V_4, V_5)$。其中，$V_1 =$非常安全，$V_2 =$较安全，$V_3 =$正常，$V_4 =$较危险，$V_5 =$非常危险。在构建了指标体系以及确定了评价集之后，可运用德尔菲法或层次分析法等方法确定各指标的权重，并用 a_i（$i = 1, 2, \cdots\cdots, 14$）表示其大小，以此反映各指标在创新型人才培育过程的重要程度。在确定了指标体系的权重之后，就要对预警指标进行综合评价。首先应建立权重集，由于各指标对创新型人才培养的影响不同，因此所有指标不能同等对待。我们将之前计算所得的权重构成的集合成为权重集 $A = \{a_1, a_2, \cdots\cdots, a_{14}\}$（$\sum_{i=1}^{14} a_i = 1$ 且 $a_i \geq 0$）。其次，利用单因素模糊评判法对指标体系中的第 i 个因素 u_i 进行评判，我们将评判结果对评价集中第 j 个元素 V_j 的隶属程度记为 r_{ij}，则单因素评判集 $R_i = (r_{i1}, r_{i2}, r_{i3}, r_{i4}, r_{i5})$（$i = 1, 2, \cdots\cdots, 14$），整个指标体系内诸因素相应的隶属度可用矩阵表示，如下所示：

---

① 张樨樨：《我国人才集聚预警机制研究——以北京为例》，《云南财经大学学报》2010年第1期，第156页。

$$R = \begin{bmatrix} r_{1,1} & r_{1,2} & \cdots & r_{1,5} \\ r_{2,1} & r_{2,2} & \cdots & r_{2,5} \\ \cdots & \cdots & \cdots & \cdots \\ r_{14,1} & r_{14,2} & \cdots & r_{14,5} \end{bmatrix}$$

然后利用多因素模糊评判，综合考虑所有指标的影响，运用公式

$$B = (a_1, a_2, \cdots\cdots, a_{14}) \cdot \begin{bmatrix} r_{1,1} & r_{1,2} & \cdots & r_{15} \\ r_{2,1} & r_{2,2} & \cdots & r_{2,5} \\ \cdots & \cdots & \cdots & \cdots \\ r_{14,1} & r_{14,2} & \cdots & r_{14,5} \end{bmatrix} = (b_1, b_2, b_3, b_4, b_5)$$

将隶属度归一化，得到综合评定向量 $(b_1, b_2, b_3, b_4, b_5)$。最后，按照最大接近度原则判定海西创新型人才培养所处的状态等级，即海西创新型人才所处状态与 $\max(b_1, b_2, b_3, b_4, b_5)$ 所代表的状态相对应，进而根据其所处等级进行适当调控。

5　相关调控措施及建议

5.1　改变教育理念

受我国传统教育理念的影响，海西历年来对人才培养的目标仅仅局限于对研究型和应用型人才的培养，整个海西地区缺乏对人才创新精神及其创新意识的培养。培养人才的真谛不仅在于令其继承已有知识，更重要的是要令其具有开拓未知领域的能力，在 21 世纪这个知识经济时代，单纯地对知识进行传播已远远不够，让学生学会如何独立的思考问题是关键[①]。为了促进海西产业的快速发展，海西必须从根本上改变教育理念，政府和社会应加大对创新型人才培养的宣传，使学校和企业认

---

①　杨福家：《大学教育要适应知识更新》，《黄河水利职业技术学院学报》1998 年第 10 期，第 31 页。

识到创新型人才的重要性，把对创新型人才的培养提升到一个战略高度，充分认识到对人才创新精神和创新能力培养的重要性。

5.2　创新人才培养模式

我国现行的教育体系尤其是本科层次的教育强调以专业对口为目的，以培养专业人才为目标，这严重束缚了对学生创新能力的培养[①]。目前，随着海西对人才多样化和个性化的需求日益明显，如何根据人才的兴趣爱好和学习能力等方面的差异进行定制化教育是海西保证其创新性人才培养质量的重大突破口。因此，海西要以人才的全面发展为目标，改变以教师和课本为主体的单向灌输模式，坚持以学生为中心，强调师生互动的教学过程，培养学生的主观能动性[②]，构建以学生为主的培养模式。依据海西产业发展的需要，充分结合社会资源，大力开展产学研等开放式培养模式，丰富人才的知识水平，拓展人才的知识面，提高人才的主体创新意识，塑造人才的创新人格，为海西产业的可持续发展提供强有力的支撑。

5.3　完善创新环境

外部环境的好坏对创新型人才的培养至关重要，宽松的环境是孕育创新型人才的摇篮，而压抑的环境则会对创新型人才进行扼杀[③]。因此，构造一个良好的环境对海西创新型人才的培养有着不可忽视的作用。一方面，海西各高校在学术氛围上，应大力提倡百家争鸣和百花齐放，支持学生的创新理念和创新思维，令学生能够大胆创新，勇于创新

---

① 李海鹏：《我国创新型人才培养模式的改革与探索》，《西安交通大学学报》（社会科学版）2011 年第 3 期，第 95 页。

② 陈益林：《院校发展视野中的我国高校创新型人才培养》，《民办高等教育研究》2007 年第 1 期，第 66 页。

③ 巩伟：《关于新形势下高等院校创新型人才培养的思考》，《教育创新》2011 年第 10 期，第 19 页。

并发挥特长。此外，各高校还应开设不同规模的实验室、科研室以及工作室等平台，使学生通过与他人和老师之间的交流、讨论，令自身创新思维得以扩散和渗透，激发其创新灵感；另一方面，就企业而言，良好的企业环境对创新型人才的培养和成长也至关重要。企业可定期邀请国内外知名专家来企业内部开设各种有关创新及创新方法的讲座，丰富员工的创新知识，树立员工的创新理念；此外，企业内部也可开展各种创新活动，努力营造一个尊重且鼓励创新的氛围，减少对创新的束缚，允许创新失败，为员工实现自身的创新理念、完成自己的创新成果搭建一个良好的平台。

5.4　破除体制障碍

就学校而言，首先应着重鼓励学生树立创新的文化观和价值观，突出并强调创新因素在学生评价体系中所占的比重[①]，为现有及潜在的创新型人才提供必要的保障。其次可通过弹性学分制管理模式的大力推广，即允许学生在修完自身专业所需学分后辅修其他专业或提前毕业，拓展学生的知识面，培养学生的学习能力，进而提升学生的创造思维和创造能力。就企业而言，应消除一切束缚或阻碍员工发挥其创造力的不利因素，大力完善企业机制，从人才的引进、培养、激励和评价考核等各个方面为人才的创新活动提供体制保障，营造出尊重人才、尊重创新的良好氛围，形成一个鼓励创新的和谐环境。

5.5　打造高水平师资队伍

教师是教育创新的关键，一支高水平的师资队伍对创新型人才的培养而言是一个重要保障。目前，海西所拥有的能够在国际前沿领域占有一席之地的创新型拔尖人才严重缺乏，大师级水平的学术领军人物则更

---

① 杨蒙山：《我国高校创新型人才培养中存在的问题与措施》，《枣庄学院学报》2011年第1期，第96页。

是少之又少，这直接反映出海西教师队伍的能力与我国甚至世界其他地区教师水平的差距。因此，提高海西师资队伍水平，优化海西教师队伍结构迫在眉睫。首先，海西教师需通过不断提高自身的教学能力来适应培养创新型人才这个要求。同时，海西相关教育部门可凭借一系列师资队伍建设规划和激励政策的制定，通过培训、研讨和进修等多种途径的运用，逐步提高教师的教学水平。其次，教师本身应不断提高自身的创新素质。一个有创新能力的教师不只是上好一堂课，更重要的是通过对现代教学方法的应用来启发学生的思维，开拓学生的视野，让学生充分发挥其聪明才智来不断获取新知识[①]。可见，只有具有创新素质、创新能力的教师才能更好地培养出创新型人才。

6 本章小结

自海西成为我国重点培养的经济区以来，其产业和经济的发展取得了显著的成效。但同时，为了保证海西产业的可持续发展，构建一个海西创新型人才培育预警理论模型，以从根本上解决海西创新型人才缺乏及其与海西产业发展不匹配的问题至关重要。预警模型的建立是对海西人才培育的居安思危，海西产业的可持续发展需要人才本身以及社会的共同努力，竭力为海西产业的跨越式发展提供有力支撑。

---

① 于桂芳：《浅议创新型人才的培养》，《经营管理者》2010 年第 2 期，第 164、181 页。

第十二章　海峡西岸经济区人才开发与人才引进协调研究

1　引言

随着经济全球化和知识经济的发展，国家、地区、企业都十分重视战略性人才资源开发与管理工作。美国管理大师德鲁克曾一再强调：要十分重视开发人才资源，这是由于在所有的资源中，只有人才资源是唯一取之不尽、不断增值的一种资源。开发人才资源可以弥补其他资源的不足①。人才区别于人力资本，人力资本是指人所具有的特定能力，而人才是具有特定能力的人，包括：一般人才即具有一定的专门知识、技术和能力，能够为社会创造一定价值的人；高层次人才是掌握了某种知识、技能和专长的人，是高水平生产力的体现②。2009年5月6日，国务院表示为贯彻落实党的十七大精神、国民经济和社会发展"十一五"规划纲要的部署，支持和推动福建省加快建设海峡西岸经济区，促进该地区又好又快发展，发布国务院关于支持福建省加快建设海峡西岸经济

---

① 德鲁克：《管理的实践》，机械工业出版社2006年版，第196页。
② 高素英、赵曙明、王雅洁：《人力资本与区域经济增长动态相关性研究》，《经济与管理研究》2010年第1期，第84-90页。

区的若干意见①。2010 年 2 月 12 日至 15 日，中共中央总书记、国家主席、中央军委主席胡锦涛考察福建省，并就福建经济社会发展、海峡西岸经济区建设发表讲话②。2010 年 6 月 8 日经党中央、国务院批准，发布《国家中长期人才发展规划纲要（2010~2012 年)》。《人才规划》强调，中央人才工作协调小组负责本规划实施的统筹协调和宏观指导。各省区市、中央和国家机关有关部门要以《人才规划》为指导，结合本地区本部门实际，编制地区、行业系统以及重点领域的人才发展规划，形成全国人才发展规划体系。要进一步加大人才工作宣传力度，营造实施规划的良好社会环境。要以人才学科和研究机构建设、人才资源统计和定期发布制度建设、人才工作信息化建设、人才工作队伍建设为重点，全面加强人才工作的基础性建设③。在这样的形式背景下，研究海峡西岸经济区人才开发与人才引进问题，无疑具有十分重要的理论和现实意义。

2　国内外人才开发与人才引进协调发展相关研究简述

舒尔茨（1960）指出人力资本的提高对经济增长的贡献远比物质资本的增加重要④。迈尔斯和斯诺等学者提出了"人力资源管理与适配"理论，认为人力资源管理与企业环境和战略之间存在着紧密的"适配"关系，后来发展为"双向适配"理论⑤。涅克拉索夫的《区域

---

① 《国务院关于支持福建省加快建设海峡西岸经济区的若干意见》[EB]，http://www.gov.cn/zwgk/2009－05/14/content_1314194.htm.

② 中共福建省委：《关于认真学习贯彻胡锦涛总书记在福建考察时的重要讲话精神的通知》，《福建日报》2010 年 2 月 17 日。

③ 《国家中长期人才发展规划纲要（2010－2020 年)》[EB]，http://www.gov.cn/jrzg/2010－06/06/content_1621777.htm.

④ 舒尔茨：《人力资本投资》，北京经济学院出版社 1990 年版，第 4 页。

⑤ MILES R E，SNOW C C. Designing Strategic Human Resource System[J]. Organizational Dynamics. 1984，13(1)：36－52.

经济学——理论、问题、方法》①、詹姆斯·威勒与彼得·穆勒的《空间经济分析》② 和萨尔·霍夫曼的《劳动力市场经济学》③ 等，都对空间劳动力配置提出了很好的建议。从国内以往的研究来看，一些学者主要围绕区域人才开发与人才引进协调发展研究发展问题进行了诸多研究，为海西经济区人才开发与人才引进协调发展提供了很好的思路。陈延挺（2007）提出了构建"金包银"模式和"一圈两线"模型等解决对策实现区域人力资源的有效配置④。张向前（2008）提出要通过加大改革力度、政府支持、多元投入、完善市场、建立学习型农村、加速建立农村社保等措施全面促进海西农村人力资源开发，以繁荣海西农村经济⑤。郑文智、张向前（2008）认为海峡西岸经济区为提升福建省人才区域竞争力提供良好的区域品牌效应，突破人才瓶颈还需要大力发展为人才成长与科技发展服务的相关产业，通过加快城市化进程，提升人才的收入预期，增加区域研发和教育投入，改变人才管理方式，以增强区域的人才吸纳水平⑥。赵曙明（2009）主张继续加大政府发展教育的力度，在四省一市政府的合作下共同建立人力资本投资的建设性框架。建立泛长三角人才培养、开发和流动机制⑦。

---

① 涅克拉索夫：《区域经济学——理论、问题、方法》，东方出版社 1987 年版，第272 – 285 页。

② 詹姆斯·O·威勒、彼得·O·穆勒：《空间经济分析》，新疆人民出版社 1988 年版，第 58 页。

③ 萨尔·D·霍夫曼：《劳动力市场经济学》，上海三联书店 1989 年版，第 1 – 23 页。

④ 陈延挺：《解析海峡西岸经济区人力资源配置问题》，《经济前沿》2007 年第 2 期，第 28 – 30 页。

⑤ 张向前：《浅析海峡西岸经济区农村人力资源开发》，《科技管理研究》2008 年第 4 期，第 182 – 184 页。

⑥ 郑文智、张向前：《福建省人才吸纳水平及其影响因子分析》，《集美大学学报》（哲学社会科学版）2008 年第 11 期，第 20 – 25 页。

⑦ 赵曙明：《泛长三角人才培养、开发和流动机制》，《安徽大学学报》（哲学社会科学版）2009 年第 3 期，第 119 – 126 页。

3 海峡西岸经济区人才开发与人才引进协调发展现状

3.1 人才存量

福建省共有各级各类学校 2.31 万所，在校生 843.51 万人，其中：全日制学校 1.11 万所，在校生 594.4 万人；幼儿园 7508 所，在园幼儿 99.27 万人；成人教育学校（含职业技术培训机构）4511 所，在校生 149.84 万人。各级各类学校教职工 49.15 万人，专任教师 40.81 万人，其中：全日制学校教职工 42.61 万人，专任教师 36.83 万人；其他学校教职工 6.54 万人，专任教师 3.98 万人①。

3.2 高层次人才

从 2000 年至 2007 年，福建省高校人才总量呈逐步上升的趋势。以教师队伍为例，2007 年福建省普通高校专任教学科研人员 31385 名。比上年增长 9.26%，比 2000 年增长了 220%。随着教育体制改革的不断深入，福建省高校人才分布的区域不均衡状况得到一定程度的改善。闽西北高校具有高级职称的教师占全省的比例从 2000 年的 2.30%，提升到 200 年的 9.5%。在一定程度上缓解了本省内陆地区高校高层次人才十分匮乏的不利状况②。

到 2008 年，高层次人才比例得到提升，年龄结构老化问题趋于缓解。全省 31385 名专任教师中，具有正高级职称的共 2947 人，占教师总数的 9.39%；副高级职称 7921 人，占教师总数的 25.24%；中级职称 9515 人，占教师总数的 30.32%。较 2000 年均有一定幅度的提升。

---

① 资料来源于 2009 年福建省教育厅：政府信息公开之福建教育概况。
② 李玲、林桂兰：《福建省高校教师队伍建设现状及对策研究》，《福建论坛》（人文社会科学版）2009 年第 12 期，第 184–187 页。

不仅学科方面，在高层次人才年龄结构方面，2007 年，45 岁及以下的高级职称教师所占比重达 55.5%，比 2000 年增长了 6.13 个百分点，而 50 岁以上的高级职称教师比重则比 2000 年下降了 5.1 个百分点，仅占高级职称教师总数的 29.02%[①]。

3.3　科技投入

2008 年全年累计下达省科技计划项目 1497 项、年度经费 2.16 亿元；获科技部各类科技计划项目支持 356 项、资助经费 2.36 亿元；获国家科学技术奖 5 项；评选出 2008 年度福建省科学技术奖 200 项；新增"新世纪百千万人才工程"人选 6 人。根据科技部最新统计监测结果，福建省综合科技进步水平居全国第 8 位，较上年提升 3 位，其中科技促进经济社会发展指数居第 5 位、高新技术产业化指数居第 6 位。全省年专利申请 13181 件，增长 16.22%，居全国第 13 位；获授权专利 7937 件，增长 2.27%，居全国第 11 位[②]。

3.4　人才结构

学科分布情况日趋合理，高学位比例大幅提升。截至 2007 年，全省普通高校共有专任教学科研人员 31385 名。其中具有博士学位的有 3016 人，占总数的 9.61%；具有硕士学位的 9244 人，占总数的 29.45%，与前期相比均有较大幅度的提升。从学科来看，农学人才占 2.47%，比 2000 年下降了近 0.64 个百分点；工学学士人才占 23.56%，比 2000 年增加了 2.11%；文、法、经、管类人才占 41.22%。较 2000 年增加了近 2.05 个百分点[③]。

---

①　资料来源于 2009 年福建省教育厅：《福建省教育统计简明资料》，2000～2007 年。

②　数据来源于 2009 年福建省统计年鉴整理。

③　数据来源于 2009 年福建省统计年鉴整理。

3.5　人才引进与交流

近年来，福建省政府采取了一系列的政策和具体措施以促进福建省人才引进和交流，特别是台湾和海外高层次人才的合作和交流。包括：出台吸引台湾高层次人才来闽创业创新政策；中央、福建人才服务机构签约，共促两岸人才交流；在美国硅谷等地举办"中国·福建海外人才招聘会"；编写福建省年度紧缺急需人才引进指导目录；积极开展"海外留学博士海峡西岸行"海外人才项目；举办海峡两岸人才交流合作大会等。

省公务员局先后将 47 项历届"6·18"对接的项目列入国家和省引智项目计划予以重点扶持。目前为止，历届"6·18"推动对接的160 多个国（境）外专家项目成果中已有 81 个项目在我省顺利实施、总投资额近 9 亿元①。福建省公务员局（省人力资源开发办公室）、中国海峡人才市场等一直致力于海峡两岸人才交流合作大会的举办。包括两岸人力资源机构服务展示与合作洽谈、海西项目人才对接与中高级人才专场招聘洽谈两大项活动。2010 年第八届海峡两岸人才交流合作大会中海西项目人才对接与中高级人才专场招聘洽谈，吸引了 107 家单位高薪揽才，2000 多名高中级人才参会。20 名台湾专家、10 名海外高层次人才参加大会现场洽谈和与项目单位场外对接。台湾动漫、地铁运营、造镇营建专家与长乐海西动漫之都承办单位、福州市轨道办、省重点项目办等 5 个单位对接，海外高层次人才主要对接物联网技术产品和生物医药、高新技术。包括前期已达成的 10 项对接，预计将达成对接项目和意向项目 25 个②。

---

① 段金柱：《人才服务合作协议签订》，《福建日报》2010 年 6 月 19 日。
② 数据来源于福建省公务员局福建省人力资源开发办公室。

4 海峡西岸经济区人才开发与人才引进协调发展存在的问题

4.1 人才开发、引进环境缺乏吸引力

表 12－1　2007、2008 年福建省生产总值构成（单位：亿元）

年份	地区生产总值	第一产业	第二产业	工业	建筑业	第三产业	人均 GDP（元）
2007	9249.13	1002.11	4549.42	4018.42	531.00	3697.60	25908
2008	10823.11	1157.75	5415.77	4755.45	660.32	4249.59	30123

数据来源：根据 2009 年福建省统计年鉴整理

表 12－1 显示：福建省经济发展良好，但是福建的经济发展依赖于第二产业的发展，第三产业有待进一步发展。而 2009 中国人才报告显示，第三产业的发展有利于区域人才引进①。这样的产业格局使得相比较于上海、江苏、浙江、广东，福建人才开发、引进环境缺乏吸引力，特别对于是高层次的人才。表 12－2 显示，福建省在 2006、2007、2008 年 3 年间，城镇单位从业人员变动整体来看，调入明显大于调出，且有进一扩大的趋势。2006、2007、2008 年间增加的从业人员大多数从农村招收。这些表明福建省城镇单位对于人才的引进吸引力不够，特别是对于高层次的人才吸引力不够。

表 12－2　2006、2007、2008 年福建省城镇单位从业人员变动情况（单位：人）

	调入	调出	净调入	从农村招收	从城镇招收	录用大中专技校毕业生
2006	36834	39533	－2699	664758	158587	121472
2007	39429	41737	－2308	726147	163409	129316
2008	38539	42518	－3979	600809	143223	138014

数据来源：根据 2009 年福建省统计年鉴整理

---

① 潘展光：《中国人才发展报告 2009》，社会科学文献出版社 2009 年版，第 6 页。

4.2 人才开发中人才使用效益不高、人才资源使用不均匀

表 12-3 2000~2007 年全国沿海各省市专业技术人才资源使用总体效益表

省份	2000 年		2005 年		2007 年	
	G-M①	G/M②	G-M	G/M	G-M	G/M
福建	0.74	1.76	0.60	1.70	0.62	1.77
上海	2.83	2.36	2.83	2.77	2.59	2.52
江苏	0.65	1.59	1.13	2.38	1.14	2.52
浙江	0.66	1.69	1.07	2.58	0.99	2.60
广东	0.68	1.60	1.17	2.46	1.09	2.51

数据来源：根据中国人才发展报告 2009 整理

　　人才的使用是人才开发中的重要活动内容。而在人才使用方面，福建省人才资源使用效益与其他沿海省市有差距，且人才资源使用不均匀。由表 12-3 可看出，福建省人才资源使用的经济效益总体比较好，但是和上海、江苏、浙江、广东等其他沿海省市相比较，还是有一定的差距。第三产业的兴旺发达是现代化经济的一个必要特征。大力发展第三产业有利于促进工农业生产的社会化和专业化水平的提高，促进整个经济持续、快速健康发展，同时有利于提高人民生活水平，满足人民现代经济发展中的物质、精神需要③。由表 12-4、表 12-5 可看出，福建省的人才资源投入、使用集中在第二产业。福建省在对于第一产业人

---

　　①　绝对离散指数（G-M）= Gj/Gq - Mj/Mq，Gj——局域从业人均国内生产总值；Gq——全域从业人均国内生产总值；Mj——局域从业人员人才密度；Mq——全域从业人员人才密度。评价结果判别规则：若（G-M）>0，则表明该局域人才资源使用的经济效益比较好；若（G-M）≈0，则表明该局域人才资源使用的经济效益一般；若（G-M）<0，则表明该局域人才资源使用的经济效益比较差。

　　②　相对离散指数（G/M）=（Gj/Gq）/（Mj/Mq），评价结果判别规则：若（G/M）>1，则表明该局域人才资源使用的经济效益比较好；若（G/M）≈1，则表明该局域人才资源使用的经济效益一般；若（G/M）<1，则表明该局域人才资源使用的经济效益比较差。

　　③　高鹏：《第三产业对经济发展实证分析》，《企业界》2010 年第 4 期，第 70-71 页。

力资源投入、使用保持在前列，近年来处于全国的领先地位。对于第一产业人力资源投入、使用始终保持在前列，但是对于第三产业人力资源投入、使用近十年来有较强的下降趋势。

表 12 – 4　2000 ~ 2007 年全国沿海各省市分产业专业人才资源使用效益

省份	G – M			G/M		
	第一产业	第二产业	第三产业	第一产业	第二产业	第三产业
福建	0.69	0.88	0.53	1.66	5.06	1.58
上海	– 0.05	1.53	2.32	0.98	2.24	3.21
江苏	1.10	1.14	0.89	2.05	7.13	2.09
浙江	0.46	0.91	0.86	1.40	7.89	2.35
广东	0.78	1.25	0.99	2.78	5.58	2.40

数据来源：根据中国人才发展报告 2009 整理

表 12 – 5　2007 年沿海各省各分产业专业人才资源使用效益（G – M）前十名在 5 个时点上的位次

区域	1990 ~ 2007 年的 18 年间在 5 个时点上的位次变化		
	第一产业	第二产业	第三产业
福建	15 – 2 – 1 – 3 – 4	9 – 4 – 4 – 4 – 4	5 – 6 – 2 – 7 – 7
江苏	3 – 3 – 5 – 1 – 1	7 – 8 – 10 – 2 – 2	17 – 7 – 6 – 5 – 5
浙江	4 – 4 – 3 – 5 – 8	2 – 2 – 9 – 1 – 1	4 – 4 – 3 – 4 – 4
广东	1 – 1 – 2 – 2 – 2	1 – 1 – 7 – 3 – 3	1 – 2 – 4 – 3 – 3

数据来源：根据中国人才发展报告 2009 整理

4.3　人才引进效率有待提高

近年来，福建省政府采取了一系列的政策和具体措施以促进福建省人才引进和交流，特别是台湾和海外高层次人才的合作和交流。但是整体而言，福建省人才引进效率有待提高。"中国·福建海外人才招聘会"的举办对于福建省引进海外人才有着重要意义，但是，随着几场海外人才招聘会，后续项目没有跟进，福建省的海外人才相关网站上的人才引进信息基本全是政策性信息，海外高层次人才的信息匮乏。"海外留学博士海峡西岸行"海外人才项目，首先是政府向企业收集海外高层次人才需求和企业技术需求，然后组织征集海外留学人才与项目，再后就是初步的推荐。这样的流程下来，至少需要 3 个月的时间，并且海外高层次人才与福建省企业的需求信息都存在一定程度的滞后。

4.4　人才开发与人才引进之间协调性不够

近年来，福建省政府采取了一系列的政策和具体措施以促进福建省人才引进和交流，特别是台湾和海外高层次人才的合作和交流。然而引进的同时对于人才开发的力度没有相协调。编写福建省年度紧缺急需人才引进指导目录，没有对于引进人才后相关培养的计划，没有对于未来紧缺的人才进行开发。的确，人才发开的时间较人才引进长，但是一个区域内的人才不可能完全靠引进，更重要的是开发、培养。只有引进的同时，利用引进的带动培养，对于未来发展做出相应的人才开发战略，方能为区域发展提供长期的人才保障。有的学者认为人才应该先引进，再开发。其实，人才开发、人才引进作为人才战略的重要部分，是可以犹如两股绳，可以互相绞缠，以为海西经济区的发展承载更大的力量。

5　海峡西岸经济区人才开发与人才引进协调发展对策

5.1　优化人才生态环境

2005 年欧洲科学院通讯院士格利博达在题为"脑力的流失"报告中提出，人才多少不是根本，关键在于人才保持[1]。因为相较于培养人才、引进人才，保持人才的成本最低。并且，保持人才有利于区域人才资源的进一步发展和提高人才资源的使用效益。而保持人才，就需要优

---

[1]　格利博达：《脑力的流失》（联合国教科文组织报告），2005 年。

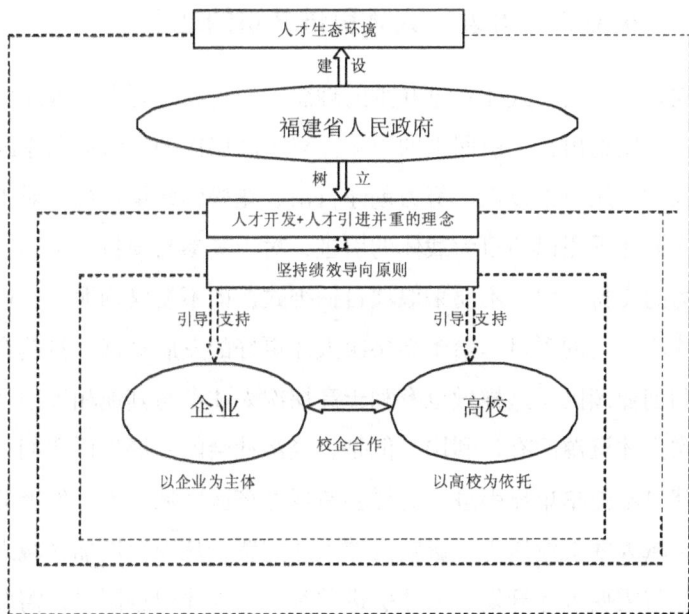

图 12 - 1　海峡西岸经济区人开发与人才引进协调发展对策图

化人才生态环境。优化人才生态环境对于人才开发、保持和吸引区域外人才有着相当的作用①。优化人才生态环境，首先，要做的是打造良好的发展环境和氛围，比如制定合理的、有吸引力的政策法规，营造创新的文化氛围，包括鼓励创新型人才的开发、引进，在科研、高校发展、企业活动中都鼓励创新，宣传学习型组织，并从政府部门为首起带头作用。其次，让高科技人才分享到应该分享的经济成果，对于某些高科技的产业，应在税收上采取减免或是其他优惠政策。第三，应用海峡西岸经济区打造区域品牌，多举办国际的研讨会，并将海峡西岸经济区建设进程、未来发展、人才所需在网站上详细公布，吸引海外人才。

---

①　黄梅、吴国蔚：《生态学视角下的创新人才开发路径研究》，《科技进步与对策》2008年第 12 期，第 222 - 226 页。

5.2 树立人才开发、人才引进并重的理念

树立人才开发、人才引进并重的理念，使得人才开发、人才引进协调发展。采用送出去、引回来的思路。对于高层次的、海峡西岸经济区欠缺的人才采用引进政策。努力创建自由、宽松的政策环境，对于引进的高层次人才采用以项目为载体的引进，对于其参与项目一定程度上给予更有力的支持。但是不要采取项目捆绑式，即不要紧拘泥于引进时高层次人才所参与的项目，给予高层次人才更好的发展规划。打造合理有效的海归创业园区。这样做也有利于高层次人才参与其他相关项目、实现高层次人才资源的有效利用。但是，经济社会的发展告诉我们，人才队伍的建设不能单单靠引进，这样会造成经济区区域内人才发展的障碍和增加区域人才就业压力，影响区域人才配置，从而会增加区域人才的外流。这就需要人才开发、人才引进并举，在人才引进同时，需要通过加大人才培养力度，如增加职业技能培训，加大科研投入的力度。同时，注重充分利用引进或是经济区内的高层次人才，特别是专科或是行业领军人才。利用领军人才的知识技术，培养一批相关的优秀人才。

5.3 坚持绩效导向原则

福建省人民政府对于人才投入资金、资源坚持绩效导向为原则。即在人才投入资金、物力的初期，就强调政府对于人才投入坚持绩效导向为原则，制定合理的投入绩效考核指标，和相对应的考核时期。对于人才投入的非公益性项目，跟踪其资金、资源投入后产出效果。所得到的人才投入产出数据，一是可以用来指导投入项目的人才培养发展、以促进提高人才资源使用效益；二是可以作为下次投入资金、资源的重要依据。坚持人才投入资金、资源绩效导向原则，旨在更加合理地运用公共资源，而欲达到这个目的，还是得构建人才投入资金预算管理体系。福建省人民政府可以通过利用现有的预算体制，选择某单项人才，比如信息产业人才投入的预算作为试点。通过考核福建省信息产业人才投入的

产出绩效，规划、指导下一次的信息产业人才投入预算，并就其数据给予分析，政府和产业相关都寻找投入产出进一步提高的可能。福建省人民政府通过在试点上收获的构建人才投入资金预算管理体系经验，采取进一步的试点或是小范围的推广，最终旨在全面形成人才投入资金预算管理体系，以提高人才投入公共资源的使用效益。

5.4 以企业为主体

国外发达国家的创新主体都在企业，科研人员的主力也在企业，这样有利于人才培养的目的性、有效性，也大大提高了科研成果转化率。海峡西岸经济区人才开发、人才引用也应以企业为主体，而不是政府。福建省人民政府在海峡西岸经济区人才开发、人才引用中，应该是引导者、支持者的角色。政府应该明确其在经济区人才开发、人才引用中的角色，从"全能型政府"向"服务型政府"和"掌舵型政府"转变。政府应该就经济区全局战略的考量人才开发、人才引进，引导不同产业、行业的企业进行人才开发和人才引进，同时给予企业更多的自主权，充分考虑企业的实际人才现状和所需情况，在切合经济区发展的前提下，给企业人才开发、人才引进以政策、资金、资源不同层次的大力支持，以实现政府人才投入的利用效益。对于引进的海外人才，打造合理有效的海归创业园区，营造海外人才创业环境和氛围，鼓励海归创业，不仅可以促进经济区经济的发展，也为经济区创业带来了其他各种人才。因为海归创业大多以团队形式，并且在创业过程中还能借助海外留学、工作的经历积累的人脉，吸引更多的海外人才来经济区发展。

5.5 以高校为依托

海峡西岸经济区人才开发、人才引进协调发展应以高校为依托。第一、海峡西岸经济区人才开发、人才培养应以高校为依托，整体上加大对于高校各项资源的投入，并且着重支持经济区欠缺人才相关学科的支持，特别是对于高校学科领军人的引进。同时，可以增加高校的科研投入，引导高校与政府相关部门，如科技局和相关研究所的进一步、更深层次的合作。第二，政府可以以战略性的视角，制定经济区人才培训计划，经济区相关高校合作，并对于培训目标、培训效果等进行交流，以促进培训对于人才培养的效果和政府、高校的长期、友好合作。第三，海峡西岸经济区人才开发、人才引进协调发展应注重校企合作。高校有着高层次人才、国内领先的科学技术、文化知识。而企业是科学技术、文化知识的转化地。两者的合作有利于企业提高人才队伍的专业技能，引进高层次的人才，完善人才队伍的知识结构，同时对于高校而言，有利于促进科研成果转化，有利于高校科研紧跟社会、企业发展实践。第四，高校可为闽台人才交流、合作先驱。不同于经济社会其他部门或是企业，在知识经济的时代，知识的交流、共享是全球的共识，故高校一直都是海内外交流的重要平台。

6　本章小结

　　基于海峡西岸经济区的发展现状和背景，从人才存量、人才结构、高层次人才、科研投入角度描述经济区人才开发、人才引进发展现状，分析海峡西岸经济区人才开发、引进协调发展存在的问题，提出优化人才生态环境，树立人才开发、人才引进并重的理念，坚持绩效导向原则、以企业为主体、以高校为依托的海峡西岸经济区人才开发、引进协调发展对策，以促进海峡西岸经济区人才开发、引进协调发展。

第十三章　福建省创新型人才引进机制研究

1　引言

创新型人才是经济社会发展的第一资源，是国家和地区的核心竞争力。胡锦涛总书记曾在十七大报告中指出："建设创新型国家，关键在人才，尤其在创新型科技人才。没有一支宏大的创新型科技人才队伍作支撑，要实现建设创新型国家的目标是不可能实现的。"随着人才竞争的日益激烈，国内外学者对创新型人才的研究氛围也愈加浓厚。创新型人才是指在特定领域内，打破旧有成规，做出突破性创新，拥有大量理论或实践经验，并以自己的创新性思维和创新性劳动为社会做出较大贡献的人才[①]。知识水平、思维能力、智力发展、人格品质和研究动机构成了创新能力的基本要素[②]。创新型人才形成的共同本质基于知识和技术的创新，从类别上说，分为技术型、经营型、信息型创新型人才[③]。2004 年福建省提出建设海峡西岸经济区的宏伟蓝图，既为福建省迎来

[①]　王亚斌、罗瑾琏、李香梅：《创新型人才特质与评价维度研究》，《科技管理研究》2009 年第 11 期，第 18 – 20 页。

[②]　周昌忠：《创造心理学》，中国青年出版社 1983 年版。

[③]　李红霞、席酉民：《创新型人力资本及其管理激励》，《西南交通大学学报》（社会科学版）2002 年第 1 期，第 47 – 49 页。

了前所未有的发展机遇，但人才问题也成为制约其经济社会发展的一大瓶颈。为此，省内很多学者专家展开了深入研究，如张向前①以泉州为例对人力资源管理与经济发展之间的关系进行了实证研究，并指出外来人力资源的流入，可大大增强城市经济的竞争能力；陈玲②、张春霞③等分别运用状态和谐理论和福建农林大学教学改革为例构建了创新型人才培养体系；王银细④、兰启发⑤、黄小芳⑥、项茜⑦、郑文智⑧、李勇⑨、吴娟⑩等对福建地区创新型人才引进工作的现状及问题进行了分析，同时提出了相关对策。本书在前人研究的基础上，根据福建省创新型人才引进工作存在的问题，初步构建了福建省创新型人才引进框架，以期对福建省创新型人才引进工作提供借鉴。

---

① 张向前：《人力资源与城市可持续发展研究》，《中国流通经济》2005 年第 5 期，第 31 – 34 页。

② 陈玲：《论状态和谐与海西经济建设创新型人才成长》，《科技管理研究》2010 年第 8 期，第 155 – 157 页。

③ 张春霞：《适应发展需要，构建农科本科创新型人才培养体系》，《福建农林大学学报》（哲学社会科学版）2007 年第 2 期，第 88 – 91 页。

④ 王银细：《对福建人才引进工作于交流工作的若干思考》，《发展研究》2003 年第 3 期，第 60 – 62 页。

⑤ 兰启发、郑瑞玲：《对建设海峡西岸经济区中的福建人才战略的思考》，《经济与社会发展》2006 年第 1 期，第 97 – 101 页。

⑥ 黄小芳：《发挥特区优势开创厦门人才引进工作新局面》，《厦门科技》2007 年第 2 期，第 44 – 46 页。

⑦ 项茜、黄小芳：《厦门市人才引进的瓶颈及应对策略》，《宁波工程学院学报》2007 年第 1 期，第 50 – 53 页。

⑧ 郑文智、张向前：《福建省人才吸纳水平及其影响因子分析》，《集美大学学报》2008 年第 2 期，第 20 – 25 页。

⑨ 李勇：《"海归"人才引进的经验、问题与对策》，《湘潭师范学院学报》（社会科学版）2008 年第 3 期，第 19 – 21 页。

⑩ 吴娟：《地方新建本科院校的人才引进及管理》，《宜春学院学报》2011 年第 1 期，第 82 – 84 页。

2　福建省创新型人才引进的历史及现状

福建省历来高度重视人才引进工作，自改革开放以来，先后实施了
"以智取胜"、"科教兴省"、"人才强省"的战略。福建省的人才引进
工作大致分为三个阶段：人才引进起步阶段（2000 年以前）。1982 年
福建省就开始省外人才的招聘，1992 年出台的《关于进一步做好引进
省外人才工作的若干规定》中从职称评定、住房补助、工资待遇等方
面对引进人才给予优惠待遇。人才引进发展阶段（2000 ~ 2009 年）。
2000 年福建省开始海外人才的招聘，并出台了《关于引进高层次人才
和青年专业人才的若干规定》，2004 年 9 月召开了第一次全省人才工作
会议，并编制福建省《"十一五"人才队伍建设专项规划》，截至 2009
年底，全省人才总量已达 468.51 万人，其中各类专业技术人才 170 万
人，高级专业人才 11.2 万人，引进海外留学人员 2100 多人。创新型人
才引进阶段（2010 ~ 至今）。随着知识经济时代的来临，创新型人才成
为了各国争夺的焦点，福建省深刻认识到创新型人才在经济建设中的基
础性、决定性和战略性作用，先后出台《福建省关于引进高层次创业
创新人才暂行办法》等三个政策文件，从科研经费资助、生活待遇、
配偶及子女安置等多方面加大了对创新型人才培养和引进工作力度。

经过二十几年的努力，福建省人才资源开发成效明显：（1）人才
资源已初具规模。自 2006 年起，福建省以先后引进省外高层次人才
1.2 万、海外高层次留学人才 2300 多人，实施 1300 个引进国（境）
外人才智力项目，引进国（境）外人才智力 7.5 万人次。目前拥有 16
位海外留学经历的专家当选为中国科学院、中国工程院院士。至 2010
年末，全省党政人才、企业经营管理人才和专业技术人才资源总量达
283.6 万人，其中专业技术人才 190.9 万人。（2）创新平台逐步夯实。
福建省现有 88 所高等院校，67 个国家级和省级重点实验室，89 个工程
（技术）中心，7 个省级以上高新技术产业园区，15 个可持续发展实验

区，29 家科技企业孵化器，101 个生产力促进中心，337 家国家级、省级创新型（试点）企业，115 个博士后科研流动（工作）站。福建省人才资源现状已有大幅改观，但人才发展的主要指标与全国平均水平相比有一定差距，与东部发达地区差距更大。主要表现在：人才总量不足，结构不尽合理，高层次创新型人才短缺，人才开发投入不足，发展环境不够优化，人才集聚功能还比较弱；在人才引进上表现为：传统产业的人才较多，而电子信息、石化工业、装备制造业、海洋经济以及高新技术产业的人才紧缺。

3 当前福建省创新型人才引进存在的主要问题

3.1 创新型人才引进制度不完善

首先，福建省创新型人才引进的制度不健全。虽然近年来福建省加大了人才引进工作的力度，出台了《福建省引进高层次创业创新人才暂行办法》。但是缺乏创新型人才引进的总体规划，引进工作的计划性和系统性不强，引进范围偏向"硬"指标，引进程序不灵活等，不利于创新型人才队伍建设。其次，引进人才主体机构单一。企业应该成为自主创新最具活力的主体，企业是自主创新的主体，意味着企业是集聚创新型人才并使其释放能量的主要载体。福建创新型人才的引进工作主要以政府行为为主，大多流向机关、事业、高校、科研机构等，没有充分发挥企业对人才引进工作的积极性和主动性。最后，引进的渠道单一，引进的力度不够。对人才引进多限于"筑巢引凤"式的"引"，而且在"引"的形式和力度上远远不够，没有充分利用人才市场、人才中介机构、媒体、网络等渠道"推"的作用。

3.2 产业结构发展不均衡

2010 年福建省生产总值 13800 亿元，在全国排名 12 位，与位列第一的广东省45472.83亿的生产总值相比，相差甚远。据2011年《城市竞争力蓝皮书》排名情况，福建几个中心城市厦门、福州、泉州的排名分别为：22位，36位，54位，区域综合竞争力不强。2010年福建省三大产业结构比例为9.5∶51.3∶39.2，而深圳市三大产业结构比例为0.1∶47.5∶52.4，与深圳市相比，福建省产业结构整体层次偏低，劳动密集型产业、传统产业比重高，高科技含量、高附加值、高新技术因素所占份额低。从服务业内部结构看，主要工业化国家生产性服务比重超过50%，而福建省的批发零售、餐饮等传统服务业比重大，生产性服务业仅占35%左右。2008年，福建省第三产业中，信息传输、计算机服务、软件等行业从业人员为3.41万人，占比不足0.1%，金融业为8.91万人，占比不足0.25%，租赁与商务服务业为10.36万人，占比不足0.29%。现代服务业和高端产业是创新型人才的重要聚集区，福建省这两个产业的发展相对滞后，对吸引创新型人才来闽创新创业是一个劣势。

3.3 对创新型人才引进的资金投入不够

创新活动不是短期行为，往往需要长期的投入，因此稳定和持续的经费支持，对促进高层次创新型人才的发展和创新具有非常重要的作用[①]。2010年福建省用于研究与试验发展（R&D）经费支出165亿元，占全省生产总值的1.20%，远低于深圳市，同期深圳市的研究与试验发展（R&D）经费支出达333.83亿元，占本地生产总值的3.5%[②]。一直以来我国人才流动呈现"趋洋"（人才流向经济发达国家），"趋市"（人才流向经济发达地区），"趋利"（人才流向高收入的单位）特征。根据福建省留学回国人才资源的调查报告：在回国人才工作地选择中，

---

① 创新型科技人才队伍建设研究课题组：《高层次创新型科技人才的内涵及成长规律》，《科技智慧》2008年第10期，第52－63页。

② 《深圳市2010年国民经济和社会发展统计公报》［EB/OL］，http://www.sztj.com/.

绝大部分留学归国人员选择北京、上海、广州和深圳四地，占全部人数的 77.26%①。由此可见，如果没有持续充足的资金为创新型人才提供配套的工作环境、稳定的生活环境，势必会降低福建省人才吸纳水平。

3.4 缺乏科学系统的创新型人才管理体系

创新型人才无论从个性特质、成长规律还是工作成果上来说都有别于常规型人才，而福建省目前的人才管理体系主要是针对常规型人才。首先，在创新型人才的筛选上主要基于岗位职责和任职资格来进行，基于岗位的人才筛选模式所筛选出的人才，最突出的品质是循规蹈矩。因此这种人才筛选模式与基于创新型人才共性化特征衍生的人才筛选标准之间存在本质的冲突。换言之，企业很难将创新型人才筛选标准嵌套在常规型人才的筛选模式下②。其次，在对创新型人才采用的分配制度上，主要按照业绩来定报酬，没有充分考虑到创新工作的特殊性、风险性和持续性，而建立相应的保护机制，以降低个人失败风险和创新成本。第三，对于创新型人才的再开发和培养上的措施还不到位，没有建立很好的团队工作氛围和学习交流平台，不利于创新型人才的持续发展。

3.5 引进创新型人才的人文环境欠佳

状态和谐理论显示，只有营造最佳环境才能使人才具有最佳创造的状态。人才和谐环境既包括社会物质环境，也包括社会人文环境，环境是人才的生命③。闽南人有浓厚的乡土情结、十分重视对区域的

---

① 《适应人才国际化趋势，深度开发留学人才资源研究》课题组：《福建留学回国人才资源的调查》，《发展研究》2004 年第 9 期，第 69 – 72 页。

② 徐兆铭、乔云霞：《创新型人才管理的三种重要理念》，《科技创新与生产力》2011年第 3 期，第 24 – 33 页。

③ 陈玲：《论状态和谐与海西经济建设创新型人才成长》，《科技管理研究》2010 年第 8 期，第 155 – 157 页。

本土认同，注重同族、同乡、同郡凝聚，共同经商；会以大姓为王，凭借血缘、地缘形成集团势力，大融合大整合意识较差①。而创新型人才思维异常活跃，善于打破常规，在知识、学术、文化等方面诸多兼容。闽南文化保守的一面与创新型人才兼收并蓄的特征有一定的冲突，对人才的聚集产生不利影响。当代科学技术的重大突破几乎都是科技人员思想碰撞和知识交流的结果，知识的共享和思想的交流成为创新型人才进行创新活动必不可少的环节和因素。创新工作离不开浓厚的学术气氛和由此产生的文化氛围。在这一点上福建省组织的大型学术交流、高水平的论坛、讲座、文化、体育、文艺等活动较少，整个区域没有形成浓郁的文化气氛，创新文化的土壤积淀不厚，不利于创新型人才的成长。

4 福建省创新型人才引进框架图

人才引进工作是项系统工程，要充分利用现有的各种资源和环境，创造有利条件，用待遇引才、事业激才、文化聚才；充分将福建的发展与引进的创新型人才形成利益共同体、情感共同体、事业共同体，使引进人才的聪明才智得以最大发挥；并不断促进其知识更新，开发更多潜力，保持人才竞争优势，适应福建经济社会不断发展的需要，最终形成"引才"、"用才"、"育才"、"聚才"的良性循环，以吸引更多创新型人才流入。本文根据以上引进创新型人才的思路，结合福建省实际，初步构建了"福建省创新型人才引进框架图"，如图13－1所示。从外部上说，创新型人才引进机制的完善需要从人才引进资金投入、创新平台建设、管理机制创新以及聚人环境优化四个方面给予有力支撑。在此基础上，构建创新型人才的引进机制。具有说来首先要综合分析福建省"长远发展规划"、"需求状况"、"引进成

---

① 林华东：《闽南文化的双重性特征》，《光明日报》2011 年第 4 期。

本效益"等以此制定引进的战略规划；其次，在具体分析引人环境、单位以及岗位情况的基础上选择引进策略以便采用最佳的引进方式；最后，通过广发引进需求信息，通过洽谈、交流、考察等形式加深双方了解，借助定量与定性分析相结合的评审方式，保证引进人才的效益，最终达成引才引智的目的。

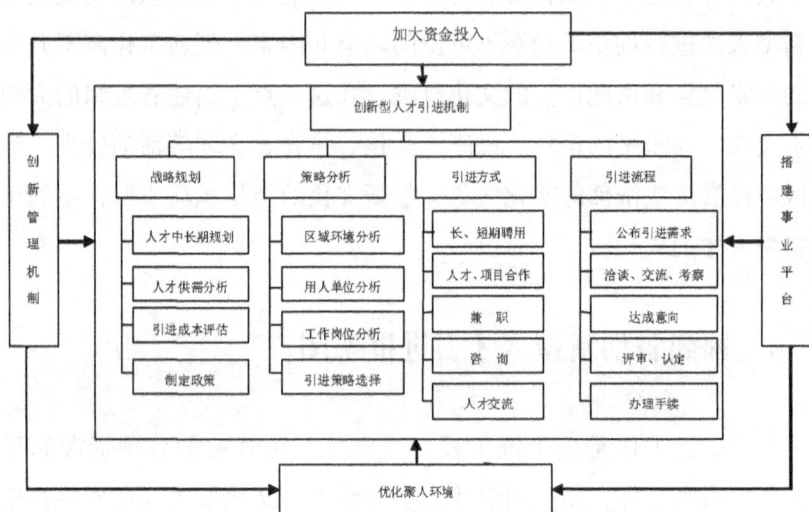

图 13 - 1　福建省创新型人才引进框架图

5　福建省创新型人才引进具体措施

5.1　健全人才引进制度

首先，制定人才引进战略规划。根据福建省经济社会发展和重大建设项目对人才需求，结合《福建省中长期人才发展规划纲要（2010～2020年)》与目前国内外创新型人才的供需情况，制定福建省创新型人才引进的战略规划，使人才引进工作分步骤、有重点、按计划开展，保证引进人才的实效性。其次，完善人才引进政策，建立人才引进的

"柔性"机制，精简人才引进程序。把"为我所有"和"为我所用"结合起来，充分采用兼职、咨询、讲学、短期培训、短期聘用、项目合作、技术合作、技术入股、合作经营等方式，实现人才资源的最佳配置；开启人才引进的"快车道"，实行人才引进限时办理制度，制定特殊职位人才的引进办法，对于优秀人才实行一人一策，特事特办。再次，拓宽人才引进渠道，加大人才引进宣传力度。福建是全国著名的侨乡，拥有历史悠久的闽台关系和侨乡社会网络，据不完全统计，海外闽籍华人总数超过 1000 万人。要充分利用侨乡优势，建立海外人才信息库，加强与海外华人华侨社团、留学生团体、专家组织和国际友好城市的联系，积极引进海外人才智力；充分发挥人才中介机构、猎头公司等的作用，获取所需人才；通过制作专题宣传片和手册，凭借网络、电视、报纸等媒体，大力宣传福建省引才政策和良好环境，提升对海内外人才的感召力。最后，充分发挥企业引进人才的动力和能力。政府要鼓励企业加大人才开发投入，把创新型人才的培养和引进纳入企业发展的战略目标，结合企业产品创新和重大研发项目的实施，培养和引进创新型人才。

5.2 加大人才引进资金投入

人才投资是效益最佳的投资，政府应在经常性财政支出中按照一定的比例予以重点扶持，建立政府引导、分级负担、社会参与、多元投入、利益共享的人才资源开发经费保障机制。一是各级政府都要建立人才引进的专项资金，用于创新型人才的引进，保证创新型人才用于创新的办公场所、实验室、科研仪器设备、科技文献及科技基础数据等软硬件设施设备。二是强化用人单位主体作用，鼓励用人单位加大对人才引进的投入，企业及企业化管理的事业单位用于人才引进、培养和奖励等方面的工作经费，可设立独立科目，计入经营成本。三是通过税收等政策杠杆，激励社会力量出资建立公益性创新基金，调动社会力量支持创新，逐步建立多元化、多渠道的资金投入体系，为创新型人才脱颖而出、施展才华创造更好的条件和更多的机会。四是允许在科技项目经费中安排一定比例的专项经费，用于资助创新人才出国进修、学术交流、出版学术专著和发放特殊生活补贴等。

5.3 推进创新平台建设

首先，重点打造以机车、造船、海洋工程、能源和环保装备为核心的先进装备制造业，以电子信息、新材料、新能源为核心的高技术产业和以金融业、科技信息为核心的现代服务业三大高端产业基地，加快产业园区建设，吸引高新要素聚集。其次，加快企业技术中心建设。以服务企业自身的企业技术创新平台为基础，引导企业整合创新资源；支持企业开发和掌握具有市场竞争优势的产品、技术和工艺，形成企业的核心竞争力；帮助有条件的企业建立一批与福建省产业密切相关的博士后工作站、技术创新中心或技术开发机构，或与高等院校、科研机构共建重点实验室、工程技术中心、技术开发中心。最后，利用"海西"的区位优势，加大与港澳台的项目、资金对接，吸引港澳台企业来来闽投资，合资创办企业，设立办事机构和研发中心。通过搭建多种平台，为创新型人才提供事业舞台。

5.4 完善人才管理机制

首先创新人才选拔机制。通过组织人才来闽考察、学术访问、交流洽谈等活动，深入了解供需双方的情况；再建立以工作任务为标准，采用定性与定量评价相结合的方式，借助资格审查、专家评议、心理测评等科学的人才评价体系，进行客观全面的考察，确保所选拔的人才发挥最大效能。其次，建立公正科学合理的评价机制。逐步建立以工作业绩、贡献大小为主要依据，把道德、知识、技术、能力、业绩等作为主要评价标准，采用岗位工资和浮动工资相结合的绩效管理体系。对于不同类型的创新型人才，要选择不同的评价方法，充分发挥各类人才的积极性、主动性、创造性。再次，革新收入分配制度。建立以股权、期权等多种形式为内容的分配体系；允许产权激励和生产要素参与分配；完善技术、专利等知识产权入股制度；实行创新成果按收益提取奖励的分配制度。最后，搭建人才开发体系。据有关调查显示，无论创新型人才离开原单位的主要原因，还是选择新单位的条件都是把个人的发展和学习放在第一位①。因此要搭建人才交流学习的平台，鼓励创新型人才参加国际国内的学术交流；争取国际和国家级会议以及学术研讨会在福建召开；广邀海内外创新型人才来闽讲学、考察、访问等；定期举行高校、科研机构、企业间的交流论坛等。

5.5　创造良好聚人环境

引进人才的环境滞后，势必影响人才引进工作，关系到能不能留住人才的问题。首先，加快对城市环境建设。城市环境是一笔巨大的无形资产，是生产力，也是凝聚力。要加强城市基础配套建设，完善城市综合服务功能，做好城市绿化、亮化、净化、美化工作，提高居民生活质量，把福建省建设成"宜居""乐业"的沃土。其次，营造宽松和谐的氛围，树立以人为本的管理理念。各级领导要理解、关心、爱护人才；各单位的主要负责人要投入大量的时间和精力，主动与创新型人才进行深度沟通，倾听并理解他们的想法，用实际行动支持他们创新活动。在鼓励探索创新的同时能宽容失败，由于创新工作的高风险性，宽容失败，意味着真正鼓励创新。最后，切实把人才工作摆在福建经济建设的首要位置，牢固树立"人才强省"战略思想。积极在全省宣传本省的人才政策，大力营造"尊重知识"、"尊重人才"、"尊重创新"的氛围，使人才有实现自身价值的满足感，有贡献社会的成就感和荣誉感。

---

① 李丽莉、张富国：《当前我国创新型人才流动问题及对策研究》，《人才开发》2010年第12期，第18－22页。

6 本章小结

综上所述，福建省创新型人才引进工作从数量和质量上都取得了一定的成效，但是还存在很多不足，如人才引进制度不完善，资金投入不足，人才管理机制不健全，创新氛围不浓厚等诸多问题。在后续的工作中还需要坚持人才资源优先开发、人才投资优先保证、人才制度优先创新，确立人才优先发展的战略思想；坚持以人为本，遵循社会主义市场经济规律和人才成长规律，着力创新体制机制，营造良好环境等，推进人才队伍建设，将创新型人才引进工作扎扎实实落到实处，让福建成为创新型人才的集聚地，让他们竞相涌流到福建来，真正用人才要素驱动福建经济的快速增长以及促进社会进步。

第十四章　台湾创新型人才开发研究

1　引言

20 世纪 50 年代以来，台湾产业的发展通过早期的劳动密集到资本密集，再到 80 年代开始由电子产业领军的技术密集，实现了跨越式转变。人均国民收入由 1952 年的 136 美元跨越 2010 年的 17000 美元大关，增长 125 倍，台湾经济的发展进而也由要素驱动走向创新驱动。作为一个资源匮乏、市场狭窄的海岛，是什么支撑了台湾经济的快速崛起？诺贝尔奖得主舒尔茨 1992 年就提出一个著名的观点："经济发展主要取决于人的质量，而不是自然资源的丰瘠或资本存量的多寡。"国内很多学者专家在这方面也进行了深入的研究，如：廖明等也提出人力投资对台湾经济增长的促进作用，台湾通过教育等途径积累人力资本、改善人口素质、增长知识和技能，从而大幅度提高劳动生产力[①]；汪青松等通过对台湾高校实地考察总结出高校精英化的师资队伍、专业化的实习、国际化的交流等是台湾创新型人才培养的有效方式[②]；尤其是高等职业教育为台湾培养了大批高层次技能人才，其采用的产学合作、职业

---

① 廖明：《台湾产业升级中人力资源的运用及启示》，《两岸关系》2004 年第 6 期，第 27 - 29 页。

② 汪青松：《台湾创新型人才培养的特点及其启示》，《安庆师范学院学报》（社会科学版）2007 年第 1 期，第 1 - 5 页。

证照制度等培养方式值得大陆借鉴①；严正②、王福谦③等指出台湾的人才开发以产业需求为导向，教育、延揽、培育、职业训练等 4 方面措施对台湾人才开发起着举足轻重的作用；台湾企业也积极探索人才开发渠道，建立起灵活聘用、按需激励等适应市场体制的开发机制④。由此可见，台湾经济得以迅速发展，与其重视人力资源因素在经济发展中的促进作用，强调人才资源开发尤其是创新型人才开发有着直接的联系。

2　台湾创新型人才开发的历程

二战后台湾的经济经历了"恢复"发展阶段（1952～1963 年），"崛起"阶段（1964～1980 年），"繁荣"阶段（1981～1999 年）⑤。台湾当局根据经济发展需要适时地采取了相应的人力资源开发培养计划，台湾创新型人才开发大致经历以下几个阶段：

人力资源开发的初级阶段（1952～1963 年）。50 年代台湾经济主要采取以进口替代为主、初级产品出口为辅的发展战略，大力发展劳动密集型产业。人力资源开发的重点是使转移出来的农民适应劳动密集型产业发展的要求，台湾当局开始普及中小学教育，发展初等职业技术教育，大力兴建工业职业学校和商业职业学校，开展艺徒训练，进行劳动力就业指导等。从而培养了大批掌握熟练技能的工人及技术人员，使台湾从人口大省迅速变成人力大省，支撑了工业化的发展。

开发高技能人才阶段（1964～1980 年）。60、70 年代台湾开始由

---

① 曾建权：《试析台湾职业教育与高技能人才开发》，《台湾研究》2008 年第 2 期，第 32 - 36 页。

② 严正：《对台湾人力资源开发的考察》，《亚太经济》2002 年第 4 期，第 28 - 31 页。

③ 王福谦：《台湾人力资源开发面面观》，《人力资源》2007 年第 5S 期，第 66 - 69 页。

④ 张永祐：《市场化的台湾人才开发》，《人事管理》2003 年第 7 期。

⑤ 张向前、张克明、张茂法：《台湾现代经济发展探析》，《洛阳师范学院学报》2000 年第 4 期，第 28 - 31 页。

内向型经济向外向型经济转化，台湾传统劳动密集型产业开始外移，新兴的电子工业成为主导产业，同时经济自由化也促进了服务业的发展，对人力资源的素质要求提升。台湾于 1964 年专门成立劳动力资源委员会，召开了第一次人力会议，第一次列入"人力资源发展"内容，自此人力资源开发计划成为台湾当局经济和社会发展计划的重要组成部分。60 年代中期，台湾工业的发展急需大量的熟练技术技能员工，台湾将职业教育的重心转向中等、高等职业教育，积极推行产学合作和职业证照制度。1968 成立了"工业职业训练协会"，为企业提供有关职业培训的技术服务，并开始实行"九年国民教育"制度，普及初中教育。70 年代，台湾开始发展资本、技术密集型产业，于是将重点放在高等教育和培训上，对高等职业教育着手进行改造，组建本科职业院校，重视大学教育和研究生教育，理工科学生与文科学生的比例出现了显著变化：从 1971 年的 4∶6 提高到 1986 年的 5.5∶4.5。

重点开发科技人才阶段（1981～1999 年）。80 年代初，台湾实行"出口导向"战略和"产业升级"战略，将电子工业作为产业发展重点，1988 年服务业产值首次超过工业和农业产值之和，在三大产业中居支配性地位，标志台湾经济进入工业化后期。适应经济转型升级的迫切需求，台湾把科技人才开发放在更加突出的位置。一是大力调整教育结构，加强高等教育特别是工科教育的发展，重点培养本科和研究生层面的专业技术人才。将部分专科学校升格为技术学院，部分技术学院提升为科技大学，并增设一批高科技方面的学科。1980 年台湾有硕士、博士研究生共 6306 人，到 2000 年，在学硕士研究生 70039 人，在学博士研究生 13822 人。二是积极实施海外人才引进计划，加大对海外留学生的延揽。1983 年 3 月台湾当局出台了《加强培育及延揽高级人才方案》。80 年代成为台湾留学人员回归的转折点，80 年代初，留学生返台的人数每年仅百人左右，90 年代返台人数开始直线上升。这一时期台湾科技顾问组完成了《科技人才培训及运用方案》，加强岛内企业、研究机构与海外产业专家的联系，以协助引进海外科技人才。三是积极推行产学研合作，1992 年台湾"国科会"推动民间企业与学术界合作；1993 年台湾"科技主管部门"成立了"产学合作委员会"，积极推动兼顾大学与民间企业需求的产学合作研究计划，并推出了"产学合作研究计划实施要点"及"产学合作研究计划申请注意事项"。

全面进入创新型人才开发阶段（2000 年～至今）。20 世纪 90 年代中后期开始，台湾经济进入后工业化社会，以创新为主的知识经济成为台湾产业发展的重点，台湾当局加大了对创新型人才开发的力度。2009 年 1 月召开"第八次全国科技会议"拟订《国家科学技术发展计划（2009～2012）》，提出"培育科技人力，有效运用人才"等六大策略，以期达到"发展台湾成为培育量足质精的优质人力基地，发展台湾成为亚太地区优秀人才聚集中心"等目标。2009～2010 年间，台湾当局为推动科技发展，向"中研院"、"国科会"、"教育部"等 23 个机构及下属科研单位投入经费 700 亿元新台币，117.6 亿元用于推动研发的规划、人才培训、研发设施与环境构建等辅助研发计划。目前台湾各类高等学校已达到 170 余所，高等教育入学率达 78.6%，每年大学生毕业 20 万人，研究生毕业 3～4 万人，每万人口高等教育学生数达到 588 人。根据《2010 年全球竞争力报告》统计数据显示，台湾在 139 个评比国家和地区（经济体）中排名已升至第 13 位；在"创新与成熟度因素"整体表现方面排名第七，在"科学家工程师人才"这项位列第八。

3　台湾创新型人才开发措施

创新型人才的开发受诸多因素的共同作用，是一个系统的动态过程。如图 14 - 1 所示，台湾创新型人才开发能取得丰硕成果，与政府构建的创新系统密不可分。台湾当局各部门各司其职，开展创新型人才的开发工作。从内部上说教育系统从小学到大学着重培养学生的创新精神与创新能力，非正式学习则为创新型人才知识更新提供了平台，产学研合作亦不断地培养创新型人才，研发园区和新兴产业的发展有力地聚集

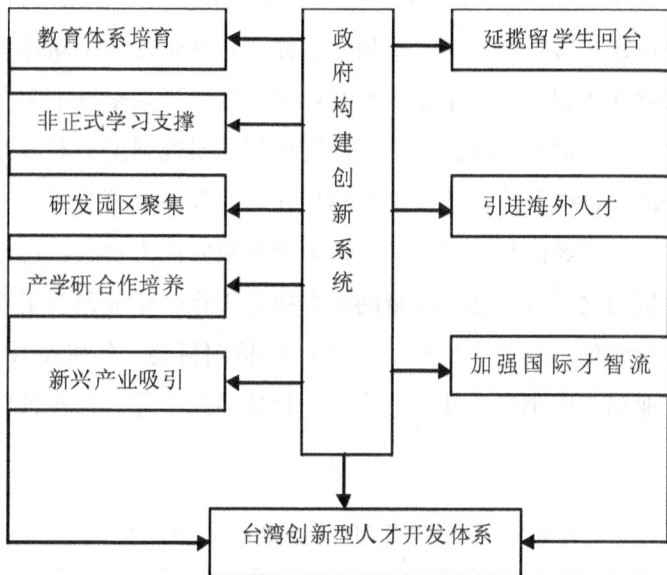

图 14 - 1　台湾创新型人才开发体系

了创新型人才；从外部来看，台湾在加大延揽留学生回台的基础上，不断创造各种条件引进岛外的创新型人才，加强国际间的学术交流合作，达到引才引智的目的。以上各部分形成一个有机整体，有力地支撑了台湾创新型人才的开发。

3.1　政府创新体制的有力保障

台湾当局自 20 世纪 50 年代起就重视人才培养，加强对人才开发的宏观政策指导。曾任台湾"经济部"、"财政部"部长的李国鼎先生可以说是台湾人力资源开发的主要倡导者之一。早在 1961 年，他就旗帜鲜明地提出了人力资源开发的问题，20 世纪 60 年代中期开始，台湾实施了一系列人力资源开发政策和规划①。20 世纪 70 年代，

---

①　张退之：《台湾人才政策对福建人力资源开发的启示》，《三明高等专科学校学报》2002 年第 3 期，第 52 - 57 页。

在两次"石油危机"的背景下，台湾当局推出一系列鼓励创新的政策，努力构建了官、产、学、研相互支撑、相互带动的创新体系。为弥补台湾创新体制对中小企业的不利环境，台湾当局采取了为企业提供租税优惠的政策；为加大大学与研究机构的研究强度，对其提供科技项目补助。目前台湾创新政策是建构在经济发展政策基础上，以经济部为主的政府经济相关部门扮演了关键政策守门人角色：在创新政策的主导机构之下负责创新政策的贯彻执行工作，保证创新工作的顺利进行。台湾创新政策直接相关的部门包括国科会、经济部技术处、经济部工业局、中小企业处、商业司、科技顾问组等，其相关职责及功能见表 14－1①。

表 14－1　台湾当局创新系统相关部门及职责

部　门	职　责	功　能
国科会、科技顾问组	国家创新、科技政策	政策系统
经济部技术处	创新相关补助计划、产业发展计划	补助系统
中小企业处、商业司	中小企业辅导、补助计划	辅导系统
工业局	各种奖励措施、补助与辅导机制	辅导系统
经济部商业司	商品化相关补助计划	辅导应用系统

3.2　教育体系培育学生创新意识

20 世纪 80、90 年代，台湾教育开始蓬勃发展，逐渐建立起一套成熟的从小学到大学培养学生创新思维的运行机制：（1）九年一贯制的教学改革有效地培养了中小学生创新精神。台湾当局推动"中小学教师素质提升方案"，强化教师国际教育专业技能；研发国际教育理念融入课程教材，教材的编写也由以前方便老师如何教，改为协助学生的认

---

①　温肇东、陈明辉：《创新价值链：政府创新政策的新思维：以台湾创新政策为例》，《管理评论》2007 年第 8 期，第 3－9 页。

知发展；建置中小学国际教育信息网及数据库；实施中小学多元入学新方案，新方案更强调学生综合能力表现。（2）建立多元技职教育体制。建立业界参与课程规划机制，延聘业界人才担任教师，鼓励业界提供实习场所；针对台湾地区六大新兴产业，提出试办"五专精英班"，主要与企业合作，采用上课与实习交替进行的人才培育模式，系统地培养高级专业人才。（3）台湾高等教育强调课内学习与课外学习结合、显课程和潜课程结合、理论与实践结合、科研与教学结合，通过各类课程、本科生研究计划及其他专门培养计划和课外活动等方式为学生提供自我发展、自我创新的空间。（4）积极推行国际间的教育交流合作。设立岛外学生来台进修的"台湾研究奖助学金"；鼓励高校开设具有国际竞争优势的课程，吸引更多留学生来台湾留学；透过一般公费留学、留学奖学金，选送公费生与留学生赴岛外攻读硕、博士学位，鼓励岛内大学选送学生赴岛外实习等。

3.3　非正式学习有力支持创新型人才开发

正规教育为台湾提供了大量具有创新潜质的人才，但一个人大多数的时间是在校外度过的，因此非正式学习所获得的知识及经验在创新型人才的知识体系中占据举足轻重的地位，对于创新型人才的开发具有无可替代的作用，并且这种作用正随着知识经济的到来和科技的日新月异而越来越明显[①]。从20世纪80年代起，台湾就开始重视各类非正式学习。首先，台湾当局积极组织各类培训。80年代为普及计算机知识，台湾制定了一个相应的五年计划，由教育管理部门组织对所有学校的教师进行计算机培训，由政府部门组织对所有公务员进行电脑化操作培训[②]。1991年始台湾的"经济部工业局"推动了"工业技术人才培训

---

① 崔祥民、郭春：《非正式学习理论与创新型人才开发》，《武汉工程大学学报》2009年第6期，第9－12页。

② 严正：《对台湾人力资源开发的考察》，《亚太经济》2002年第4期，第28－31页。

计划"的五年计划。并向该计划投入了 14.5 亿元经费，开展了 230 次培训计划，培训出相当数量的技术人才。针对新兴科技重点产业人才缺乏的状况，"经济部工业局"又推出了"高科技重点产业人才培训计划"，为九大重点高科技产业培养急需人才。这些人才培育工程，为台湾组建起了一支完整的高层次技术创新专家队伍，开发了具有国际竞争力水平的技术①。其次，提供各种学习的机会和平台。台湾的空中大学（电视大学）和各种补习班，为成年人提供各种再学习机会，2000 年共有 32 万多人参加学习。终身学习为 21 世纪提高国民素质与提升国家竞争力的战略选择。台湾为加强终身学习的推展，特定 2010 年为"终身学习行动年"，标志着台湾对终身学习的推展已正式迈入积极行动阶段。其三，积极推动人才培育方案。启动"青年职场体验计划"，提供 18 - 29 岁高中职以上毕业待业青年在事业单位接受见习训练机会，2005 ~ 2008 年累计有 12210 位青年参加见习；推动"青年国际行动 All in One"，发展多元化国际参与及志愿服务方案，培养青年处理国际事务能力，协助青年扩展国际视野及履行世界公民责任；推动了"协助事业单位人力资源提升计划"，计划 2012 年补助 1116 家事业单位开展员工训练。

3.4　研发园区聚集创新型人才

20 世纪 80 年代以来，台湾开始规划创建区域研发园区，为岛内外企业提供创新研发平台，以期实现创造研发的群聚效应。措施一：建立科学园区。1980 年台湾兴建了第一个科学园区——新竹科学园。园区吸引了大批高层次的创业创新型人才，至 1995 年底，在园区内从业的海外留学人已达 2080 人，占园区从业总人数的 1/3 左右。目前，园区内博士已达到 1360 人，硕士超过 22000 人。新竹科学园创造出了辉煌

---

① 刘霜桂：《科技创新和科技人才是台湾决胜新世纪的两个关键课题》，《信息窗》2000 年第 2 期，第 33 - 38 页。

的业绩，曾荣获 1995 年全球发展最快的十大科学园榜首的荣誉。此后台湾相继建立了台南、苗栗两个科学园区，三个科学园区在全岛形成了三足鼎立的布局。措施二：打造智慧园区。1997 年台湾经济主管部门计划未来 10 年内在全岛各地筹建 20 - 30 个智慧工业园区。这些智慧工业园区涵盖了台湾当时大部分高科技产业及高新技术研究，它们对台湾的高科技及其产业的发展提供了优良的发展环境和载体。措施三：建设创新园区。为了进一步优化创新环境，2004 年台湾当局在台南科技工业区设立了"南台湾创新园区"，专区以法人研究机构精英团队进驻并建构开放实验室以吸引厂商进驻共同研发或转型，以达到整合区域科技研发资源，催生相关产业群聚形成①。上述园区在促使台湾高科技产业得以不断发展的同时培养并吸引了大批创新型人才。

3.5　产学研合作培养创新型人才

产学研合作是影响国家和地区竞争力的主要因素之一。台湾"国科会"于 1992 年开始推动民间企业与学术界合作；2001 年台湾"经济主管部门"订立的"推动研究机构开发产业技术办法"，明确规定鼓励研究机构与其他产业、学术或研究机构合作，进行跨领域、跨组织或跨地区的产业技术研究发展。具体措施有：（1）成立"创新育成中心"。近年来台湾成立了 100 多所"创新育成中心"。"创新育成中心"大都设置于大学校园内，有效借用大学的多种资源。它使创业创新与教学研究有机地结合企业起来，有效地促进了产学合作和创新型人才的开发。（2）建立以"开放实验室"、"科技专案"等为基本架构的知识流通机制。"开放实验室"成为弥补台湾企业所需研发创新资源缺口的有效机制。企业就特定的研发主题以"租用"方式使用开放实验室的资源，并合作研发的项目，以达到互扬双方所长，开发新技术、新产品、新工艺的目的。科技专案以提升台湾科技能力为宗旨，投入巨大，项目广

---

① 杨德明：《台湾创新政策及其成效分析》，《亚太经济》2006 年第 5 期，第 99 - 109 页。

泛，一直被视为台湾科技政策的"缩影"①。（3）补助技专院校设置联合技术发展中心，并将研发成果导入教学；推动大专院校发展区域产学链接绩效计划，结合地域产业特色，建置产学合作及智慧财产管理机制；成立"整合型产学合作推动计划办公室"，以建立沟通协调平台与整合各部会产学合作相关资源，以扩大产学合作实效。

3.6　发展新兴产业吸引创新型人才

高端新兴产业和现代服务业是吸引创新型人才的重要聚集区，近年来台湾开始大力发展新兴产业，加快了产业布局。（1）发展区块产业：推动"产业有家，家有产业"，依据产业特性、地区优势条件等，促使每个产业至少3处落脚地区，区域核心都市引导发掘区域品牌，发展至少3种主打产业，进而划出台湾未来10年产业发展空间分布图，促使全球招商投资更具体落实于区域发展。（2）落实推动六大新兴产业，促进产业结构调整，强化国际竞争力；加速发展四大新兴智能型产业，塑造产业竞争新优势；发展十项重点服务业成为就业增加与经济成长的重要引擎。（3）推动传统产业升级，推动"传统产业增值创新科技关怀计划"，建立产、研价值创新平台；促成传统产业价值创新研发联盟，建立具差异化的核心竞争力。

3.7　创造优越条件延揽留学生回国

纵观台湾的法令法规，它的一项重要举措就是把发展岛内的高科技产业和吸引海外科技人才回归作为发展经济和科技的基本策论②。据统计，从1950～1993年，台湾赴美留学的人数，前后达到了12万人。然

---

① 福建省科技咨询服务中心课题组：《台湾迈向科技创新的"三个转移"与制度安排》，《发展研究》2009年第10期，第86－88页。

② 刘权、董英华：《祖国大陆与台湾吸引海外华人人才措施之比较》，《华侨华人历史研究》2003年第1期，第16－23页。

而，学成返回台湾岛服务的留学生却很少，则仅有2.7万①。定居国外的留学生大都进入了高级的教学科研机构或者大型企业集团，从事着高、新、精、尖科学技术的开发及应用。为做好留学生回归工作，台湾当局做了三个方面努力：一是设立专门工作机构。如台湾的"行政院青年辅导委员会"先后组织海外留学人才与用人企业开展十多次的座谈会；青辅会下的"岛内外硕士以上人才服务中心"，专门从事海内外高级人才的就业辅导。他们按月编印《硕士以上人才通报》，将打算回台服务的留学生名单、简历、工作意向、待遇要求等汇编成册，发行到台湾2000多个单位，供用人单位参考。1995年，该中心协助了1010名具有博士学位和5247名硕士学位的海外学人回台湾服务。同时专门建立了海外留学人才档案，将他们为8个类别1269个专业，到1995年已累计建档14619人。二是出台一系列的鼓励政策。通过为回台人才提供旅费和零用金、发放研究补助和住房津贴、协助安排眷属就业、享受比岛内同类人员较高的工资等措施鼓励留学生回台服务；对一时还不能回台服务的人才，则采取以"访问学者"、"客座教授"的名义邀请来台主持或参与研究等形式为台服务②。从1990~1995年，从国外回到台湾的学者、专家以及新近完成学位的留学生，一共有30238人。他们占同一时期台湾岛内所有高等学校毕业的硕士生人数的44.4%，博士生人数的55.1%③。三是重视发挥民间力量为海外人才回流提供有效的对接服务。台湾的民间组织如"杰出人才基金会"、"贝尔人俱乐部"等都积极联系并资助了大批海外留学人才回台工作。20世纪90年代留学人员大量回归，使台湾的科技创新能力迅速攀升，为台湾经济发展、产业升级和技术创新提供了重要源泉。

---

① 庄国土：《对近20年来华人国际移民活动的几点思考》，《华侨华人历史研究》1997年第2期。

② 白云萍：《台湾人才战略对后发展地区的启示》，《中国人事报》2010年11月8日，第35-38页。

③ 孙震：《留学生的报国与怀乡》，《中央日报》1998年9月3日。

3.8 大力引进海外创新型人才

李国鼎先生曾提出了培育岛内人才与延揽海外人才并重的方针。他认为：为了加强台湾创新能力，促进工业的全面转型升级，必须大力吸收海外创新型人才，以弥补台湾培育的不足。台湾当局深切认识到引进和延揽海外创新型人才的重要性和紧迫性。1983 年台湾颁布了《培育和招揽高级科技人才方案》，同时调动各种宣传媒介，介绍台湾的各项优惠政策，鼓动他们来台服务。如：通过台湾侨务系统的报刊和美国的《时报周刊》、《亚美时报》、《世界日报》等华文报刊，刊登台湾有关人才引进的信息和优惠政策[①]；专门建立一个名为"国建会"的机构，用于吸收海外创新型人才赴台担任重职，这些职位包括了科学院长、大学校长、研究所长、企业高级主管等[②]。大陆创新型人才质优价廉一直被台湾各界所青睐。台湾当局不断制定和调整政策以获取大陆创新型人才，他们利用在大陆设立研发中心，采用和大陆学术机构合作、聘用大陆科技人才等方式来达到引进大陆创新型人才的目的。近年来台湾当局制定《吸引全球外籍优秀人才来台方案》，大幅放宽国际专业人士入出限制，对来台的国际重量级人士、高级专业人才及投资企业家，核发"学术及商务旅行卡"、"就业 VISA 卡"、"永久居留卡"等，以此建构引进人才的有利条件及环境。

3.9 加强国际交流合作引才引智

台湾积极利用各种渠道加强国际间的人才交流合作以达到引才引智的目的。首先，广泛邀请外国专家到台进行交流。从 1996 年开始美洲中国工程师学会与台湾每两年定期在台湾举办"近代工程技术讨论

---

① 王士谷：《海外华文新闻史研究》，《新华出版社》1998 年第 55－58 页。

② 张向前：《台湾现代人力资源开发分析》，《海峡科技与产业》2002 年第 4 期，第 26－27 页。

会", 介绍各项新技术领域的发展趋势; 台湾 "国家科学协会" 经常协助各大专院校及研究机构延聘高深造诣的国外人才及专家赴台进行短期指导、参与研究及传授新兴学科动态, 或长期提供教学研究工作。此外还经常邀请海外院士及专家, 以接力方式轮流来台主持或参与某一先导性课题及研究计划①。同时还不断强化与越南、马来西亚、印度尼西亚等国高阶人才培育合作管道。其次, 为提升台湾科技创新水平, 并引进外国企业先进管理制度, 2002 年台湾当局推出了 "鼓励岛外企业在台设立研发中心计划", 采取 "主动出击" 和 "全程服务" 以及通过补助经费、协助人才引进等服务策略和租税优惠等措施, 鼓励岛外企业到台湾地区设立研发中心。2002 年至 2005 年 3 月, 跨国企业已在台设立 25 家研发中心, 进行了 280 项合作研究, 投入了 196 亿元台币研发资金和 3000 多名研发人力, 促成 85 项关键技术转移到台。这不仅提升了台湾产业的技术创新水平, 还带动了台湾产业的全球布局。其三, 实施国际人才交流计划。台湾积极利用各种渠道派出大量的技术和管理人员到海外接受培训或深造。

4　台湾创新型人才开发存在的问题

4.1　两岸关系的影响

台湾创新型人才的开发依赖一个正常健康的政治环境, 其中最重要的是两岸关系。海峡两岸关系的缓和促进人心的稳定, 从而吸引大量创新型人才, 以实现经济社会的繁荣稳定。在两岸关系僵硬的 20 世纪 60、70 年代, 台湾地区的许多留学人员担心两岸发生武装斗争, 回台自身安全没有保障, 从而滞留不归。80 年代以后, 随着两岸关系的缓

---

① 曾建权:《台湾人才资源开发策略对广东的启示》,《生产力研究》2006 年第 8 期, 第 162 - 164 页。

和，回归人数也相应增多，特别是 1987 年 11 月台湾当局局部开放台湾民众到大陆探亲，两岸关系取得实质性进展，回台的留学生人数以每年 20% 的速度递增①。1995 年台湾提出的亚太营运中心计划，就欲以大陆为腹地，希望能将台湾建成亚太地区科技产业发展的重镇，可是由于李登辉的"戒急用忍"两岸经贸政策，两岸关系紧张，导致这个计划只能搁置；在陈水扁当局的八年，政治路线上的"台独"意识形态化，民进党在两岸关系大搞"闭关锁国"，不愿开放两岸经济的合作，违背时代的潮流，以致台湾经济边缘化，民生凋敝。

4.2 自主创新能力不强

知识经济的特征是以智力资源为依托，以高科技产业为支柱，以不断自主创新为灵魂。而台湾的自主创新能力不强，科学研究未形成完整体系，基础研究无重大创新，技术创新缺乏理论支持，自主创新体系不能有效支撑产业发展。这首先要归因于台湾当局历来不重视基础技术研发投入与人才培养，长期依赖从先进国家引进成熟技术再发展，高科技产业的关键技术受控于发达国家，没有自主的研发能力。台湾的学术研究机构大多也是从国外引进先进技术，再包装成本土研发成果，很少在创新方面下功夫。据台湾"智慧财产局"统计，台湾 2010 年海外知识产权支出费用约为 48 亿美元，比 2009 年增长了 40%，而海外知识产权收入费用约 4 亿美元，这两者收入与支出的比率（可视为技术输出/输入比率）为 0.08，由此可见台湾虽然拥有大量专利，但是核心技术及重要专利却掌握在他国手中②。目前台湾发展的"六大新兴产业"在制造端的准备较为充分，但在技术储备方面依然相当欠缺，而且只有国际相关产业技术取得明显突破及产业达到一定成熟度后才有机会切入。

①　王洪兵：《台湾地区人才外流与回归成因分析及启示》，《湖北广播电视大学学报》2000 年第 1 期，第 57 - 61 页。

②　张敏：《浅析台湾科技创新与全球竞争力的表现》，《海峡科技与产业》2011 年第 3 期，第 49 - 53 页。

4.3　高等教育对人才开发的缺失

近年来台湾大专院校的数量增长过快，出现严重的供大于求，导致高校教学质量下降，人才质量不精。一方面，由于大学多，考生少，大学录取率高，2004 年就超过 87%，有三科总分 60 多分的高中生都能上大学，出现"大学高中化"、"研究所大学化"、"硕士生满街跑"的现象。另一方面，因为高等教育及研究机构在为争取政府经费补助与绩效评估的压力下，将工作重心主要聚焦在如何成为世界顶尖的研究机构上，对于学生的知识技能提高以及是否符合社会的实际需求并不十分关心[①]。根据台湾"行政院"主计处的最新人力调查报告，2009 年 8 月台湾 20～24 岁族群失业率高达 16.28%，25～29 岁族群失业率达 9.21%，皆远高于 6.13% 的全体平均值。高等教育人才高失业率现象暴露了"学非所用"的教育模式与用人单位希望"学以致用"的用人需求之间的严重矛盾。

4.4　创新型人才资源与产业发展失衡

台湾经济增长的成就，有相当部分是靠引进海外人才和扩大外劳来推动的，始终没有建立稳固的产业根基，被形象地称为"浅碟型经济"。台湾一直在探索新的产业升级与转型方向，2009 年台湾当局推出六大新兴产业作为台湾产业调整和发展的新方向。伴随产业转型与升级的需要，创新型人才的数量却增长缓慢，始终与产业发展失衡。据台湾"经济部"调查，2008 年至 2010 年，硕士级人才研发工作缺口有 5000 至 7000 人，其中电子、电机、电控以及物理方面缺口最大。这实际上是台湾长期以来轻基础研究，重应用研究，轻大专院校，重企业界的方针政策导致其创新型人才队伍先天不足。除了整体上数量不足外，质量

①　邹德发：《台湾人力资源发展的问题与方向》，《中国经济问题》2010 年第 1 期，第 71－75 页。

上也不精,尤其是高层次创新型人才更是凤毛麟角,很难满足台湾经济转型升级的需要。

4.5 两岸人才交流合作有待拓宽

台湾长期从海外引进人才,但在吸引大陆人才方面仍有待进一步拓展。两岸人力资源存在着明显的互补性,两岸产业的升级换代和高新技术发展,迫切需要两岸创新型人才进行密切的交流与合作。但政治因素仍是当前两岸人才交流与合作中面临的最大障碍。台湾当局不断紧缩两岸经贸政策,将过去的"积极开放、有效管理"改为"积极管理、有效开放",并对两岸科技交流与合作实行严格管制,其政策取向明显偏差。然而当前经济全球化和区域经济一体化已成经济发展的突出趋势,人才专家指出:区域经济一体化必然要求人才开发一体化。面对人才开发一体化的形势,如果依然实行地区封锁,必然造成人才资源的浪费,增加用人成本,不利于人才潜能发挥,最终也会影响地区的人才竞争力。

5 台湾创新型人才开发的政策建议

5.1 创造和平稳定的两岸关系

和平稳定的政治环境是创新型人才能够安居乐业的根本。大陆是全球最大的新兴市场,也是台湾科技产业发展的重要腹地,2009 年台湾推出的六大新兴产业方案中明确提出对大陆市场的借重。两岸三通、大陆居民赴台旅游、两岸金融合作、陆资进台,大陆方面推动的入岛采购等举措,为台湾经济发展带来了新的动力。两岸关系和平发展创造的互惠双赢日见成效,也得到两岸民众的广泛支持和拥护。大陆方面一直牢牢把握两岸关系和平发展思想,深化两岸产业合作和人才交流,确保两岸关系和平、稳定、深入发展。2008 年底,胡锦涛总书记在纪念《告台湾同胞书》发表 30 周年的座谈会上提出推动两岸关系和平发展的六点意见,就为两岸关系的和平发展指明了方向。而两岸关系的稳定是依靠双方的努力,尤其是台湾当局的立场。2012 年台湾"大选"在即,"大选"对两岸关系是一个严峻的考验,更是对新一代台湾领导人智慧的考验。始终保持两岸和平稳定的关系,是台湾当局应该长期坚持的基本政策。它既关系着两岸关系发展的前景,更影响着台湾经济社会的存续发展。

5.2　加强创新型人才开发的政策导向

台湾创新型人才的培育已是刻不容缓的大事,制定这方面的方针政策并大力推动已是迫在眉睫。首先,强化创新体系内部的联动性,尤其是产学间的相互联动关系。学界投入研发,较为重视论文发表及专利成就,而业界则重视以市场为主的技术研发及专利运用成果,政府应充分整合双方优势,利用大学丰富的研究开发能力,积极与业界合作,提高创新投入转化为产品的有效率。并且通过市场调研,对下一代技术及产业进行预测及制定计划,降低市场和技术发展的不确定性,提高创新效率。其次,充分发挥企业作为创新主体的作用,鼓励企业加大创新投入,组织研发攻关,强化人才培训等;允许企业将用于人才开发、引进的费用列入成本,享受免税待遇。最后,政府应推进两岸产业合作。目前台湾产业转型已严重滞后,服务业虽然占台湾总产值的比重接近70%,但服务业主要是面向岛内市场,服务业国际竞争力并不强。应利用海峡两岸科技产业存在着巨大的互补互利的合作空间,共同研发,共选项目,共合资金,共享市场,以形成对台湾高科技产业发展的推动力。

5.3　革新高等教育人才培养模式

连战曾强调:"透过教育改革,赋予高等教育及职业教育更多的弹性,并朝终身学习的方向努力,以应岛内多类科技人才的需要。"高等教育改革，首先要重新定位高等教育发展目标，配合就业市场需求与产业发展趋势设计与制定高等教育体系，缩小人才供需的落差。具体说来一是重视基础教育。学科基础知识是科学研究的动力和源泉，应该大力避免因急功近利而忽视基础知识学习。交大光电研究所教授王淑霞指出："很多技职学校根本不教物理、化学等基础科学，学生没有扎实理论基础的学习过程，就直接要做高科技的研发工作，势必会影响研究成果。"因此很多专家呼吁：在高科技时代，应该一开始就让学生读普通高中，才是台湾科技人才培育的正道。二是明确高等职业教育方向。既要突出"高等性"的特点，又要体现"职业性"的特点。在人才培养上要适应不断发展的行业、企业的需求，要更加注重实践操作技能的训练和综合职业能力的培养，将学、研、产、训有机结合。所以高职人才培养模式实际上是指高职院校和用人单位依据高职教育目标，共同制定人才培养目标的前提下，所采取的课程体系、人才培养方式和师资队伍建设等相应保障机制的总和，并在实践过程中不断调整和改进最终形成的定型化模式[①]。

5.4 加大创新型人才开发资金投入

首先，加大 R&D 投资。增大企业研发经费的比率，鼓励社会资金投入创新研发。可以借鉴美国鼓励企业创新的做法，规定企业和研究机构，如果其从事研发活动的经费同以前相比有所增加的话，则该公司或机构即可获得相当于新增值 20% 的遗税。同时规定无论企业还是非营利机构或个人，如果捐助研究机构、教育机构，以及独立的"公益性研究机构"这三种研究机构，都属于公益性慈善捐款，可以获得相应的减税优惠。其次，制定有效人才激励政策，提高薪金及福利待遇，增强台湾的人才吸纳水平。金融危机后，一些国家和地区受经济不景气影

---

① 黄明：《台湾地区职业技能人才培养模式的启示》，《福建商业高等专科学校学报》2011 年第 1 期，第 63 - 66 页。

响，纷纷裁员，对台湾来说无疑是一次大机遇，因此，除了加强自身的培养之外，还应该采取一系列措施引进世界各地优秀创新型人才。其三，延长高龄高层科技人才的退休年龄，将有助于缓解目前台湾创新型人才短缺的压力。据台湾"行政院"主计处 2007 年调查数据显示：2007 年台湾中高龄职工（55~64 岁）在劳动市场的参与率明显偏低仅为 43%，远低于日本 67% 以上的参与率。

5.5　加强两岸人才交流合作

两岸签订"经济合作框架协议"后，台湾方面应把握这千载难逢的良机，推动两岸人才交流合作，为台湾经济创造新的发展动能。首先，加大两岸科技产业合作领域。两岸推出的新兴产业具有共通性，若能加强产业合作，实现优势互补，不仅会带来更多的投资和发展空间，提升双方产业的国际竞争力，更将有助于创新型人才的开发。其次，鼓励两岸高校联合办学，培养高科技产业所需要的创新型人才。重启海峡两岸学历互认大门，促进两地联合招生；以平等、互惠的精神，务实的做法加强两岸的教育合作。再次，进一步加强两岸人才交往。互派专家、管理人员到各方所属区域的相关部门学习、培训；联合开展科技合作、考察、交流；合作实施人才培训、培养计划。其三，积极开展闽台人才交流合作。台湾与福建隔海相望，有着"五缘"优势，福建资源丰富，土地、劳动力成本低廉，投资环境优越，加之福建省政府出台了一系列鼓励支持闽台人才交流合作的政策及措施，为闽台人才交流合作创造了良机。

6　本章小结

综上所述，台湾经济的转型与发展有赖于创新型人才的开发。台湾创新型人才的开发是在政府构建的创新体系下，通过教育、非正式学习等途径培养创新型人才；借助创建研发园区、发展新兴产业等渠道聚集创新型人才；同时台湾当局制定了诸多优越条件延揽留学生回台；加强国际间人才交流合作等方式引进创新型人才。但进入 21 世纪，面对知识经济的冲击、愈发激烈的全球化竞争，台湾再次面临着产业结构的升级与转型，而创新型人才资源现状却不能适应产业发展的需求，表现出了总量不足，质量不精等问题。台湾应坚持发展两岸和平稳定的政治关系，通过改革高等教育模式，加强创新型人才开发政策导向，增强企业自主创新能力，加大两岸的人才交流合作等方式达到开发量足质优创新型人才的目的，以适应经济转型以及发展的需要。

第十五章　闽台合作培育创新型人才 共促产业发展研究

1　引言

随着国际社会经济发展、科技竞争的日趋白热化和人才国际化程度的不断加快，创新型人才的培养无论是在国家、产业还是企业层面都起着关键性作用。胡锦涛总书记在党的十七大报告中指出："发展现代产业体系，提升高新技术产业，发展现代服务业，加强基础产业基础设施建设。实际上，产业的优化升级离不开人力资源的支撑和保障。人力资本存量、知识结构和人力资本的空间分布影响产业升级、产业创新、产业转移和扩散，进而影响产业整体结构的调整升级"[①]。2011 年 3 月，国务院批准了《海峡西岸经济区发展规划》，明确提出把海峡西岸经济区建成科学发展之区、改革开放之区、文明祥和之区、生态优美之区。这四大战略定位对构建海西人才支撑体系、提升闽台区域人才竞争力提出新的更高的要求，区域产业结构的优化升级必然要求区域人才结构优化与之协同匹配。在闽台区域经济蓬勃发展和产业结构优化的大背景下，区域合作培育人才将成为不可避免的趋势。除了农业特色、工业基础、区位优势和资源禀赋的支持外，实现海西可持续发展的根本动力在

---

① 袁红谱：《论人力资本对武汉产业结构调整升级的协同关系》，《新疆石油教育学院学报》2009 年第 6 期，第 196 – 197 页。

于科技和人才，而创新型人才恰好是科技和人才的最佳载体。闽台人才交流与合作是福建省的特色、优势和责任所在，因此从闽台区域合作和海西建设的现状和未来预测，研究闽台合作培育创新型人才共促产业发展，无疑具有十分重要的理论和现实意义。

2 国内外有关区域人才合作与产业结构优化的研究综述

国外有关区域人才合作与产业结构优化的研究文献较少，其中最著名的是配第－克拉克定律①。Clark② （1940） 指出：随着经济的发展，人均国民收入水平的提高，第一产业国民收入和劳动力的相对比重逐渐下降；第二产业国民收入和劳动力的相对比重上升，经济进一步发展，第三产业国民收入和劳动力的相对比重也开始上升。产业集群的有关研究学者认为，通过集群内部企业之间的关系联系，创业者能够直接观察与接触到竞争对手③，同时学习更多知识溢出 （Knowledge Spillover），开展集体学习 （Collective Study）④⑤⑥。英国库克提出区域创新体系的概念，认为区域创新体系本质上是一个创新人才集聚的网络系统⑦。区域创新体系强调要促进本地创新要素 （企业、高等院校、科研院所、中介机构等）

---

① 威廉·配第：《政治算术》，商务印书馆1981年版，第22－23页。

② Colin,M A Clark. The Conditions of Economic Progress[M]. London：Macmillan Co. Ltd, 1940：395－396.

③ BURT R S. Soeial contagion and innovation：cohesion versus structural equivalence[J]. American Journal of Sociology,1987,92(3)：1287 1335.

④ DOSI G. Sources, procedures, and microeconomic effects of innovation[J]. Journal of Economic Literature,1988,26(9)：1120－1171.

⑤ MARSHALL A. Principles of Economic [M]. Macmillan：London, 1920 ：213－232

⑥ ROSENTHAL , STUART S. WILLIAM STRANGE. Evidence on the nature and sources of agglomeration economies[M]. In Vernon Henderson snd JacquesFran? ois Thisse (eds.) Handbook of Regional and Urban Economics,2004：4.

⑦ 王锐兰、刘思峰：《发达地区创新人才集聚的驱动机制》，《江苏农村经济》2006年第3期，第49－50页。

的互动，并通过促进创新主体的良性互动对产业发生作用。集群网络是区域创新体系的重要载体，集群式网络内部人才和产业的多样性及其特色正是区域创新体系的活力所在[①]。波特[②]的"钻石体系"框架表现为人才集聚刺激产业集群，牵引需求、相关产业或企业、政府服务等不同元素进行网络化集结，驱动区域整体创新和发展方式转型。

国内学者有关区域人才合作的研究主要集中与区域人才结构的研究，如赵光辉[③]（2006）和吴中伦[④]（2009）对区域人才结构进行了分类；潘晨光[⑤]（2005）和毛瑞福[⑥]（2006）在区域人才结构评价和优化方面的研究值得借鉴；李瑜芳[⑦]（2010）以闽台区域信息产业人才合作培育为例，提出人才培育的区域合作完善模式，认为人才培育要从自我完善走向区域合作完善。在区域产业结构理论研究方面，孔令丞[⑧]（2003）和张萍[⑨]等（2009）认为各区域产业结构升级具有两个导向维度，即区域产业结构高级化和区域产业结构协调化；李悦等[⑩]（2002）界定了区域产业结构高级化的功能内容。另外，如菊莲[⑪]（2007）和罗

[①] 盖文启：《创新网络——区域经济发展新思维》，北京大学出版社 2002 年版，第124 页。

[②] 迈克尔·波特：《国家竞争优势》，中信出版社 2007 年版。

[③] 赵光辉：《人才结构与产业结构互动机理及相关政策研究》，武汉理工大学 2006 年版，第 168 – 170 页。

[④] 吴中伦、陈万明：《构建区域人才结构评价指标体系推动区域经济可持续发》，《中国人才》2009 年第 5 期，第 17 – 20 页。

[⑤] 潘晨光：《中国人才发展报告 NO. 3》，《中国社会科学院城市与竞争力研究中心》2005 年，第 96 – 97 页。

[⑥] 毛瑞福：《浙江人才发展报告》，浙江人民出版社 2006 年版，第 284、286 页。

[⑦] 李瑜芳：《闽台区域合作完善的价值取向与合作模式》，《福州大学学报》（哲学社会科学版）2010 年第 3 期，第 106 – 111 页。

[⑧] 孔令丞：《论中国产业结构优化升级》，《中国人民大学》2003 年，第 77 – 82 页。

[⑨] 张萍：《山东省产业结构优化升级研究》，天津财经大学 2009 年版，第 10 – 11 页。

[⑩] 李悦、李平：《产业经济学》，东北财经大学出版社 2002 年版，第 121 – 126 页。

[⑪] 菊莲：《论产业结构及相应的人才结构调整》，《北方经济》2007 年第 5 期，第 78 – 79 页。

文标①（2004）等对区域人才结构优化与区域产业结构升级进行了互动性研究。

3 闽台合作培育创新型人才共促产业发展的必要性和现实性分析

3.1 闽台人才资源开发现状及存在问题的分析

表 15 - 1　福建省普通高等教育各类人均数据分析

年份	福建省总人口（万人）	学校数（所/万人）	专任教师人数（人/万人）	在校学生人数（人/每千人）
2000	3410	0.008211	2.867742	3.853
2001	3440	0.009302	3.115116	4.866
2002	3466	0.009521	3.664455	5.695
2003	3488	0.014048	4.777236	7.38
2004	3511	0.015095	5.975506	9.277
2005	3535	0.01867	7.049222	11.513
2006	3558	0.018831	8.073075	12.965
2007	3581	0.020665	8.780787	14.228
2008	3604	0.02303	9.333241	15.61

注：①数据来源于《2009 年福建统计年鉴》；②表中统计数据均为人均数值（每万人、每千人），即以福建省各年总人口值为基数来计算各项数据。

表 15 - 2　台湾省普通高等教育各类人均数据分析

年份	台湾省总人口（万人）	学校数（所/万人）	专任教师人数（人/万人）	在校学生人数（人/每千人）
2000	2222	0.067507	19.5279	49.149
2001	2234	0.068935	20.03984	53.142
2002	2245	0.068597	20.50869	55.247

---

① 罗文标、黄照升：《产业结构调整过程中人才结构的构建》，《科技进步与策》2004年第 7 期，第 38 - 40 页。

续表 15 – 2

年份	台湾省总人口（万人）	学校数（所/万人）	专任教师人数（人/万人）	在校学生人数（人/每千人）
2003	2254	0.070098	21.06122	56.353
2004	2262	0.070292	21.50707	56.848
2005	2269	0.071397	21.86029	57.144
2006	2279	0.071523	22.1097	57.657
2007	2287	0.07171	22.35592	57.98
2008	2294	0.070619	22.45031	58.304

注：①数据来源于《2009 年台湾统计年鉴》；②表中统计数据均为人均数值（每万人、每千人），即以台湾省各年总人口值为基数来计算各项数据。

3.1.1　从人才资源存量的角度分析

人才资源存量的大小可以通过高等教育的发展情况来反映。由表 15 – 1 可见，福建省无论是在学校数、专任教师人数，还是在校学生人数，2000～2008 年间均呈现明显的增长趋势，截至 2008 年，教育财政支出达到 2 332 923 万元，比上年同期增长 27%，排名全国第 19 位。然而福建省财政性教育支出占 GDP 的比重呈现逐年下滑趋势，与福建省经济的快速发展不相适应①。从数量上来看，截至 2008 年，全省共有普通高等院校 83 所，本科院校 20 所，专科院校 63 所。从质量上来看，福建重点高等院校数量少，其中仅拥有部属院校 1 所，"211 工程"高校两所。学科建设薄弱，在 15 个国家级重点学科中，没有工科。高校博士、硕士点总数不足全国数量的 3%②。由此可以得出结论：福建省整体上人才资源存量不足，素质不高，创新型人才紧缺的状况将严重阻碍海西产业结构的优化升级。由表 15 – 2 可见，从学校数来看，2000

----

① 陈思静：《关于福建省高等教育与区域经济协调发展的思考》，《商场现代化》2008 年第 547 期，第 282 – 283 页。

② 米红、韩娟：《福建高等教育发展的现状、问题及对策》，《集美大学学报》2007 年第 1 期，第 3 – 8 页。

年以来，台湾处于相对稳定期；而专任教师数和在校学生数则缓慢增长。同表 15－1 相比，台湾无论是在学校数量、专任教师人数还是在校学生数量，均比福建高出数倍。福建在办学规模、师资以及受高等教育人才上都远远落后于台湾。尽管台湾高等教育的规模处于全国前列，人才资源存量相对较大，但高等教育总经费投入却因学校和学生数量的增加出现不增反减（台湾每年的教育经费减少了近10%）的趋势。另外由于"少子化"现象带来的生源不足、教育资源过剩等问题造成教育质量和生源质量的下降，这使得台湾较大的人才资源存量出现质的缺陷。顶尖级创新型人才的短缺将成为台湾产业优化和科技岛目标实现的障碍。由此可得出创新型人才资源存量的不足是闽台产业优化升级中共同面临的瓶颈。

3.1.2　从人才资源结构的角度分析

人才资源结构可以通过研究和实验发展人员（下称 R&D 人员）活动的主要指标分析。从表 15－3 来看，截至 2010 年，在 R&D 活动类型上，福建省人员配备的顺序依次是试验发展、应用研究、基础研究，分别为65218 人、8090 人和3435 人，分别占85%、10.5%和4.5%；三项比值为18.99∶2.36∶1。与其他发达国家和地区相比，福建省从事基础研究和应用研究的 R&D 人员比例偏低，严重扼制了原始创新的产出，而原始创新是实现产业优化升级的不竭动力所在，这将直接影响福建省自主创新能力的提高和现代产业体系建设的推进。从表 15－4 来看，截至 2008 年，台湾 R&D 人员总数为 240867 人，在每百万人口 R&D 人员数指标上达到62.4 人。通过对比可以看出，福建省整体科技实力还比较低，科技资源不足，创新型人才的引进和培养将成为海西产业优化升级和可持续发展的人才支撑和智力保障。区域人才合作有助于闽台人才资源结构的优化。

表 15－3　2001～2010 年福建省研究和实验发展（R&D）活动主要指标

项目	2000	2003	2005	2007	2008	2009	2010
R&D 人员折合全时人员（人）	22420	26614	35815	47642	59557	63269	76737
基础研究	2003	1629	1452	1910	2393	3336	3435

240

续表 15 -3

项目	2000	2003	2005	2007	2008	2009	2010
应用研究	3635	5284	7005	6424	6087	7549	8090
试验发展	16752	19700	27358	39308	51077	52385	65218

数据来源：《福建统计年鉴2011》

表 15 -4　2004 ~ 2008 年台湾研究和实验发展（R&D）人员概况

年　份	科技人员数（人）				每万人口研究人员数（人）
	总计	研究人员	技术人员	支援人员	
2004	187001	108891	60425	17684	48.0
2005	195721	115954	62298	17469	50.9
2006	212483	126168	67715	18600	55.2
2007	228551	135918	72709	19924	59.2
2008	240876	143862	77117	19897	62.4

数据来源：《中国统计年鉴2010》

3.2　合作培育创新型人才是闽台产业优化升级的需要

创新型人才是具有创新意识、创新精神、创新思维和创新能力的综合体，是推动产业升级、构建现代产业体系的核心力量。从目前产业结构来分析，福建省存在较大的滞后性，表现在第三产业（39%）比重较小，第一产业（12%）、第二产业（49%）比重偏大，第三产业增长效率较低，整体产业竞争力不强，尚处于工业进程阶段中，具有以工业为主导的特征，这严重影响产业的高度化和合理化效应（数据来源于《福建统计年鉴2011》）。福建产业化结构升级迫在眉睫，省"十二五"规划已经明确提出要发展壮大主导产业、加快培育发展战略性新型产业、广泛应用高新技术和先进适用技术提升传统优势产业和扶持发展大企业大集群。从2015年到2020年，福建后工业化稳步推进，知识和创新驱动作用突显，知识密集型产业迅速发展。这一期末，高新技术产业增加值将占全省 GDP 的 50% 以上，经济总量与台湾大致相当。福建省在产业结构升级的过程中必将加大对创新型人才的需求。与福建相比，台湾产业结构较为优化，农业（2%）比重小，工业（27%）比重适中，服务业（71%）占据主导地位，处于后工业化阶段（数据来源于《中国统计年鉴 2011》）。但台湾在进一步优化产业结构，实现新的经济转型的过程中创新型人才总量不足、结构不合理等问题也日益显现。据台"经济部"调查，2008 年至 2010 年，硕士级人才研发工作缺口有 5000 至 7000 人，其中电子、电机、电控以及物理方面口最大。另据台湾电机电子公会公布的报告显示：至 2008 年，台湾资讯，电机与电子产业所缺人才将达到 5.7 万人；网络软件公司所需的专业人才更是空前奇缺，台湾的航天工业目前需要从业人员 6.5 万人，现台湾仅有 1.3 万人，缺 5 万多人。台湾长期从海外引进人才，但在与大陆合作培育人才方面有待进一步拓展。目前创新型人才的紧缺已在很大程度上制约着台湾经济和科技发展的步伐。两岸产业结构的不断优化升级迫切需要闽台两地进行高层次人才的交流与合作，闽台优势互补，合作培育产业优化升级中所需的创新型人才将对两地科技、经济和社会发展起到极大的促进作用。

3.3 区域经济合作必然带来闽台人才培育的区域合作

从闽台区域经济发展的现状来看，"十一五"期间，福建累计吸收台资项目 2037 项，累计合同利用台资 57.4 亿美元，是"十五"时期的 9.2 倍，累计实际利用台资（不含第三地转投）78.03 亿美元，是"十五"时期的 1.84 倍。2010 年，在第十二届海峡两岸经贸交易会上，仅仅福州一市与台湾企业共签约项目就达 56 项，利用台资逾 10 亿美元，比上届增长 3.4 倍[①]。目前福建省内有马尾、集美、杏林、海沧、泉州五个国家级台商投资区，同时各地都有各具特色的台资企业产业集群。

---

① 胡苏：《2010 年闽台贸易额突破 100 亿美元》，《新华日报》2011 年 1 月 6 日。

从闽台进出口总额变动来看，截至 2010 年，福建对台贸易总额首次突破 100 亿美元，比 2005 年翻了一番，其中出口比增 39.61%，进口比增 53.18%[①]。两岸贸易依存度逐年提高，两岸经贸关系日益密切，台湾已成为福建省第二大外贸来源地、第三大贸易伙伴和第一大进口市场。在闽台区域经济合作深度发展和海西建设加快的大背景下，实现闽台产业优化升级、产业对接和区域合作利益的最大化迫切呼吁闽台人才培育的区域化合作。在台湾产业西移过程中由于忽视人才西移，出现台企人才匮乏的状况。面对经济全球化的趋势，台湾本土人才的优势正在弱化，福建省基础研究能力不断提升，加之大陆本地化人才培育的低成本考虑，闽台携手利用双方资源形成人才培育合力，着力培育能够促进闽台区域经济发展的创新型人才将成为历史必然。

4　基于闽台产业优化的人才需求分析

产业结构的优化调整和升级实际上是资源配置关系的调整。产业结构优化调整对人才提出了更高的要求，反过来，人才的数量、结构和素质又成为产业结构调整的制约因素。从长远来看，海峡西岸经济区的建设将推动闽台区域经济朝着互补共赢的方向发展，闽台双方产业的对接、优化调整和升级将迈上更高的台阶，产业结构的高度化、柔性化、技术化发展趋势将逐步凸显。随着产业升级速度的加快，技术结构的高度化和柔性化不仅改变着人才需求的结构，也对人才的类型、规格和层次提出了多样化的要求。基于闽台产业优化的人才需求分析框架如图 15 – 1 所示。

---

① 海峡发展基金会：《两岸经贸统计表》，《两岸经贸月刊》2010 年第 221 期，第 36 – 38 页。

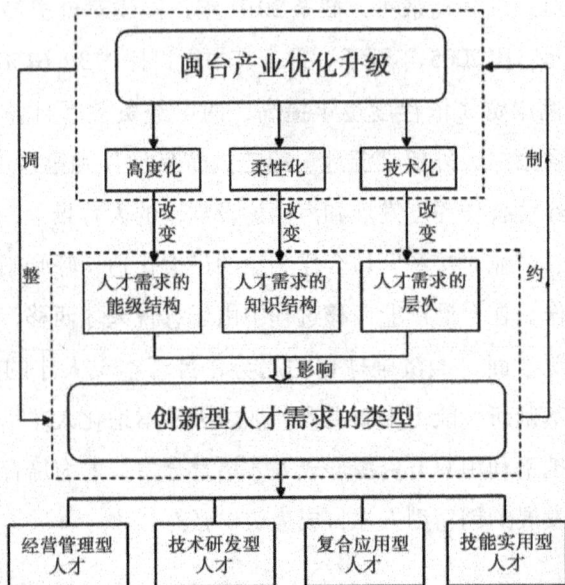

图 15－1　基于闽台产业优化的人才需求分析框架

4.1　闽台产业结构的高度化①改变了人才需求的能级结构

人才需求的结构在横向上不断地扩展，表现为人才需求的多样性；在纵向上反应为能级结构比例的提升。技术结构与产业结构相互依存，技术结构代表产业结构的水平，产业结构决定技术结构的形态。海峡两岸产业的相似性和互补性特点使得闽台区域经济合作前景广阔。由于新的经济转型的需要，台湾对闽产业转移由最初的农业、传统制造业逐步向高科技产业、现代服务业倾斜，这不仅直接促进了台湾产业结构向高度化发展，同时也间接带动了福建产业结构的调整和升级。台湾对福建的高科技产业投资起步较晚，福建省也错过了台湾 IT 与 IC 领域转移的合作时机，只赶上台湾光电产业转移的机遇。但基于闽台"五缘"优

---

①　所谓产业结构的高度化，是指经济发展过程中技术不断突破原有的界限，从而形成新的经济增长点。产业结构的高度化反映的是技术结构以及人才能级结构的提升。

势和海西建设的不断完善，福建省已把发展现代服务业作为产业结构优化的重点和主要经济增长点，闽台在高技术产业和现代服务业合作方面必将出现新的高潮，闽台产业结构高度化的趋势不可逆转，这必然要求人才需求的能级结构发生质的转变。

4.2 产业结构的柔性化①改变了人才需求的知识结构

台湾已成为福建吸引境外投资的第二大资金来源，福建农业实际利用台资位居大陆各省份之首。从台资企业在福建投资的行业变化上看，福建省台资企业投资总体上呈现出以劳动密集型产业为主逐步向技术密集型产业过度的趋势，并积极开展闽台电子信息、石化、机械装备、农业、金融等产业合作洽谈，举办不同主题的经贸论坛和专题研讨等，以入台举办福建商品展为突破口，带动了贸易、投资、旅游、通汇等经贸合作项目的拓展。例如福建积极开展对台招商活动、促进闽台产业对接，促成台塑、台玻、友达光电、东元电机、国泰人寿等一批台湾知名大企业来闽投资，特别是吸引台湾石化、钢铁、机械等重化工业项目和信息、生物制药、环保等新兴产业及生产性服务业、金融服务业等来闽投资，着力推动一批闽台产业合作重大项目落地。与此相适应，技术密集型产业取代劳动密集型产业，闽台产业结构柔性化的趋势不断对人才需求的知识结构提出了新的要求。技术密集型产业群需要人才实现多种技术的组合和运用，要求人才的知识结构要具有广延性、复合性和创造性。

4.3 产业结构的技术化提高改变了人才需求的层次

闽台产业合作已初步形成了较完整的知识、技术密集产业链。首先，闽台农业合作项目从引进农作物良种开始，逐步朝种植业、引进农

---

① 所谓产业结构的柔性化是指围绕知识的生产、分配和使用，在社会生产和再生产过程中，体力劳动和物质资源的投入相对减少，脑力劳动和科学技术的投入相对增长。

业高新技术方向发展；由种植业、零星单项逐步向农副产品深加工、休闲农业、土地成片开发和整体配套方向发展①。其次，以电子信息、石油化工、机械装配、汽车等为代表的先进制造业形成了较强的配套能力的聚集效应。最后，以物流业和金融业为主的现代服务业也向多层次、宽领域拓展。比如在农业方面，为了深化闽台农业交流与合作，福建先后建立了各种类型的闽台农业合作实验区。台糖、农友、天福等台湾农业知名企业纷纷落户福建，成为福建农业产业化的龙头和样板。而台塑、统一、东南汽车、翔鹭等大型台资企业也已成为福建相关产业的龙头。知识、技术密集产业链的发展对提高了产业结构的技术化，进而对人才需求的层次提出了新的要求。由于先进技术装备的特点是技术系统的尖端化、集成化和信息化，再加上知识的更新速度加快和产品周期的日益缩短以及市场竞争的加剧，使得人才需求的层次也发生着相应改变。

闽台产业结构的高度化、柔性化、技术化升级改变了人才需求的结构和层次，对闽台合作培育人才带来了新的挑战。目前福建省人才结构状况主要存在着"三缺"、"一低"问题，即高新技术人才短缺、高级管理型人才短缺、各种技能型人才（如高级技工）短缺，人才资源作为一个整体其知识结构与国际接轨的程度低。具体表现为以下四类创新型人才的短缺：一是既熟悉电子信息、生物工程和新医药、光机电一体化、新材料、环保与资源利用五大行业在同行业中的地位，了解本行业当代国际前沿发展状况，又有能力制定正确的行业、系统、部门发展战略与对策，推动行业迅速发展的科技"帅才"；二是在基因工程、生物芯片、大规模集成电路、纳米技术等高新技术领域具有国际水平的顶尖级人才；三是熟悉世贸组织规则，适应国际竞争需要和能够解决国际争

---

① 陈险峰：《闽台经济合作现状与未来发展趋势》［EB］，http：gbcode.tdc trade.com.

端的专门人才；四是跨领域、跨行业、跨学科的高层次复合型人才①。与福建相比，台湾在应用技能型人才和金融、贸易以及企业经营管理型人才方面占有优势，但在以专业技术研发型人才和复合型人才为代表的创新型人才方面仍比较紧缺，急需补充。

综上所述，为适应人才需求结构和层次的改变，进一步推进闽台区域经济的深度合作和拓展，闽台应加快创新型人才合作培育的步伐，重点培育的创新性人才有以下四个类型：（1）高层次国际化经营管理型人才；（2）高层次技术研发型人才；（3）掌握高新技术知识解决生产中实际问题的复合应用型人才；（4）具有高级专门技能、擅长实际操作的技能实用型人才。

5 基于闽台产业结构优化升级的创新型人才合作培育对策建议

5.1 构建闽台区域经济合作中创新型人才培育的可持续发展模式

闽台区域经济合作中创新型人才培育的可持续发展模式应从以下三个方面着手构建：一是按照闽台产业优化升级和现代产业体系建设的需要，加快调整人才培养方向和结构，抓紧培育区域内重点领域急需紧缺的各类创新型人才，扩大高层次创新型人才及其后备人才的培养规模，从人才资源的存量和结构上优化区域内人才配置。二是借鉴发达国家创新型人才培养的经验，整合闽台双方教育教学资源，优势互补，全面系统推进闽台教育体系、体制的综合配套改革，切实以创新素质培养为重点加快建设适应于培育创新型人才所需的高素质师资队伍，逐步形成闽台合作培育创新型人才的教育体系和机制。三是着力推动区域内产学研

---

① 吴淑娟：《构建有效合作机制推进产学研合作教育深入开展》，《石油教育》2010 年第 4 期，第 66 - 69 页。

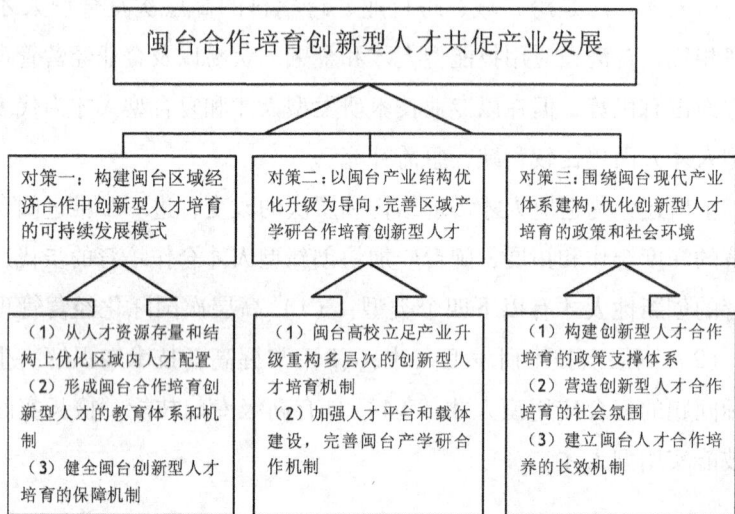

图 15-2　基于闽台产业结构优化升级的创新型人才合作培育政策建议图

合作及闽台教育科技交流与合作，引进和利用两岸优质科教资源，健全闽台创新型人才合作培育的保障机制，促进人才合作培育的可持续发展。同时积极推进闽台人才资源的资本化进程，实现人才资本和产业资本的有机结合，加速创新产出，为产业持续优化提供强有力的支撑。

5.2　以闽台产业结构优化升级为导向，完善区域产学研合作培育创新型人才

实践证明，产学研合作教育既贯彻了教育与生产劳动相结合的方针，集素质教育、创业教育和专业教育为一体，又培养了适合社会需求的高素质人才，加速了科技成果转化的进程，是服务社会经济发展的重要举措[1]，是实现校企合作发展[2]的合理形式。闽台区域内的人才产学

---

①　郑百奇、陈奇榕：《构建闽台高新技术人才培养体系的若干思考》，《台湾农业探索》2006 年第 3 期，第 9-13 页。

②　郭广生：《加强产学研合作教育推进人才培养模式创新》，《北京教育》2010 年第 1 期，第 11 页。

研合作教育和培养有一定的基础，目前福建省共有 87 所高等院校、各类科研机构 1200 个、高新技术企业 867 家、创新型（试点）企业 181 家，5100 多家企业与高校、科研单位建立形式多样的产研合作关系，创新能力持续增强①。但是在闽台产业优化升级的过程中，创新型人才合作培育是一项长期艰巨的系统工程，必须发挥协同效应，加强人才载体建设，完善区域产学研合作。产学研合作下的创新型人才培育属于开放模式，强调培养过程与各种社会资源的共享合作机制。总体而言，为适应闽台产业优化升级对创新型人才的需求，产学研合作需要进一步整合区域资源，拓展领域，突出重点，提升层次，创新机制。

5.2.1　闽台高校立足产业升级重构多层次的创新型人才培育机制

首先，在办学模式上，倡导闽台高校联合办学，广泛开展闽台教育合作交流，包括高校学科间的学术交流和科研项目合作等，有计划、有重点地培育两岸产业优化升级中所需的各类创新型人才，推动区域科技创新和进步，以创新机制优化产业结构。闽台高校教育各有专长，福建地区较重视基础研究，对人才理论研究能力的培养较有经验；台湾地区较重视培养应用型、技术型人才，对人才的应用研究能力的培育较有经验。因此，为协助闽台产业结构优化，聚集两岸优势教育资源合作办学将从长远上解决闽台创新型人才不足的矛盾。其次，在教学计划和课程设置上，根据闽台产业升级对人才知识、能力和素质的要求，调整教学计划，重组课程结构。按照课程体系、结构和内容的整体最优原则及厚基础、宽知识、强能力、高素质的教学改革方向，闽台高校可以相互引进双方的优势专业和特色课程，共同研发课程，合作编写教材，通过优化课程组合来修订创新型人才合作培养方案。最后，在教学实践上，开展产学研合作，闽台高校通过与政府、企业和科研院所之间的共建、共享等方式，建立应用型实习基地和设计型实习基地，锻炼学生的实践能

---

① 章文秀、吴迅颖：《福建：筑巢引凤建设海西（海西进行时）》，《人民日报海外版》（第 03 版），2010 年 2 月 12 日。

力和科研能力，保障教育教学中实践环节的有效落实。

5.2.2　加强人才平台和载体建设，完善闽台产学研合作机制

大力推进人才平台和载体的建设和发展，既符合闽台构建现代产业体系需要，又符合创新型人才合作培育的需要，应坚持在闽台互利互惠的条件下，双向参与，优势互补，完善产学研合作机制。第一，闽台政府、高校、企业和科研院所应加强合作，集中力量建设一批国内国际一流人才载体，形成重点工程技术中心、示范性实训基地、实验室等载体建设与创新型人才和团队培育统筹推进、相互促进的机制，逐步形成产学研合作网状格局。第二，以产业优化和市场需求为导向，加强闽台高校与科研院所联合办学，同时与闽台高新技术企业、行业联合成立产学研合作培育创新型人才协调委员会，共同研究和制定人才培养和发展规划，形成人才培养的合力。第三，优化闽台高新技术开发区、创新创业园区、联合研究中心等创新平台的硬件和软件基础设施，重点支持科技创新人才和民营企业独立或联合创建研发机构。另外，围绕闽台重点优势产业，依托高新技术园区、科技企业孵化器、大学科技园等创新平台，合作培育高层次创新型人才和团队，打造人才建设高地。

5.3　围绕闽台现代产业体系建构，优化创新型人才培育的政策和社会环境

良好的政策和社会环境是闽台合作培育创新型人才的基本保障。首先，闽台官方有关管理部门要在对现有区域内产业体系和人才队伍进行深入调研的基础上，明确人才合作培育的总体思路、指导方针、政策导向和任务要求，抓紧研究制定人才培养的相关政策措施，加快构建完善的创新型人才合作培育的政策支撑体系，为推动闽台人才资源开发的区域性衔接与合作提供政策支持。同时加快建立官方指导和联络协调机制，对闽台人才资源开发中共同面临的政策法规、资源配置、教育科研等重大问题提供合理的制度性安排。其次，全社会应共同努力营造良好的环境氛围，可以借助大众传媒积极宣传有关人才合作培育的政策制度

和人才创新文化，让社会各界了解和认识创新型人才培育的重要性，动员和促进社会各方支持闽台创新型人才的合作培育，例如可以通过创建环海峡人才特刊搭建闽台人才资源开发与交流的宣传平台，全面优化其社会环境。最后，探索建立闽台人才合作培养的长效机制，创造宽松的人才流动环境。一是设立闽台创新型人才合作培育和交流基金，扩大规模，增加投入，重点扶持闽台高新技术合作项目和引智专项计划，重点支持闽台青年科技人才开展诸如进修、培训、学术研讨会等形式的业务交流，定期或不定期举办海峡科技论坛，促进两岸科技、文化与人才的交流。二是政府要采取有效措施推动两岸学历、学分的互认机制，在人才评价、学籍管理、资格认定等人才政策上互通互容，为深度拓展闽台教育合作和交流做好政策性铺垫。三是加强两岸人才中介机构的合作，建立闽台双向选择的人才流动机制。例如建立闽台现代人力资源信息网络和数据库，加快实现两岸人才市场、劳动力市场和就业市场的衔接，实现人力资源信息的互通和共享。构建人才信息直通车，通过互联网加强两岸人才的联系和沟通，为两岸人才合作开辟广阔渠道，推动人才的合理流动。

6　本章小结

本文在对当前国内外有关区域人才合作与产业结构优化研究理论梳理的基础上，分析了闽台合作培育创新型人才共促产业发展的必要性和现实性，并通过人才需求分析指出闽台产业优化升级中所需共同培育的创新型人才类型，最后基于闽台产业结构优化升级提出创新型人才合作培育的政策建议有：构建闽台区域经济合作中创新型人才培育的可持续发展模式；以闽台产业结构优化升级为导向，完善区域产学研合作培育创新型人才；围绕闽台现代产业体系建构，优化创新型人才培育的政策和社会环境。

第十六章　基于生态管理理论的闽台
创新型人才开发研究

1　引言

众多的理论和实践证明，创新型人才是推动经济发展的核心资源。创新型人才在社会经济建设中具有很强的引领、辐射和带头作用，因此创新型人才的集聚能有效地提升区域自主创新能力。福建省充分认识到了建设海峡西岸经济区，实现福建跨越式发展，创新型人才是关键。为了有效开发创新型人才，福建出台了多个政策文件，涵盖了人才的引进、培育、使用、激励等各个方面。更是重视与隔海相望的台湾在创新型人才开发方面的交流和合作，先后制定 7 部涉台专项法规，60 多项涉台地方性法规，成为全国涉台立法最早、最多的省份。二战后台湾经济快速发展，综合实力曾一度居四小龙之首，但经过多年执政党轮替和2008 年全球性金融危机，如今台湾综合实力已为四小龙之尾。为了振兴经济，台湾提出了中长期经济发展构想（黄金十年），大力发展六大新兴产业，但与发展经济相配套的创新型人才资源却面临严重的不足。闽台具有区域自然背景及历史文化的相似性和经济发展时序递差性，这种一衣带水的地缘和亲缘关系以及一脉相承的文化习俗和语言环境，为闽台创新型人才开发提供的先天优势。在经济全球化和区域经济一体化逐渐增强的背景下，闽台创新型人才一体化已经成为新的趋势。现代生态管理理论从生态学的视角出发，充分借鉴生态学的有关概念、原理和方法，以整体观、合作观及可持续发展观等来研究社会经济活动。本文尝试以生态管理理论来研究闽台创新型人才开发问题，以期为闽台的创新型人才开发提供有价值的参考。

2　相关研究概述

自 1869 年德国生物学家海克尔（E. Haeckel）提出生态学的概念后，生态学历经一百多年的发展，跨越了自然科学与社会科学之间的鸿沟，出现了生态管理学。其学科前提是建立在"生态人"假说的基础上，即认为人也具有生态属性，同样受自然法则约束，必须与自然协调发展，人行为的善意标准是其是否有利于自然的完整、和谐与稳定，人类活动的终极目标是建构和调控人与自然之间、人与人之间的理想化秩序[①]。王如松[②]指出生态管理旨在运用系统工程的手段和生态学原理去探讨复合生态系统的动力学机制和控制论方法，协调人与自然、经济与环境、局部与整体间在时间、空间、数量、结构、序理间的系统耦合关系，使资源得以高效利用，人与自然高度和谐，环境经济持续发展。生态管理的主要内容包括：管理主体的生态化、管理效益的生态化、产品设计生态化、产品生产生态化、营销生态化[③]。生态管理学的诞生是管理史上的一次深刻革命，虽然目前它还不成熟，但是仍存在一些共性的认识：第一，它强调经济与生态的平衡可持续发展。第二，它意味着一种管理范式的转变，即从传统的"线性、理解性"管理转向一种"循环的渐进式"管理。第三，生态管理非常强调整体性。生态管理的落

---

①　魏光兴：《论管理学融合生态学的三个层次》，《科技管理研究》2005 年第 5 期，第 119－122 页。

②　王如松：《资源、环境与产业转型的复合生态管理》，《系统工程理论与实践》2003 年第 2 期，第 125－138 页。

③　冯文龙：《生态管理：21 世纪企业管理新主题》，《中外科技信息》2003 年第 7 期，第 38－40 页。

脚点是对由要素构成的整体结构进行科学管理，通过整体中各要素的共同作用，达到最佳的管理效果。第四，生态管理是一个层次分明的复杂系统。第五，生态管理强调更多公众和利益相关者的广泛的参与，它是一种民主的而非保守的管理方式[1]。第六，生态管理具有合作共生的特点。

将生态管理理论和方法运用到现代人才管理中产生了人才生态学，主要研究人才的开发使用等与环境的关系。人才生态学的研究范围有广义和狭义之分，狭义的人才生态学是将人才和所处的环境抽象成一个模拟生态系统，运用和借鉴自然生态学的知识和视角，研究人才的成长，从而达到人才的可续发展；广义的人才生态学主要指人才与生态、人才与环境的互动关系，既要兼顾人才自身的可持续发展，还要保证人才的行为不影响生态环境的改进提升。张一方[2]提出了人才生态学的三个基本原理：环境控制原理、相互联系与整体性原理和数量决定质量原理。彭剑锋[3]深刻地指出了人才吸引力的竞争，从本质上讲，是人才生态环境的竞争。沈邦仪[4]认为人才生态系统是指人才生命系统与环境生态系统交互作用而构成的有机复合系统，是受自然、社会与自身思维影响和控制的生态系统，它包括人才的内生态系统和外生态系统。相似的还有朱达明[5]，他认为人才生态环境是一个由众多复杂因素构成的社会系统，是一个完整的、有内在规律的体系，主要分为社会物质环境和社

---

① 余正荣：《生态智慧论》，中国社会科学出版社1996年版。

② 张一方：《人才生态学与中国荣获诺贝尔奖的可能途径》，《科学学与科学技术管理》2001年第7期，第59-61页。

③ 路济平：《良性的人才生态环境的十个标准——访中国人民大学教授彭剑峰》，《北京人才市场报》2003年11月26日。

④ 沈邦仪：《关于人才生态学的几个基本概念》，《人才开发》2003年第12期，第22-23页。

⑤ 朱达明：《人才生态环境建设策略》，《中国人才》2004年第6期，第57-59页。

会人文环境。马伟光①提出了人才生态系统存在人才系统共生效应；人才势场效应；杂交优势理论；人才系统共生效应；人才种核理论等规律。在将生态管理理论运用到创新型人才的开发上，邬江兴②提出通过实施精英教育、设立创新园区、推广新技术等措施完善创新生态链，培育创新型人才。黄梅和吴国蔚③通过建立创新人才开发的生态学模型，从内部环境、边界、外部环境三个角度考察对创新人才开发的影响，进而从系统和整体角度探讨创新人才开发的有效路径。刘冬梅等④通过实证研究分析了科技人才流动现象与所在生态位关系，并指出导致科技人才流失的最主要原因是现实生态位、潜在生态位和理想生态位的严重错位，并提出相关建议。本文在前人研究的基础上，将生态管理理论应用于闽台创新型人才的开发研究，具有一定的适用性和潜在的应用价值。

3　闽台创新型人才开发现状

福建与台湾隔海相望，两地同处于全球最活跃的东亚经济走廊的中心地带。在历史上台湾曾划归福建省管理，"闽台合治"的时间长达200年之久。但目前两地由于实行不同的社会制度，具有不同的经济发展基础。福建处于工业化中期阶段，而台湾已经步入后工业化初期，两地经济发展相差近20年。与两地经济发展水平相对应的创新型人才开发现状同样体现了两个地区之间发展的差距（表16－1）。

---

① 马伟光：《生态学规律与人才生态圈》，《人力资源》2004年第Z1期，第32－33页。

② 邬江兴：《完善创业生态链，培育创新型科技人才》，《科学咨询》（决策管理）2007年第3期，第26－27页。

③ 黄梅、吴国蔚：《生态学视角下的创新人才开发路径研究》，《科技进步与对策》2008年第12期，第222－226页。

④ 刘冬梅、汪波、张保银：《基于生态位理论的高新区科技人才流动现象探究》，《软科学》2010年第6期，第97－100页。

表 16 – 1　2011 年闽台创新型人才开发概况

主要指标	福建	台湾
劳动力总计（万人）	2460	2323
三次产业人员及构成比	26.3:37.8:35.9	5.1:36.3:58.6
科技人员数（人）	216082	272563（2010 年）
R&D 经费	2215151（万元）	3949.60（新台币亿元）（2010 年）
R&D 经费占 GDP 比重（%）	1.26	2.90（2010 年）
每万人口高等教育学生数（人）	220.2	585

数据来源：2011 年《中国统计年鉴》和《福建统计年鉴》

福建创新型人才队伍在数量上和质量上都有了较大的提高，但是总体上福建创新型人才资源仍落后于台湾，人才队伍建设与经济社会发展要求相比仍存在差距。具体表现为：人才总量不足，每万人口拥有高等教育学生数不到台湾的 40%，每万人口拥有专业技术人才低于全国平均水平。人才素质不适应发展要求，缺乏高级管理人才、高端研发人才、高技能人才和复合型人才，根据《福建 2012 年度紧缺急需人才引进指导目录》，福建尤其缺乏在电子信息、装备制造、石化工业、汽车工业、船舶工业等 25 个重点产业的顶尖人才。产业结构与就业机构非均衡性显著。福建产业结构整体层次偏低，劳动密集型产业、传统产业比重高，高科技含量、高附加值、高档次产品等高新技术因素所占份额低。创新经费投入偏低，创新能力不足。2011 年福建的 R&D 经费投入强度为 1.26，不到台湾的一半。在专利申请和授权方面，2011 年全省申请专利 32325 件，授权 21857 件，仅全国总量的 8.3% 和 10%。全省各类高等院校 85 所，211 重点大学只有 2 所，许多本科院校为新组建而成，大部分高职都由原来中专升格，办学时间短，师资力量薄弱，专业单一，创新型人才培养模式不够完善；在培养适应区域经济发展的高素质、高技能的人才方面还有很大的空间。

台湾和福建相比，具有一定的人才优势，但也存在严重的问题。台湾自主创新型能力不足，缺乏发展新兴产业的创新型人才。台湾长期依赖从先进国家引进成熟技术再发展，导致基础研究不扎实，高科技产业的关键技术受控于发达国家。人力资本结构与产业结构严重失衡，高科技产业的人才荒与传统产业的失业潮并存，这成为制约台湾经济发展的一大瓶颈。台湾由于长期忽视除信息硬件产业以外的高科技产业，如软件业、生物技术、环保产业等的发展，造成了创新型人才培养单一化。2011 年岛内就业人数 1070 万，失业人数 49.1 万，失业率达 4.4%。台湾人才流失严重，已成为人才"净输出地"，每年自台湾移出的人口有两三万人，其中白领占多数。由于高等院校数量增长过快，出现严重的供大于求，许多学校面临生源不足的问题。同时造成培育人才质量下降，台湾博士毕业生快速增加导致大量失业，爆发博士流浪潮。高学历不再是就业保证，2010 年大专以上学历失业者，已经占总失业人口的41.11%，平均失业周数也延长到 30.72 周。台湾正处于新的经济转型期，大力发展高科技产业和向科技岛目标迈进的过程中，都彰显出台湾创新型人才存在总量不足，顶尖级人才缺乏，人才结构不合理等问题。

4　基于生态管理理论的闽台创新型人才开发系统

4.1　基于生态管理理论的闽台创新型人才开发影响因素分析

随着知识经济的到来和人才竞争的加剧，传统的创新型人才开发理论已显示出其局限性，无法指导当今创新型人才日益短缺的问题。借鉴生态管理理论的思想，产生创新型人才开发的新范式。这种新范式在创新型人才开发的目标和战略上具有不同的特点，在过程和措施方面亦超越了传统的思维，成为解决闽台当前创新型人才危机，适应知识经济时代创新型人才开发新的管理模式和逻辑思维。根据生态管理理论的基本思想，创新型人才总是直接或间接地依赖于别的创新型人才和其他各种因素，他们的成长和发展受到外生态环境的影响和内生态环境以及个体相互作用的制约。

4.1.1 闽台创新型人才开发的外生态环境分析

创新型人才开发的外生态环境是指直接或间接影响人才成长的各种生态因子的总和，包括了政治、经济、科技、教育、文化等五个因素。外生态环境与创新型人才开发系统相互影响，相互促进，和谐共进，逐步实现二者的同构化，这是创新型人才开发与外生态环境的互促优化效应。政治因子是指国家及政府颁布的政策法规及施行的人才体制，是创新型人才开发的基础，影响创新型人才的培养、管理、使用和流动。经济因子包含了社会经济条件及其运行状况、发展趋势、产业结构、交通运输、资源等情况，是创新型人才生存和发展的重要因素，影响着创新型人才的分布、结构和种类等。科技因子包含了科技水平、科技力量、科技体制、科技政策和科技立法四大要素，是创新型人才从事创新活动的巨大推动力。教育作为一种积极引导人类思想、认识和改造世界的途径，包含了学校教育、家庭教育、社会教育和自我教育。教育因子对创新型人才的开发起着最直接的作用，教育的首要功能就是促进个人发展，培养个性化的人才。良好的人文环境因子包括的生活环境、工作环境、文化环境、舆论环境等，是构筑创新型人才成长及开发的社会基础，极具意识形态方面的影响力。

4.1.2 闽台创新型人才开发内生态环境分析

创新型人才开发的内生态环境是对创新型人才开发起着关键作用的微观环境因素构成的集合，涵盖了企业、政府、科研机构、高等院校、人才服务机构等。创新型人才开发有赖于良好的政策和体制保障。政府只有加强人事制度改革，优化创新型人才资源配置，建立健全创新型人才开发宏观管理体制，才能为创新型人才提供政策保障。高等院校和科研机构一方面作为众多高层次创新型人才的聚集地，一方面作为培养创新型人才的重要场所，对创新型人才的开发至关重要。高等院校和科研机构应不断转变观念，加强同行间的交流与产业间的互动，在社会实践中培养创新型人才。企业是自主创新的主体，在西方发达国家80%以上的创新成果都出自企业，从这个角度来说，企业应该成为创新型人才开发的主要场所。人才服务机构作为人才配置和流通的服务性组织，为用人单位与创新型人才之间架设沟通的桥梁。在区域人才开发中的作用表现在通过市场运作模式，提升区域人才合作的效率和效益，引导人才向重点产业和优势产业集聚。

4.1.3　闽台创新型人才开发的战略合作

随着全国区域经济一体化的推进，长三角、泛珠三角、环渤海等区域性人才合作机制相继建立，跨区域的人才交流与合作逐渐成为共识。福建的基础研究型人才占有优势，台湾在应用技术型人才和金融、贸易以及企业经营管理人才方面略胜一筹，闽台人才资源存在一定的互补性，构成了两地人才战略合作的前提条件。改革开放后，两岸关系逐步改善，大陆的改革开放政策和积极的对台优惠政策以及福建对台的政策倾斜，使闽台具有建立创新型人才开发战略合作的政治基础。2008 年世界性金融危机的爆发，台湾借助与大陆广泛的经贸合作，有效弱化了金融危机的冲击；对于福建而言随着海峡两岸经济建设的全面推进，借助先行先试的重要平台，全面加强和深化对台湾的经贸文化交流合作，从而为两地人才开发战略合作奠定了坚实的经济基础。"五缘"优势是闽台产生和建立创新型人才开发战略合作的文化基础。两岸实现"三通"及"ECFA"签署为两地创新型人才开发战略合作提供了重要契机，福建与台湾之间客观存在的政治、经济、文化基础决定了闽台创新型人才开发战略合作的重要性。

4.2　基于生态管理理论的闽台创新型人才开发系统

根据上文对闽台创新型人才开发的影响因子分析，从生态管理理论的研究视角出发，创新型人才与之所处的社会环境共同构成了一个类似于自然生态系统的创新型人才生态系统。系统内部的创新型人才个体、种群以及外部环境之间都存在相互作用及相互影响的关系。和自然生态系统相类似，可以构建闽台创新型人才开发系统，如图 16－1 所示，闽台创新型人才开发系统以闽台战略合作为基础，形成"官—产—学—研—介"联合培养模式，在政治、经济、科技、教育、人文的外部环境作用下，实现创新型人才的高效开发。闽台创新型人才的开发必须建立多层面立体化的综合开发机制，实现个人、组织、社会共同开发，才能使创新型人才产出源源不竭。

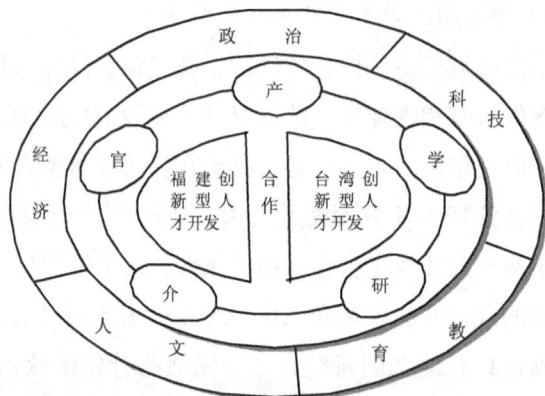

图 16 - 1　闽台创新型人才开发系统

5　基于生态管理理论的闽台创新型人才开发原则

5.1　可持续性原则

生态管理理论要求把长时间的可持续性作为基本价值观，它不是把注意力集中在当前问题的解决上，而是注意解决代际间的可持续性为前提[①]。从创新型人才自身的成长规律和知识结构来看，创新型人才需要一个不断积累不断提高的过程，因此对创新型人才的开发应在政府、企业、高等院校、科研机构、人才服务机构的共同作用下，使之具有可持

---

① 于贵瑞：《生态系统管理学的概念框架及其生态学基础》，《应用生态学报》2001 年第 5 期，第 787 - 794 页。

续发展的内在条件。从创新型人才的外部支持系统来看，创新型人才与其成长的经济、科技、教育、文化环境构成一个相互作用、相互依赖、互惠共生的生态系统，并不断进行着物质、能量、信息的传递和交换，以维持人才成长的无穷后劲。创新型人才的生态系统既受社会大生态环境的影响又和自身所处的微观环境紧密联系，同时具有相对独立性。它是一个有机的系统，也是一个可持续发展的系统。因此应将创新型人才开发的内外环境有机地结合起来，实现体内与体外的和谐开发，最终实现创新型人才开发的可持续性。

5.2　整体性原则

在生态系统中，没有独立存在的个体，生物之间生物与环境之间都存在着相互联系、相互依存、相互制约的关系，生态系统是作为一种整体性存在的。根据生态系统论思想，整体性原则着眼点是对由要素构成的整体结构进行科学管理，通过整体中各要素的共同作用，达到最佳管理效果。因此应将影响创新型人才开发的各个因素联系起来，形成了创新型人才开发的价值链。价值链把整个创新型人才开发的利益相关者紧密联系在一起，创新型人才开发是价值网中的一个要素，创新型人才开发的主体必须要协调价值链中的其他要素的方方面面的关系，优化人才的生存环境，同时还要善于整合外部资源。另外根据整体性原则，区域联合进行的生态管理效果远远高于单方面进行的生态管理效果。

5.3　合作共生原则

在一个完整的生态系统中，物种之间通过竞争、中性、合作、共生的四种形式和长期的相互作用和自然选择，形成的系统是一种高度优化的组织系统，其系统无资源浪费，自我维持动态的生态平衡，与外部环境和谐共处。闽台创新型人才的开发，可以充分借鉴生态系统优化的原理，进行设计和优化。两地在科技、经济、教育等方面亦存在差异性和互补空间，蕴藏着比较经济利益。两地进行创新型人才的合作开发，实现系统内各要素的优化配置和高效整合，共同提升创新型人才的竞争力。今后随着《关于支持福建省加快建设海峡西岸经济区的若干意见》的出台和 ECFA 的签署，闽台经济科技交流更加频繁，创新型人才开发的生态链延伸到闽台区域的各个方面，实现更大范围上的要素配置和优势互补。

6 闽台创新型人才开发的配套管理措施

6.1 加强两地在创新型人才开发上的战略合作

受台湾当局政治意向的影响，两地创新型人才交流合作还处于初级阶段，难以朝向纵深领域发展，也使得两地创新型人才资源的互补性没有得到应有的挖掘和发挥。闽台应借助"五缘"优势，抓住《国务院关于支持福建省加快建设海峡西岸经济区的若干意见》的契机，突破行政区划界限，消除行政壁垒，制定闽台创新型人才开发先行先试政策，加快闽台创新型人才资源开发的区域性衔接与合作，促进人才、资本、技术的有机交融。首先来说应促进闽台创新型人才开发部门之间的合作，建立官方指导机构和联络协调机制，对共同面临的重大问题，如法规政策、资源配置、科学研究以及教育培训等进行协商，达成闽台创新型人才开发合作协议，建立区域内人才流动、培训等方面的一体化政策体系，实现两地人才交流的常态化。其次，加大闽台两地教育合作的力度。重启海峡两岸学历互认大门，促进两地联合招生、学生互换、学分互认；加强学术交流，通过互派师资、互设基地等多种形式，形成闽台人才培养互补互利的双赢关系。其三，拓展闽台科技交流与合作。福建省有深厚的基础研究实力，台湾有很强的创新应用能力，两地可根据发展高科技产业的需要设立闽台科技园区，吸引和聚集人才，形成联合攻关，共享研究成果。其四，加快闽台人才服务机构的合作。鼓励闽台人才服务机构互设分支机构，加强两地人才资源市场合作、信息资源共享。建立现代化的人才资源信息网络和人才数据库，相互链接和开放网上人才市场，实现人才信息资源共享。

6.2 以闽台产业的转型升级和深度对接聚集人才

创新型人才结构会根据产业环境的变化进行相应调整，使人才群落的组成和生长适应主导产业的发展方向。闽台应以产业集聚区为载体，实施创新型人才集群战略，通过紧密的产业关联、丰富的社会资本、共享的资源要素、庞大的产业集群，形成布局合理的人才与产业协调互动的现代产业集聚区，以集群效应催生优秀人才、培育创新团队。一方面，闽台应加强产业结构的升级，向"微笑曲线"的高端延伸，强化研发和设计、品牌培育、供应链管理等生产性服务业，转变单纯加工制造模式，建立特色鲜明的"技术密集型"现代产业体系。着力培育新兴产业增长极，通过共建国家级重点实验室、工程技术研究中心、企业技术中心、企业博士后站点等创新转化服务平台，聚集创新型人才。另一方面要加强闽台产业的深度对接。台湾六大新兴产业与福建七大战略性新兴产业在选择上不谋而合，具有很多共通性，同时闽台产业结构、产业发展水平存在的差异，这就为两地新兴产业的合作，以及产业的梯度转移提供了必要条件。闽台可以科技园区为依托，以先进制造业、战略性新兴产业、生产性服务业为重点，着力推进电子信息、装备制造、石油化工等三大主导产业对接，深化工业设计、现代物流、电子商务、科技咨询等生产性服务业对接，加强闽台高端制造业和现代服务业领域合作。同时组建联合研发中心，发挥各自领域的互补优势，对相关新兴产业的核心技术进行研究与开发，以及对两地相关专业人才和管理人才进行培训，提升他们的专业技能和管理技能。

6.3 加大引进高层次创新型人才的力度

创新型人才群体发展演化总是以核心人才为种核，显示出强烈的人才种核效应。行业中的领袖级人物，往往会对同类人才产生强大的号召力、向心力和凝聚力，成为群体发展的生长基点和凝聚核心。因此，要重点引进一批人才紧缺行业的领军人才，以高层次创新型人才引领生态系统的优化和完善。首先，闽台应建立人才引进的"柔性"机制，精简人才引进程序，开启人才引进的快车道。把"为我所有"和"为我所用"结合起来，充分采用项目合作、短期兼职、考察讲学、技术入股、合作经营等多种方式引才引智；其次闽台应形成引才合力，充分利用台湾的创新优势、海西的发展契机，围绕闽台的重点行业、新兴产业和重大工程建设的需要，加大引进国内外高端人才的智力，并加强与海内外科研机构的科技与人才合作；利用侨乡优势，加强与海外华人华侨社团、留学生团体、专家组织和国际友好城市的联系，建立海外人才信息库，扩充海外人才智力；积极开展两岸三地人才资源合作开发，形成闽港澳台人才交流、培训互动机制，聘请港澳知名教授担任闽台高校名誉教授或客座教授，邀请港澳专家、学者来闽台授课，组织专业和管理人才赴港澳培训；其三，搭建人才引进的平台。依托"9·8"投洽会、"6·18"项目成果交易会、"5·18"海交会等交流大会和平台，开展成果推介、技术推广活动，坚持用项目引才、课题引才、产业引才，促进人才与项目对接，与产业互动；加强闽台的科研院所、技术创新中心以及高新企业孵化基地等的建设，增强闽台对高层次人才的吸引力。

6.4　充分发挥教育培育创新型人才的作用

根据闽台目前初级技能人才和高级创新型人才短缺，人才结构与就业结构非均衡性显著的现状，闽台应深化教育体制改革，注重创新素质教育；调整高校学科设置，优化人才培养结构；整合区域内教育资源，形成创新型人才培养的新格局。在职业教育方面，加强闽台职业教育资源的整合。利用台湾成熟的职业教育体制，招收福建的学生，重点围绕闽台的产业集群发展中等职业教育，增加本科、硕士职业教育，并与普通高等教育体系在本科层面交叉，即职业教育大专可以升入普通高校。逐步提高职业教育的办学层次，建立适应闽台经济发展的现代职业教育体系。在本科教育阶段按照通识教育与专业教育相结合原则调整理工科专业的课程体系结构，并根据发展经济的人才需求设置学科及专业方向，培养目标为中级科技、学术及专业人才。在研究生阶段实施精英教育，积极探索大众化高等教育背景下的顶尖人才培养模式，加速从知识传承型向知识创造型培养目标转变，通过培养方案的调整、教学计划的修订、课程体系的优化、教学方法和实验手段的更新、完善创新型人才的发现机制等，营造健康的学术氛围和鼓励创新的文化，组建易于学科交叉、融合、渗透的综合研究平台，促进人才素质的全面提高[①]。在继续教育方面，将重心转向举办各类高端培训、研究生层面的继续教育，大力发展专业学位研究生教育，重视培养交叉、边缘学科和新兴学科人才。

6.5　建立官产学研介联合开发创新型人才的体系

闽台创新型人才的开发有赖于各个人才开发主体的互动合作，逐步形成以企业为主体，高等院校和科研机构为基础，学校教育与企业培养紧密联系，政府推动与人才服务机构支持的创新型人才开发合作联盟，通过共建科技创新平台、开展合作教育、共同实施重大项目等方式，培养创新型人才和创新型团队。具体的模式有：官产学研开发模式，即由政府引导和支持，由闽台企业通过自身的雄厚资金和较强的产业化能力，结合区域内及科研机构或大学的科技基础、研究能力形成的技术创新联盟，并依协议分享研究成果。建立高科技园区。依托闽台科研机构以及高等院校的技术和智力支持，在福建某地划出区域以集聚一大批闽台的高科技企业，并由政府提供优惠政策和良好的软硬件环境。建立闽台创新型人才培养基地。培养基地以闽台高等院校及科研机构的实力为基础，闽台高新技术企业的人才需求为导向，培训机构和人才市场共同

---

① 邬江兴：《完善创业生态链，培育创新型科技人才》，《科学咨询》（决策管理）2007年第3期，第26－27页。

推动，实行"人才+项目"的培养模式。加强校企合作，以高校为依托，通过校校合作、校企合作、校校企合作、学校与教育协会合作、教育协会之间合作等方式，联合培养人才。以一校为主，举多校师资之力，合办紧缺专业需要的人才，以最快的速度培养该领域的人才①。

6.6 优化创新型人才开发的保障机制

（1）完善闽台人才开发公共服务体系，为各类专业技术人才的引进、招聘等提供咨询服务，办理有关手续，不断健全完善服务体系，努力提供优质高效的服务；完善高层次人才在住房、生活、工作等方面的制度，为引进人才解决后顾之忧。（2）加强闽台人才开发的公共服务平台建设，着力打造闽台信息化平台、闽台高校毕业生就业服务平台、闽台人才培训教育平台、闽台项目人才对接平台，实现区域人才资源共享和人才资源服务贯通。（3）加大人才资源市场化配置力度，健全人才市场体系。重点发展专业人才市场、行业人才市场、毕业生就业市场，充分发挥海峡人才市场的辐射、带动、示范作用，推动区域内人才市场进一步发展。并引导人才服务机构拓宽服务领域，开展人才评价、就业指导、高端猎头等各种形式的服务项目，提高社会化服务水平，形成完善的人才服务体系。（4）建立人才信息网络系统。加快闽台人才信息网络平台建设，实现区域内人才市场联网贯通；并发展与境外人才中介机构的合作关系，建立沟通世界的人才信息网络系统。（5）构筑闽台人才流动的保障机制。完善人才流动过程中的通行、居留、就业、创业、参与社会管理等方面政策。优化法律环境，尤其是加大对知识产权的保护力度。认真执行已签署的《两岸知识产权保护协定》，发挥闽台知识产权服务中心的作用，尊重与保障知识产权权益，维护创新型人才的合法利益。

---

① 吴盛雄：《海峡西岸经济区建设与福建高校人才培养的定位与对策》，《福建教育学院学报》2011年第2期，第29-31页。

7　本章小结

当今，创新型人才已成为经济和社会发展的核心资源，构建一个良好的、有利于创新型的人才迸发的环境，成为了闽台决胜创新时代的必由之路。相信在闽台创新型人才战略合作的基础上，创新型人才开发与政治、经济、科技、文化、教育互促共进，协同发展；闽台政府、高等院校、科研机构、企业、人才服务机构齐心协力，相互合作，共同推进创新型人才的开发，进而达到增加人才数量、提高人才质量、改善人才结构、优化人才环境的目的，最终实现闽台经济的腾飞。

第十七章　美国创新型人才开发及启示

1　引言

仅有 200 多年历史的美国能够迅速崛起，后来居上，并且持续领跑全球经济，与其备受世界各国效仿的人才战略密切相关。美国工业革命的开端源自于人才的突破，现代经济的腾飞更得益其人才的集聚。20世纪 50 年代舒尔茨提出人力资本理论，促使美国进一步确立"人力资源是第一资源"理念；进入 20 世纪 80 年代，随着知识经济的到来，高科技的迅猛发展，美国在感受到人才短缺的同时，大力实施人才战略，在引进、培养、使用人才等诸环节都采取了一系列强有力的措施，并取得了显著效果。目前，美国培养和汇集了世界上最多的创新型人才。关于美国创新型人才的开发研究，国内外专家学者主要有以下观点：张林祥①、刘红梅②等通过分析政府、社会、企业在人才开发中所发挥的主要作用，总结出美国人才资源开发的主要措施，并结合我国具体国情提出了人才资源开发的对策与建议；为了吸收全球最优秀的高科技人才，以应对 21 世纪更加严重的人才竞争威胁，联邦政府特别制订了新政策

---

① 张林祥：《美国人力资源开发特点之启示》，《西南民族大学学报》（人文社科版）2005 年第 9 期，第 65 – 69 页。

② 刘红梅：《美国人才开发战略及其启示》，《发展研究》2011 年第 4 期，第 98 – 102 页。

与法令①；通过透析美国的移民政策，也能进一步了解美国对国外科技人才的引进举措②；关于教育在对创新型人才开发的作用上，田德新③、王治衡④等通过对美国基础教育方式的探析，指出美国创新型人才的培养更是从小抓起；卢进南⑤、龙大为⑥庞雄奇⑦张晓鹏⑧等，指出美国高校的高度自治、以人为本的办学理念、优良的师资队伍、个性化与多元化的文化氛围等是美国高等教育培养创新型人才的有效途径与方法。特别是美国的研究性大学注重多学科建设和文理渗透、培养学生的科研能力、营造创新的环境等是培养创新型人才的有效途径⑨。美国的企业也建立完善的创新型人才开发机制，特别在育才、用才上体现了对创新型人才管理的独到之处⑩。本文在前人研究的基础，通过分析美国政府的人才战略、教育体系、企业人力资源管理特点等几方面，得出美国创新型人才开发的策略，以期对我国创新型人才开发提供借鉴。

---

① 江峡：《美国吸引全球高科技人才的政策与战略》，《湖北行政学院学报》2007 年第 2 期，第 92－96 页。

② 王春法、潘铁：《美国吸引国外科技人才的政策及其启示》，《创新科技》2007 年第 7 期，第 14－19 页。

③ 田德新：《美国基础教育创新人才培养机制》，《基础教育改革动态》2002 年第 21 期，第 26－29 页。

④ 王治衡：《观察美国开放式教学》，《江苏教育研究》2006 年第 11 期，第 42－46 页。

⑤ 卢进南：《美国大学创新人才培养模式及启示》，《常州工学院学报：社科版》2006 年第 6 期，第 98－102 页。

⑥ 龙大为、何兰英：《个性化、多元化教育与创新性人才的培养》，《思想战线》2006 年第 2 期，第 55－60 页。

⑦ 庞雄奇：《美国培养创新型人才的五大保障及启示》，《国家教育行政学院学报》2010 年第 9 期，第 83－88 页。

⑧ 张晓鹏：《美国大学怎样培养创新人才》，《中国发明专利》2010 年第 10 期，第 43－47 页。

⑨ 王娟、潘奇志：《美国研究型大学创新人才培养模式特色初探》，《教书育人：高教论坛》2010 年第 11 期，第 43－45 页。

⑩ 周玉宝：《美国企业人才战略的观察与思考》，《江苏科技信息》2006 年第 10 期，第 37－40 页。

2 美国创新型人才开发的历程及现状

2.1 人才开发初级阶段（一战前）

这一时期美国人才开发主要体现在联邦政府初步建立了支持科技发展的政策以及鼓励技术移民上。1787 年，美国第三任总统托马斯·杰弗逊在他起草的宪法中写道："通过保障作者和发明者对他们的作品和发现在一定时间的专利权利，来促进科学和有用艺术的进步。"从此制定了美国最早的科技政策和规定了联邦政府支持科技发展的责任。1864年联邦政府成立移民局，并通过了《鼓励移民法》，使大量移民如潮水般流向美国。这些移民不但提供了充足的劳动力，而且带去了先进的管理经验和技术。其中还产生了不少闻名世界的发明家，如电话的发明者贝尔是苏格兰移民；无线电发报机的制造者马可尼是意大利移民；被称为"美国制造业之父"的斯莱特出生于英国的德比郡；发明大王爱迪生也是移民后裔。同时联邦政府为加快工业化的步伐，大量采用新技术，对发明创造者给予各种鼓励，并收到了良好的效果。据统计1860～1890 年这段时期，美国国内对各种科学技术领域的发明所发出的专利许可证就有 44 万份左右。

2.2 人才开发起飞阶段（1914～1945 年）

一战后，美国变成了一个城市化国家，政治经济地位在全球不断提升，这为创新型人才开发奠定了基础。美国对创新型人才开发更加重视，首先体现在开始重视吸收他国优秀的留学生。如，设立的对华庚子赔款奖学金以及清华学堂，就是专门负责在中国选拔和培养留美预备生；其次是对技术移民的开发。1921 年美国实施《移民配额法令》规定优先吸收精于农业耕作技术的移民，这标志着美国吸引外来人才的原则被纳入政府法律的开始。其三是对科学研究的高度重视。1937 年，美国总统罗斯福在写给国家资源委员会的信中强调："科学研究是最伟大的国家资源之一，联邦政府在鼓励支持科学研究方面的作用需要重新考察。"第二次世界大战尚未结束，罗斯福就要求国家科学研究局局长万尼瓦尔·布什就"如何将科学对战争胜利所起巨大作用的经验用于和平时期，使科学服务于美国战后的国富民强"提出意见。1945 年 9 月 6 日，时任美国总统的杜鲁门向国会递交了《21 点战后复兴计划》，第一次把发展高科技放在战略地位来考虑，通过制定国家的战略计划，促进科技加速发展和人才高度聚集。

2.3 人才开发高速发展阶段（1946～1991 年）

从美国在这一时期获得了半数以上的诺贝尔奖中可以得知其在创新型人才开发上投入巨大并取得了举世瞩目的成就。这一时期美国创新型人才开发的特点首先体现在对教育的高度重视。20 世纪 50 年代末美国就视教育为国家发展的基础和人才培养的关键，把发展教育作为国家的战略重点，相继通过了《国防教育法》、《美国 2000 年教育战略》等法案；60 年代，创新作为一门学科在美国开始得到重视和认真研究；1973 年科学基金会资助麻省理工学院等四所高校各建立一个"创新中心"，进行创新教育的实验研究；1989 制定了著名的"2061"计划，旨在用一代人的时间根本改变美国的教育体制，造就新一代具有高度科学素养的国民，并在当年投入 3530 亿美元教育资金。其次是美国开放的移民政策。二战后美国对人才的需求，突出体现在 1952、1965、1990 年颁布移民法，并通过移民法的不断修订和完善，美国吸收大量的创新型人才。其三是大量吸收留学生。20 世纪 40 年代后期美国开始普遍实施对外留学生奖学金制度；60 年代美国又推出《共同教育和文化交流》、《国际教育法》，扩大与外国交换留学生；美国各大学也相继推出各自的留学教育政策。其四是企业成为创新型人才开发主体。1973 年美国国家科学基金会实施了"大学与企业合作研究计划"，鼓励学校和企业在双方急需领域里进行合作。最成功的范例就是高科技园区与高水平的大学及科研院所之间建立起了相互依存的关系，并涌现了一大批著名的高科技园区如硅谷、研究三角园区、盐湖城园区等。

2.4 人才开发成熟阶段（1991 年以后）

随着冷战的结束和前苏联的解体，美国成为了世界上唯一的超级大国。对创新型人才的开发进入稳定成熟期，形成了以政府为主导，教育系统大量培养创新型人才，企业成为自主创新主体的"官、产、学"三位一体的创新型人才开发模式，并能根据当今国际创新型人才竞争的形势与自身状况，制订出行之有效的政策与措施，全力吸引并留住国际创新型人才。"9·11"恐怖袭击事件后，美国为了国家安全与反恐而收紧移民政策，使申请到美国读书与工作的外国优秀人才数目急剧下降。但美国很快意识到面临的人才危机，为了刹住自"9·11"以来流美人才不断下降的趋势，美国一方面加强自身人才的培养，另一方面开始修改和完善对外人才政策。2006 年 1 月时任美国总统的布什提出《美国竞争力计划》，该计划旨在培养创新型人才，加强美国在世界的经济竞争力，为实施《美国竞争力计划》，2007 年就拨款 59 亿美元[①]。2006 年 4 月，美国国会参议院司法委员会通过一项移民法案，其中重要条款包括增加 11.5 万个 H－1B 临时工作签证，并增加 29 万个绿卡名额。同时，决定给所有在美国大学接受高级（硕士学位以上）科学、技术、工程与数学教育的外国学生免除临时工作签证与绿卡配额的限制。2009 年 11 月奥巴马发表了题为"教育促创新"的演说，此后在全国发起了"教育促创新"行动计划。美国新的人才政策与战略措施，将给国际人才争夺战带来巨大的冲击与影响，使美国在继续保持在 21世纪的人才争夺战中的优势地位。

---

① 刘丽君、黎大有：《国外人才战略及启示》，《科技人才市场》2001 年第 4 期，第47 页。

2.5 美国创新型人才开发的现状

从美国创新型人才开发取得的成果看，自 1901 年诺贝尔奖诞生起至今的 800 多名获奖者中，来自美国的有 300 多位，占了近 40%。2009 年获得诺贝尔奖的 11 人中，美国人就占了 9 位。而且，美国的诺贝尔奖大多是在二战后获得的。换句话说，从 20 世纪 50 年代以后，美国无疑对这一具有世界影响力的大奖形成了垄断。目前，美国拥有近百万研究开发人员，其数量雄居世界首位，其研究和开发总投资约占国民生产总值 3%，是当今世界的最高水平。根据 2004 年美国政府人口普查局公布的数字：2002 年在 25 岁以上人口中，中等教育毕业生占 84.1%，大学本科及研究生毕业生占 26.7%；在美国全体就业者中大约有 180 万名博士，占劳动力总数的 1% 左右，2001 年全美有 54 万科学工作者及 11 万工程师具有博士学位。2004 年，美国的最高学术机构美国国家科学院、国家工程院、国家医学院三院共有院士 6462 人，荣誉院士 152 人，这些数字均名列发达国家前列。从科技成果看，美国的高科技成果总量占世界的 37%，专利申请数量也处于世界领先地位，拥有着 43% 的世界经济生产力和 40% 的高科技产品。2002 年前后，美国的高技术产业迅猛发展，信息产业的产值在 2000 年达到了 1.2 万亿美元，其中因特网产业的产值已达到了 5070 亿美元，其 20 年的发展超过了汽车产业 100 多年发展的总和，跃居第一产业。

3 美国创新型人才开发策略及不足

3.1 政府积极推进创新型人才开发

联邦政府在创新型人才的开发上投入巨大。1993 美国的 R&D 投入为 1658.49 亿美元，1999 年为 2470 亿美元，到 2000 年 R&D 投入量在

30 个经济合作与发展组织（OECD）成员国中占 44%，是第二位日本的 3 倍。美国 1500 个独立的 R&D 设施，每年的研究开发经费总额超过 1000 亿美元。奥巴马政府上台后将 2009 财年研发预算增加到 1471 亿美元，将 7870 亿美元经济刺激计划中的约 1200 亿美元投向科技领域，并宣布将把美国 GDP 的 3% 投入研究和创新①。对教育的投入更是如此，1990 年，美国教育开支达到 3530 亿美元，占 GDP 的 6.8%，首次超过军费开支，此后美国的教育经费投入一直维持在 GDP 总量 7%～10% 的水平上，成为世界上教育经费支出最多的国家。其二，美国为留住精英人才，设立各种国家奖励项目。美国国家科学基金会设立了许多荣誉奖励如，"总统青年科学家奖"、"总统工程创造奖"、"国家技术奖"等，获奖者可拿到高达 50 万美元的奖金，但规定凡获得上述奖项者，必须是美国公民或持有"绿卡"者。如获奖候选人是外籍学者，基金会会主动帮助其办理"绿卡"或"入籍"手续。据我国驻纽约总领馆教育组介绍，该领区内我国留学人员获得上述奖项者，都已加入了美国国籍。其三，美国政府的税收激励政策，对企业界、高等院校以及各种非营利机构等支持基础性科学研究起了很大作用。1986 年美国制定的"国内税收法"规定一切商业性公司和机构，如果其从事研发活动的经费同以前相比有所增加的话，则该公司或机构即可获得相当于新增值 20% 的遗税。同时规定无论企业还是非营利机构或个人，如果捐助研究机构、教育机构，以及独立的"公益性研究机构"这三种研究机构，都属于公益性慈善捐款，可以获得相应的减税特遗，上述三类机构本身也享受免税待遇。

3.2 大量引进创新型人才

（1）美国善于利用战争机遇引进创新型人才。一战后，随着欧洲大陆遭受战争的重创，大批欧洲人要求移居美国，美国采取了敞开大门

---

① 刘红梅：《美国人才开发战略及其启示》，《发展研究》2011 年第 4 期，第 98－102 页。

迎接欧洲技术人才移民的政策，其中接收了著名物理学家爱因斯坦、航天工业专家冯·卡门、核物理学家费米等科学家。二战后期，美国精心部署并执行"阿尔索斯"计划，派出数千名随军技术人员前往德国物色人才，出动 100 多架次飞机，紧急接转了 2000 多名科学家。1991 年苏联解体后，美国和日本又趁机挖走了前苏联各加盟共和国的 9 万多名科技专家，仅高级核专家就被美国挖走了 2000 余名[①]。（2）通过移民政策吸引创新型人才。1952 年移民法是战后美国第一个吸引技术移民的重要法律。该法规定：全部移民限额中的 50％用于美国急需的、受过高等教育的、有突出才能的各类技术人员。1965 年移民法，把受过高等教育、具有突出才能的移民，以及美国急需的熟练与非熟练劳工列为优先限额移民，1965 年移民法的修订使得移民者的素质普遍提高。1990 年移民法体现了美国对科技人才的高度重视，对技术类移民的优先权作了明确分配。2006 年 6 月 6 日联合国发布世界移民报告：2005 年全球移民人数达到 1.9 亿人，在这近 2 亿的全球移民中，其中近 1/5 的移民流入了美国。（3）利用非移民签证引进人才。美国目前涉及科技人才和教育人才流动的签证是工作类签证：H–1B、L1、01、TN 以及学生和交换类签证 F1、J1。在这些签证持有者中蕴涵着巨大的创新型人才资源，尽管签证持有者只能暂时居住在美国，但却是日后获得在美国永久居住权及美国公民身份的重要媒介。尤其是 H–1B 签证在美国引进创新型人才的成效上贡献巨大。H–1B 签证每年签发的数量为6.5 万人，后来增至每年 19.5 万人。H–1B 签证的发放对象是美国国内最紧缺的技术人才。2003 年在美国 2160 万科学及工程学领域从业人员中有 36.1 万为持临时签证的外国人才。目前至少有约 150 万以上H–1B 持有者在美国工作，他们是美国技术人才队伍的重要组成部分。（4）吸引大量的留学生来美留学。美国设立多种奖助学金为留学生提供资助，每年美国对外国留学生投资多达 25 亿美元。留学生在美国高

①　刘丽君、黎大有：《国外人才战略及启示》，《科技人才市场》2001 年第 4 期，第 47 页。

校毕业后，多数留在美国继续深造或工作，这些人很多成为美国科技界的中坚骨干力量。国际教育协会（IIE）在2000年的年度报告中称：自1954年以来，留美的学生平均每年递增11000人。目前，美国是当今世界吸引外国留学生最多的国家，全世界1/3以上的国际学生来美学习。据统计，1992～1995年有68%的外籍博士留在美国工作与深造，2000～2003年这一比例上升到74%。自20世纪80年代末期以来，清华大学毕业的科学与工程人才80%被吸引到美国，北京大学工科毕业的76%被吸引到美国，在美毕业的中国博士生85%留在了美国。

3.3 美国教育体系培养创新型人才

美国是最早实施创新教育的国家之一，美国强大的人才实力首先归功于它对人才培养与教育，美国是公认的教育大国与教育强国。美国的高校发展到今天已有2600多所颁发学士、硕士和博士学位的四年制大学，而两年制的社区学院则多达3400所。在世界排名前500名大学中，美国占168所；前20名中，美国占17所。其教育体系及培养创新型人才的特点见表17－1。到20世纪初，美国创建了由大学、学院、初级学院构成的三级高等教育人才培养结构，形成了由副学士、学士、硕士、博士构成的四级学位制度。研究型大学实行严格的选拔和淘汰制，培养少数精英；两年制学院大多开放入学，任何适龄人口只要愿意和交纳学费都可入校学习；介于二者之间的四年制学院则既有培养少数精英的计划，也有普及性的教育计划。美国的研究型大学在创新型人才培养上贡献巨大，美国研究型大学是美国国家创新体系甚至世界知识创新体系的核心，它们是知识生产的源头。1993至1996年世界诺贝尔物理学奖、化学奖、心理学或医学奖、经济学奖等35名获得者中，有23名来自美国研究型大学，约占获奖者总数的66%；1995年至1996年16名美国国家科学奖获得者中，有14名来自研究型大学，约占获奖者总数的88%。在人才培养方面，据1993年的统计显示，研究型大学授予了全美国80%的博士学位、40%的硕士学位、30%的学士学位。成绩优秀或智商高超的学生可以通过各种考试进入研究型大学学习，研究型大学，在某种意义上实行的是精英教育。它集中了美国一流的教学资源和设施，能够保障一流学生的学习和研究，是保障相关领域创新优势的关键所在。

表 17 – 1　美国高等教育培养创新型人才的特点及功能

层级	类型	入学条件	授予学位	数量	培养特点
1	社区大学（普及学院和技术专科学院）	没有严格限制，几乎免试入学	副学士	3400 所以上	提供职业教育和四年制本科过渡教育，形式内容广泛
2	本科大学（综合大学、专科学院及文理学院）	SAT 考试、ACT 考试和其他资格审查	学士、硕士、博士	2600 所以上	主要是通才教育，培养目标为中级科技、学术及专业人才
3	研究性大学	严格的选拔和淘汰制	学士、硕士、博士	450 所以上	注重学生科研能力培养，实施精英教育，培养顶尖人才

3.4　企业成为创新型人才开发的主体

首先，企业积极引进创新型人才。美国企业一方面向全球公开招聘高素质人才。美国一些大企业和研究机构，采取公开招聘的方式，到外国挖掘人才。如，微软公司专门成立有 200 多人的人才招聘机构，每年到一些世界知名大学，招聘富有创造力的优秀人才；另一面积极采用本土化战略。美国的大型跨国公司大多在其他国家和地区设立研究开发机构，就地招聘所需专业人才。如贝尔实验室在我国上海和北京两地设立的研究机构中就有 500 名中国科研人员。美国国家自然基金会 2003 年的一份报告说：“美国的雇主依赖全球科学与工程劳力以满足工业，1999 年，在美国工业界工作的 1/3 的科学与工程博士是外国出生的，外国出生的计算机科学家的比率达 50%，工程师的比率超过 50%。”其二，企业积极开展员工在职教育。1966 年美国颁布的《成人教育法》就将企业教育培训纳入法制化和制度化的轨道。20 世纪 80 年代以摩托罗拉大学的创建为标志，一批企业大学顺势建立起来了。20 世纪 80 年代中后期起，美国企业界职员教育培训年支出总额已超过联邦政府全国国民教育的总预算。美国 100 家最大的工业企业用于科技人员更新、拓宽知识及深化专业知识的经费每年增长 25%。其三，采用高薪激励人才。美国企业普遍都采用高薪激励人才。花旗集团 CEO 桑迪·韦尔薪俸高达每年 1.5 亿美元；通用电器公司的杰克·韦尔奇年薪 1.25 亿美元。很多高科技公司还实行配股方式，根据技术人才工作的重要程度，配给股票期权，由于高科技产品附加值高，许多公司股票成倍或几十倍上涨，每天都有专家、工程师成为百万富翁。2006 年，美国的人均收入为 37610 美元，是世界平均水平的 7 倍，是中国的 34 倍，美国以其拥有的世界上独一无二的巨大财富，吸引着全球的人才。其四，企业为人才创新提供充足的经费保障。企业是技术创新和经费投入主体，在美国，70% 以上的科研院所、科研人员、研发投入和成果，都在企业。2006 财年，美国政府的研发预算为 1320 亿美元，私人企业的研发预算则可达 2000 亿美元。美国企业研发经费的实际使用额占全美研发总支出的比例更高，通常可高达 3/4。这是因为政府研发经费中约 1/3 给了企业。不仅国家的科技经费投入大，很多亿万富翁也以私人基金会名义赞助各种尖端的科研项目。所以企业能为科研人员配备世界一流的实验室，提供充足的科研经费和后勤保障，使创新型人才安心投入工作。

3.5 营造创新型人才创新的环境

美国是个典型的移民国家，更是一个世界人才的集散地，多元文化的兼收并蓄，使得世界各地的人才都可以在这里落地开花。首先，美国尊重个人的社会价值。对个人价值的尊重和认同构成了美国文化的重要内容。美国用法律制度保障公民拥有财产和获得财产的权利，包括《民权法》、《反种族歧视法》、《退休法》、《保健和安全法》、《劳动人口投资法案》等。其二是对个人知识产权的有效保护。《独立宣言》就十分重视保护个人的私有权利和私有财产，由此形成传统并奠定美国知识产权体系的基础。美国宪法也早就规定了对作家和发明家的知识产品在限定期间内给予专利权。目前美国已基本建立起一套完整的知识产权法律体系，通过对其知识产权在全球范围内实施保护，为企业和个人营造了创新环境，推动产业技术创新和科研成果产业化，并维护了本国的利益。其三是学术的自由。美国大学教授协会于 1915 年成立，并发布了关于学术自由和终身聘任制的原则声明，明确提出保护学术自由的原则。此后，美国大学教授协会相继通过 1940 年、1958 年等一系列保护学术自由与终身聘任制原则的声明。这些举措从思想层面为保证基本学术自由奠定了思想和道德准则。从制度层面来看，美国的学术自由主要体现在以独立决策的学校（或研究机构）董事会为基本决策模式，以开放流动的全球青年精英人才政策为保障，以终身教授制度为核心，以严格设计的同行评议为资源分配依据。所有这些，使得美国的科学研究具有较多的学术自由，能够独立于科技资源分配以及宗教、经济和政治因素之外①。

3.6　美国创新型人才开发的不足

首先表现教育对创新型人才培养的后劲不足。美国的基础教育质量落后于其他国家，在数学和科学课程方面，这种弱势更加明显。据统计，2000 年，高三的学生仅有 18% 的人在数学与科学课程中达标，2003 年，只有 40% 不到的四年级学生能熟练掌握数学知识，致使他们在上大学时，很少人就读科学与工程专业。美国的大学已经不能够从本国学生中培养出足够的所需要的科学与工程人才，在许多至关重要的学科领域，特别是数学、科学与工程领域，50% 硕士以上的学位授给了外国学生。其二是紧缩移民政策对人才开发的不利影响。"9·11"事件后，美国收紧移民政策，对入境进行严格限制，导致各种签证申请大幅

---

　　①　杨卫平：《从美国科研环境看中国人才政策》，《科学新闻》2010 年第 11 期，第 46 – 49 页。

下降，国外创新型人才的流入受阻。从 2001 年到 2003 年，申请到美国读书的外国学生签证率下降了 23%；2001 年有 22.5 万名外国优秀人才获得了工作签证，2003 年 H－1B 签证下降了 67%，2004 年，联邦政府将每年发出的 H－1B 签证回复到原来的 6.5 万个。其三是美国对人才的吸引力下降。2008 年金融危机爆发后，美国经济的不景气，使用于应用科学的研发资金迅速减少；失业率居高不下，雇主雇用外国人的意愿下降，这无疑加重了人才的外流。《今日美国》曾载文报道：由于科技人才签证严格，排期过长，加上现在生活费用昂贵，外国出生的科技专才纷纷返回祖国创业，尤其是中国和印度，每年回国的人数达数万至数十万。其四是国际人才竞争愈加激烈。世界其他国家正在科技方面赶超美国，中国、印度以及其他发展中国家的机会显然正在增多。为了生活更好而愿意背井离乡的科学家越来越少。20 世纪 80 年代，75% 的印度理工学院毕业生最终都到美国寻找工作，但最近几年只有不到 10% 的毕业生愿意留在美国。美国已从人才净流入国转变为人才有进有出的国家，2005～2006 年美国有 22.3 万名学生出国留学，2005 年有 35 万移民离美返国，目前有 1/5 的新移民计划离美，还有 100 万高层次技术移民处于不稳定状态①。

4 我国创新型人才开发存在的主要问题

4.1 创新型人才开发机制不完善

首先，我国在创新方面的投入严重不足。2009 年，我国 R&D 经费支出为 996 亿元，占国内生产总值之比为 1.70%，虽然比 2006 年的 1.42% 提高了 0.28%，但与发达国家 3% 以上的水平还有较大差距；2007 年中国财政性教育经费占国内生产总值的比例仅为 3.32%，不仅

---

① 胡又牧：《透视美国人才现状》，《国际人才交流》2008 年第 3 期，第 36－37 页。

明显的低于经济发达国家的 5.1％ 和世界平均水平的 4.9％，而且比欠
发达国家的 4.1％ 还低 0.78 个百分点。二是，对知识产权的保护不力，
群体性侵权事件过多。由于受我国长期计划经济的束缚和影响，全民的
知识产权意识还远远不能适应市场竞争和国际竞争的需要，国内的许多
企业和很多科技工作者仍然对科技成果鉴定、评奖、发表论文情有独
钟，却忽视申请专利，对培育和发展具有自主知识产权的核心技术更是
重视不够。国内常有"科技先烈"之说，就是走创新之路的企业往往
成为牺牲品，而后来仿冒跟进者大大受益，这些成为影响创新活动的障
碍。三是，人才管理尚未实现市场化。美国的人才开发方式之所以如此
灵活、高效，与它完善的人才流动机制有关。美国的市场机制为其人才
战略提供了坚实基础，相对自由的大环境给了各领域人才充分发挥的空
间。而我国的劳动力市场机制、就业机制、社会保障机制还没有完全建
立，相关法律法规不健全，人才流动的诸多不便因素仍然存在，人才流
动受到户籍、档案、地域的制约严重，这就使得高级人才在就业中受到
限制。

4.2　教育体制不利于创新型人才培养

首先是我国高考制度存在严重的弊端。自 1977 年高校招生恢复入
学考试以来，设置的考试科目分文、理两类，在这种考试制度下相当多
的学校甚至从高中一年级就开始分文理科，造成高中毕业生的知识严重
残缺。从考试的形式上看，我国高考更看重对知识智力的考查，对学生
的综合素质考查不够，因此导致很多在某一方面有着特殊才华的人才被
埋没，也导致了基础教育重知识、轻能力的不良现象。其次，我国的传
统的教学方法不利于创新型人才的培养。在实际的教学实践中往往是以
教师和教材为中心，过分注重知识的传授，实行灌输式教学，教师把传
授相关的知识作为教学的主要目标，教师始终主宰着学生的一切；以教
材为中心致使整个教学过程过分强调书本知识，不断考查学生对书本知
识的掌握，阻碍了学生的知识视野，削弱了学生分析问题和解决问题的

能力, 难以形成创新型人才所需的知识结构和能力结构。三是, 创新型人才培养的模式尚未形成。美国的本科教育都是实行基础教育加通才教育, 以打下文理科的知识基础, 到研究生阶段才实行专业化教育, 而我国的高等教育在本科阶段就进行专业细化, 缺乏足够的人文基础、交叉学科和社会知识的教育, 不利于构建创新型人才所需要的全面知识体系。

4.3 企业尚未成为自主创新的主体

首先, 企业的创新型人才缺乏, 创新投入不够。从 R&D 人员的分布来看, 企业基础研究的人员比例过低。2005 年, 全国基础研究活动人员中, 有 67.6% 在高等学校, 24.3% 在研发机构, 企业仅占 8.1%[①]; 2006 年国家科技部的数据显示: 大中型企业研发投入占销售收入比例 0.71%, 大规模以上企业占 0.56%, 99% 以上的企业没有申请专利, 拥有核心知识产权的企业占万分之三。另一方面, 我国企业普遍缺乏对人才的继续开发教育。国内的企业普遍存在 "重使用, 轻培养" 的现象, 对人才的进一步培养、开发的主体意识薄弱, 对人才培养投入严重不足。虽然 1981 年国务院《关于加强职工教育工作的决定》中明确规定, 职工教育经费按职工工资总额的 1.5% 的比例提取, 但是, 在实际操作过程中企业往往将用于职工教育培训的经费克扣或是挪作他用。据南京大学赵曙明教授调查研究发现, 我国国有企业中 30% 以上的人力资本投资只是象征性地拨一点教育、培训费, 年人均在 10 元以下; 20% 的企业的教育、年人均培训费在 10 元 ~ 30 元之间。

---

① 吕荣胜、李璨:《基于"引领型"模式的创新型人才开发战略探讨》,《哈尔滨商业大学学报》(社会科学版) 2009 年第 1 期, 第 27 – 30 页。

5　美国创新型人才开发对我国的启示

5.1　政府应发挥在创新型人才开发中的主导作用

政府应首先加大科技研发投入，改善科技工作条件和研发人员待遇，保护和激励科技人员的创造性。在坚持和提倡企业为创新主体的同时，根据政府投入不足的实际情况，仍要强调加大政府研发经费投入的比例，改革传统的投资体制，运用市场机制，积极引导和逐步实现依靠社会投入来搞好技术创新；同时建立长期风险投资和发展基金机制。设立以支持创新求异为宗旨的科技创新发展基金，建立以创新为导向的价值认可机制，把有没有创新作为项目立项、成果认可或是否给予继续支持的重要依据。其二，完善人才流动机制，加快人才引进步伐。政府相关部门尤其需要加快完善人才流动管理机制。包括改革现行的户籍制度，逐步建立与学业、才能、业绩为主要标准的现代人事档案管理系统，逐步建立国内人才通用的社会保障个人账号和全国统一的社会保险转账制度，在推进人才资源的社会化管理中，让市场机制为各类人才进入市场流动创造公正、开放、平等的竞争机会。同时，还应该进一步完善留学人员回国政策，加快海外高层次人才引进工作，降低"绿卡"门槛的政策规定等。三是要政府要完善知识产权制度，加强知识产权的保护工作，增强创新型人才研发成功的安全感。通过司法、行政两条途径，及时处理专利、商标侵权纠纷，严厉打击假冒、冒充专利、商标等侵犯知识产权行为，有力维护知识产权人的利益；并积极推进企事业单位建立和完善知识产权管理制度。

5.2　加快教育体制改革

首先要改革高考制度。正确使用高考指挥棒，把智力和非智力因素结合起来综合考查，使高考选拔制度定位在有利于创新型人才的选拔上来。我国的高考可以适当借鉴美国 SAT 和 ACT 考试的合理内核,通过综合考察考生的素质采取多元化的入学形式。原教育部副部长周远清曾提出,高考教育改革要坚持"三个有助于"的原则,即,一要有助于高校选拔人才,二是有助于中学实施素质教育,三要有助于高校扩大办学自主权。其二,改变高等教育教学模式。美国的大学不仅高度重视跨学科的合作研究和重大项目的联合攻关,还非常注重构建综合化的课程体系,增加前沿新知识和现代科学技术内容,以激发学生创造潜能。因此,我国高校可以借鉴这一模式,在课程设置上适应学科的综合化和跨学科趋势;加强通识课程的设置;加强文、理、工科课程的相互渗透;教师可以根据新的科研成果或人才市场需求开设新的选修课,以适应边缘学科不断涌现和科学技术日新月异的发展。其三,注重引导学生积极参与科研活动。美国的高等学校十分重视科研在培养创新人才过程中的作用,鼓励教师指导学生科研,并采取多种措施激励学生参加科研活动。我国应尽快制定高校学生参与科研的方针政策,完善高校学生参与科研的管理体制,并在组织机构、运作机制、资金保障、交流平台等方面的加以保障。其四,积极鼓励大学生创业。清华大学创业中心的一项调查报告显示:在创业教育上,中国的平均水平低于全球创业观察(GEM)统计的平均水平,我国大学生创业比例不到毕业生总数的 1%,而发达国家一般 20% ~ 30%。我国应构建完整的创业教育课程体系,将创业理论知识、创业能力和创业实践操作等课程纳入到公共基础课或专业方向选修和必修课之中,以培养学生的创业意识和创新能力。

5.3 积极引导企业开发创新型人才

首先,企业应该成为自主创新的主体。国内外理论和实证的研究已经表明,企业基础研究与创新能力提升之间有密切的关系。我国大体上处于工业化第二阶段初期,在该阶段的美、日、德、法等国的基础研究投入占其研发总支出的比例基本上都在 12% 以上,而我国的这一比例长期以来一直在 5% 左右徘徊。政府应积极引导企业加大对基础研究的投入；积极构建企业与高校、科研机构之间的基础研究网络，加强产学研合作。其次，企业应加强员工培训管理，拓宽渠道，加强与科研机构、高等院校的合作，提高培训层次和质量。在培训方式上可以采用在职培训与脱产学习相结合、个人自学提高与企业支持相结合等方式，加快培养企业短缺的创新型人才。同时政府应鼓励企业在人才培育中的能动作用，并通过相关法律措施等，推动企业切实加大人才培训的经费投入，保障人才的在职教育培训权益。最后，我国的中小型民营企业数量众多，但是企业家的素质明显偏低，这对企业本身的发展和人才的培育不利。因此实施企业家素质提升计划，通过学习深造、外出考察等方式，以开阔他们的眼界和视野，增强他们的引才意识、聚才能力、用才水平。

6　本章小结

透视美国的发展历程，可以发现，美国经济发展史就是美国人才资源开发史。从建国之初的人才贫国逐步走向人才大国、人才强国。经过两百多年的探索和发展，美国已经形成了一整套相对成熟的创新型人才开发体系，蕴含着许多创新型人才开发的宝贵经验。可以说，美国是全球人才市场上的最大赢家，利用全球的人才资源，促进了本国科学的进步和经济发展。当今世界各国竞争越来越体现为创新型人才的竞争。根据 2008 年中国科协发布的《中国科技人力资源发展研究报告》显示，中国当前科技人力资源总量已经达到 4246 万，成为世界上科技人力资源大国，但是中国还远远不是人才强国，中国人才资源仅占人力资源总量的 5.7% 左右，创新型人才的不足已成为制约我国经济发展和科技进步的瓶颈。我国应充分借鉴美国创新型人才开发的经验，以加快我国创新型人才开发进程，最终实现建设创新型国家的目标。

研究总结

1 研究目标

本书试图提出海峡西岸经济区人才集聚、创新型人才培育、产业发展协调及控制模式、途径、政策建议，设计动态评价、开发、预警等模型应用于海峡西岸经济区人才集聚、创新型人才培育、产业经济发展中，最大限度促进海峡西岸经济区产业发展的人才集聚和创新型人才培育全面发展。以海峡西岸经济区发展规划、福建省十二五规划、中长期发展规划及福建省中长期人才发展规划纲要为指导，为海峡西岸经济区加快发展方式转变、实现跨越发展的产业发展、人才集聚、创新人才培育及相关问题提供宏微观管理、开发及调控提供理论依据及具体的政策建议。

2 研究的主要内容

2.1 海峡西岸经济区产业发展与人才实证研究

伴随经济发展步伐的加快，产业发展与人才之间矛盾却愈发凸显，两者未能协调配合，相互促进，严重阻碍海峡西岸经济区经济发展进程。本研究结合国内外相关理论研究，对 1978～2010 年期间海西地区相关社会经济发展统计资料数据进行实证分析，揭示经济发展过程中产业发展与人才存在的结构不合理、协调及运行效率低下、区域差异显著、素质偏低等矛盾，及在不同程度上可能对对方造成的负面影响。运用协整检验、格兰杰因果检验等定量方法，进一步确定海西地区产业结构升级与人才优化间存在的互动关系，发现双方对彼此提升均具有正向乘数效应，同时，通过构建产业结构升级与人才优化协调发展度评价指标体系，对两者间协调发展程度进行具体衡量，并发现两者均衡与失调共存的发展现状。初步总结出推进海西地区产业与人才良性协调发展基本思路。

2.2 海峡西岸经济区产业的人才支撑体系研究

首先，分析海峡西岸经济区民营企业劳动力价格与价值。提出准确把握劳动力价格与价值的关系是产业与企业长远发展的关键，以福建泉州民营企业为例，分析劳动力价格与价值的现状及其现状出现的原因，提出：淡化所有制观念，重视民营企业的劳动力队伍建设；建立健全劳动力引进交流机制；加强高技能人才队伍建设，构建民营企业劳动力培育成长机制，提升劳动力价值；加强激励保障工作，逐步提高劳动力价格水平；积极创造各种吸引人才的条件，灵活多样引进人才；加大人力资本投资，开发现有人才，提升民营企业劳动力价值。其次，分析海峡西岸经济区先进制造业基地人才支撑体系。研究指出建设海峡西岸经济区先进制造业基地关键是与之对应的人才支撑体系。通过分析海西先进制造业基地建设面临的人才需求和人才资源整合的障碍，提出：优化人才生态环境，加大对于建设海西先进制造业基地所需人才的引进与开发，建立先进制造业复合型人才开发和培养机制，加强闽台相关人才开发与利用合作，共同建设海西先进制造业基地，实现海西制造业人才资源资本化等措施，构建海峡西岸经济区先进制造业基地人才支撑体系。

2.3　海峡西岸经济区产业发展的人才集聚研究

首先，研究人才流动与海峡西岸经济区产业发展。通过分析人才流动与区域经济发展的关系，研究海峡西岸经济区人才流动现状，发现海峡西岸经济区存在人才流动不规范、缺乏促进人才合理流动的优良环境、人才价值观有待纠正等问题，提出海峡西岸经济区要加强政府对人才流动的宏观调控、建立合理的人才流动导向机制、引导人才树立正确的事业观等措施，引导人才向有利于海西经济发展的方向流动。其次，海峡西岸经济区产业发展的人才集聚研究。研究分析海峡西岸经济区人才集聚现状与人才集聚模式，提出人才集聚的相关因素以及人才聚集海西的主要影响因素，建议通过制定积极的人才流动政策、增加教育投入和优化产业结构等措施提高海峡西岸经济区人才集聚水平，促进海峡西岸经济区的产业发展。第三，提升海峡西岸经济区产业人才竞争力研究。通过分析海西产业人才竞争力的现状、不足及面临的机遇和挑战，形成以海西人才竞争力评价指标为核心的海西人才竞争力模型，提出：加大人才投入，扩大人才规模；调整产业结构，优化人才结构；改革教育体制，提升人才层次；健全人才制度，提高人才吸力；搭建合作平台，促进成果转化等对策提升海西人才竞争力。

2.4　海峡西岸经济区创新型人才培育研究

首先，海峡西岸经济区高等教育发展评价研究。研究指出高等教育在海峡西岸经济区建设中具有重要地位。通过评价和分析福建高等教育的办学思想、高教组织机构发展、闽台高教合作、高教经费投入与管理、高教办学物质条件建设、高教师资队伍与学科建设以及高教内部绩效与教育质量、效益等方面的发展现状，提出针对各评价内容存在的问题的相应对策以促进海西高等教育的科学发展，提高其竞争力。其次，海峡西岸经济区创新型人才培育预警理论模型，研究建立创新型人才培育预警理论模型，强化对创新型人才培育问题的研究对海峡西岸经济区的产业发展至关重要。通过描述海西创新型人才现状，分析海西产业发展与创新型人才之间的关系，构建海西创新型人才培育预警理论模型，并提出基于预警理论模型的创新型人才培育对策，以促进海峡西岸经济区产业的进一步提升。第三，海峡西岸经济区人才开发与人才引进协调发展研究。研究指出人才开发与引进海峡西岸经济区人才战略的重点。海西人才开发、引进环境缺乏吸引力，人才开发中人才使用效益、人才引进效率不高，人才开发与人才引进之间协调性不够。应优化人才生态环境，树立人才开发、人才引进并重的理念，坚持绩效导向原则，坚持以企业为主体、以高校为依托的海峡西岸经济区人才开发、引进协调发展对策，以促进海峡西岸经济区人才开发、引进协调发展。

2.5 闽台合作培育创新型人才共促产业发展研究

首先，研究福建省创新型人才引进机制。构建了创新型人才引进的逻辑框架，提出福建省创新型人才管理体系等。其次，台湾创新型人才开发研究。指出政府构建的创新系统是台湾创新型人才开发的有力保障，在政府的引导下，通过内部的正规教育体系、非正式学习平台、创建研发园区、创造产学研合作渠道等培养和聚集创新型人才；对外亦通过不断吸引留学人员回归、大力引进海外人才智力等途径引进创新型人才。同时也指出了目前台湾创新型人才开发面临的产业发展失衡等问题，提出加强两岸人才交流合作等对策。第三，闽台合作培育创新型人才共促产业发展研究。通过人才需求分析指出闽台产业优化升级中所需共同培育的创新型人才类型，并提出闽台合作培育创新型人才共促产业发展的政策建议有：构建闽台区域经济合作中创新型人才培育的可持续发展模式；以闽台产业结构优化升级为导向，完善区域产学研合作培育创新型人才；围绕闽台现代产业体系建构，优化创新型人才培育的政策和社会环境等。第四，基于生态管理理论的闽台创新型人才开发研究。通过对影响闽台创新型人才开发的生态因子分析，构建了以闽台创新型人才战略合作为基础，在内生态和外生态环境共同作用下的创新型人才开发系统。通过借鉴生态管理理论的整体观、合作观、可持续发展观等内核，提出了加大引才力度、充分发挥教育育才的作用、完善人才开发的保障机制等配套措施。

2.6 美国创新型人才开发及启示

美国强大的经济实力源于创新型人才的开发。通过分析美国创新型人才开发的历程，发现美国创新型人才开发是在政府的主导下，充分发挥了企业自主创新的作用，高度发达的教育体系等实现创新型人才的有效开发。当前，美国创新型人才开发面临教育对人才培养后劲不足、引才优势下降等问题。分析我国创新型人才开发面临的主要问题，借鉴美国创新型人才开发经验，提出相应的政策建议。

3 研究主要创新

（1）全面系统研究海峡西岸经济区产业发展的人才集聚和创新型人才培育与加快海峡西岸经济区建设协调与控制措施。

（2）主要应用政策分析等工具和技术手段构建海峡西岸经济区产业发展的人才集聚和创新型人才培育战略体系，采用定量与定性相结合的方法探讨实施海峡西岸经济区产业发展的人才培育特别是高等教育的评价方法和指标体系。

（3）建立海峡西岸经济区产业发展的人才集聚、创新型人才培育与加快海峡西岸经济区发展方式转变及实现跨越发展预警系统。

（4）系统研究新形势下，闽台产业发展的人才集聚和创新型人才培育合作，互利双赢，共建台湾海峡经济区，建立基于生态管理理论的闽台创新型人才开发研究基本框架。

（5）比较和借鉴美国产业发展的人才集聚和创新型人才培育研究和实施经验。

4 研究不足与展望

第一，产业与人才优化协调发展是一个综合、复杂、多层次、动态的系统，本研究选取 12 个指标进行考察，虽具有一定代表性，但可能不够深入，而且研究对于动态系统考虑有待于进一步加强；第二，由于相关统计资料的缺失和难以获取，本研究只以海峡西岸经济区主体——福建省作为研究对象，且没有对海峡西岸经济区区域内江西、浙江、广东相关各市产业发展与人才优化协调程度进行具体考量比较。另外，受篇幅所限，并没有将研究纳入更广的视野中，缺少与国内先进地区的协调发展度横向比较，使研究结论全面性受限；总之，本研究仍存在许多不完备之处，将在今后研究中加强完善。

致　谢

　　本书终于完成，衷心感谢国立华侨大学校长贾益民教授宝贵的鼓励与支持！贾校长是海内外著名的华文教育学家、教育家。他是一位有战略视野的校长，他提出把华侨大学建设成为基础雄厚、特色鲜明、海内外著名的高水平大学，描绘华侨大学更为宏伟的蓝图，这是几代华大人的共同梦想，期盼华侨大学能为"中国梦"的实现贡献更大的力量；他是一位有高度的责任感与强烈的使命感的校长，他强调华侨大学遵循"面向海外、面向港澳台"的办学方针，整合海内外力量，推进成立"海外华文教育与中华文化传播"协同创新中心，构筑为侨服务、传播中华文化的新高地。他领导华侨大学牢牢把握时代发展机遇，在人才培养、科学研究、社会服务、文化传承创新方面更主动为社会、为国家、为全人类创造更大福祉！他是一位有卓越执行力的校长，知易行难，他身体力行，用自己的行为鼓励华侨大师生知行合一，不断攀登人类文明的高峰，谱写华侨大学更加绚丽的篇章。我有幸作为华侨大学一分子，期盼能共享出彩的机会，也愿意更主动更努力为学校发展、为社会进步做出更多应有的贡献。

　　本书得以出版，我要感谢我的母校国立华侨大学、西安交通大学与厦门大学的培养与支持！本书的出版还受惠于颇多的老师与朋友。衷心感谢丘进老师，他对教师非常关心与尊重，竟然亲临我那地下室改装成的简陋书斋，鼓励与支持我教学与科研工作，让我感动不已！真诚感谢尊敬的导师、和谐管理理论的创立者席酉民博士，他不仅让我真正体会什么是寓教于乐，寓研于乐！也是我尝试出版学术专著的直接老师！我写书的风格包括前言、后记都受其影响很大。他说"I do hope you are doing well in future. The best thing for teacher is to get information from his students that they get new progress or achievements. I am waiting for hearing your more good news in future."我想只有加倍努力，才能不辜负老师的期望。非常感谢我的博士后导师厦门大学刘海峰教授，刘老师是当代著名教育学家，长期从事科举学、高等教育学等方面研究，取得了卓著成绩，在国内外享有盛誉。他是国际上第一位提出"科举制"——中国的"第五大发明"的专家，在国内人文社会科学界专家中获教育部人文社会科学优秀成果一等奖等部省级一等奖项遥遥领先，2005年被新浪网评选入围"年度文化人物"。我最初斗胆通过电子邮件联系刘老师，祈求拜在门下，承蒙刘老师不弃，竟应允收下愚徒，且拜师仪式安排在先生府上，受宠若惊！不经意间发现，先生府上处处是文化，特别是中国科举文化！先生为人谦和，非常善于发现学生特长与兴趣，鼓励学生"学趣"结合，我是典型受益者，本书即在先生点拨后完成。

非常感谢我尊敬的导师杨存泉、朱琦环老师，没有他们的不断鞭策、积极鼓励，我也不可能有今天的进步！衷心感谢我的尊敬导师张禹东教授、曾路教授、童昕教授、陈鸿儒教授对我研究生学习及教学科研工作的宝贵支持！

非常感谢福建省公务员局人才研究所所长、华侨大学人力资源研究中心名誉主任郑亨钰所长、泉州市吕炜民等领导、专家与同仁对本书完成的大力支持！特别感谢众多调研单位职员对本书实证研究工作的宝贵支持。本书部分成果是作者主持完成福建省人事人才软科学项目、福建省社会科学基金项目、国家社会科学基金项目等项目的研究成果。相关成果已经发表在《ICIC Express Letters, Part B: Applications》等期刊上，其中EI收录多篇。相关研究成果被全国社会科学规划办作为具有重要现实意义和应用研究、对策研究的成果，作为党和国家重要决策的参考，通知收录国家规划办主办的《成果要报》，送呈中央政治局常委、委员等党和国家领导人内部参阅。有些研究成果及时报各级政府相关部门决策参考，得到了相关部门的肯定，这对理论研究应用到实际中是很大的鼓励，本书是在这些研究成果基础之上完成的。

特别感谢华侨大学华商管理研究文库资助，使本书得以出版。

真诚感谢北京人文在线文化艺术有限公司潘萌老师、李美清老师等同仁们的长期宝贵鼓励、支持与帮助，中共福建省委宣传部黄迪问处长、厦门大学教育研究院李木洲博士的长期鼓励与宝贵支持。

衷心感谢泉州水利水电总公司颜建东先生及全体同仁，使我及家人有机会从社会、从自然界之中寻找"上善若水"境象，他们都是我学习的榜样！

非常感谢华侨大学发展规划处、工商管理学院、研究生院、社会科学研究处、科学技术研究处、教务处、人事处领导与老师，他们一直以来对我从事研究与教学工作的鼓励、支持与帮助。非常感谢孙锐教授、姚培生教授、陈金龙教授、衣长军教授、郭东强教授、吕庆华教授、林峰教授、陈明森老师、王秀勇研究员、杨楹教授、江开勇教授、郑向敏教授、王士斌教授、黄种杰教授、涂伟老师、林诗峰老师、林碧洲教授、林传声老师、胡日东教授、庄培章教授、吕少蓬研究员、林俊国教授、陈克明教授、侯志强博士、陈巧玲研究员、骆峤嵘副研究员、周春燕老师、刘金雄博士、薛秀军博士、缑锦博士、陈建山老师、陈颖老师、张丽萍老师、贺芬博士、陈星老师、陈永煌老师、黄奕红老师、张莉萍老师、张君老师、张肖梅老师、李静月老师、李明海老师、陈洪峰老师、吴伟全老师、陈初升老师、卢冰博士、黄丽薇博士、郑文智博士、董燕博士、万文海博士、胡三曼博士、张华博士、马占杰博士、徐爱玲博士等。非常感谢老领导泉州师范学院苏天恩副研究员等，他们长期以来的鼓励与支持，对我成长的帮助，我一定不会忘记。人当有一颗感恩的心！我将倾诚报答所有关心我的领导、老师和同学们，报答母校，报效社会！为了爱我的人，为了我爱的人，我一定会更努力。

我的父母、妻子我的亲人们，一直以来毫无怨言地承担家里琐碎事务及照顾我小孩张世昌，对我完成本书起了积极的作用！

这里要特别感谢本书完成做出贡献各位同志们，是他们无私的帮助与宝贵支持，才使得本书顺利交稿出版！本书王倩玮、杨凤玲、胡蝶、吴芳、肖乌妹、罗兴鹏、刘璇、李金荣、徐秋韵、银丽萍、郑露曦、林玮等同志协助我编撰，在此向他们的辛勤劳动表示衷心感谢！在写作过程中，我们还参考和引用了国内外梁小民、苏东水等著名专家学者大量的著作，因限于篇幅，未能一一详细注明，在此向著作者深表谢忱。

由于本人学术水平有限和时间仓促，错误和不足之处在所难免，敬请理论家、政治家、企业家、广大读者批评指正。

张退之

2013 年 2 月 11 日修订于

华侨大学思诚斋

Email：xqzhang1998@163．com